Début d'une série de documents en couleur

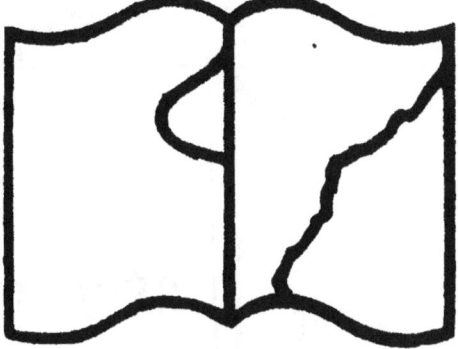

Couvertures supérieure et inférieure détériorées

Un franc le volume
NOUVELLE COLLECTION MICHEL LÉVY
1 FR. 25 C. PAR LA POSTE

GEORGE SAND
— ŒUVRES COMPLÈTES —
L.-A. AURORE DUPIN
VEUVE DE M. LE BARON DUDEVANT

CÉSARINE DIETRICH

NOUVELLE ÉDITION

CALMANN LÉVY, ÉDITEUR
ANCIENNE MAISON MICHEL LÉVY FRÈRES
RUE AUBER, 3, ET BOULEVARD DES ITALIENS, 15
À LA LIBRAIRIE NOUVELLE

EXTRAIT DU CATALOGUE MICHEL L.

1 FRANC LE VOLUME. — 1 FR. 25 PAR LA POSTE

ÉMILE AUGIER, de l'Acad. fr. vol.
POÉSIES COMPLÈTES 1

DUC D'AUMALE, de l'Acad. fr.
INSTITUTIONS MILIT. DE LA FRANCE.
LES ZOUAVES ET LES CHASSEURS A PIED 1

LOUIS BOUILHET
MELÆNIS, conte romain 1

PHILARÈTE CHASLES
LE JEUNE MÉDECIN 1
LE MÉDECIN DES PAUVRES 1
LE VIEUX MÉDECIN 1

MAXIME DU CAMP
L'HOMME AU BRACELET D'OR 1
LE SALON DE 1857 1
LES SIX AVENTURES 1

ARSÈNE HOUSSAYE
L'AMOUR COMME IL EST 1
LES AMOURS DE CE TEMPS-LA 1
AVENTURES GALANTES DE MARGOT .. 1
LA BELLE RAFAELLA 1
BIANCA 1
BLANCHE ET MARGUERITE 1
LES CHARMERESSES 1
LES DIANES ET LES VÉNUS 1
LES FEMMES COMME ELLES SONT . 1
LES FEMMES DU DIABLE 1
MADEMOISELLE CLÉOPATRE 1
MADEMOISELLE MARIANI 1
MADEMOISELLE PHRYNÉ 1
MADEMOISELLE ROSA 1
MAINS PLEINES DE ROSES 1
LA PÉCHERESSE 1
LE REPENTIR DE MARION 1
ROMAN DE LA DUCHESSE 1
LA VERTU DE ROSINE 1

F. VICTOR HUGO, Traducteur
LE FAUST ANGLAIS (de Marlowe) .. 1
SONNETS (de Shakspeare) 1

JULES JANIN
LE CHEMIN DE TRAVERSE 1
L'INTERNE 1

PRINCE DE JOINVILLE
GUERRE D'AMÉRIQUE, CAMPAGNE DU POTOMAC 1

X. MARMIER, de l'Acad. fr.
AU BORD DE LA NÉVA 1
LES DRAMES DU CŒUR 1
LES DRAMES INTIMES 1
HISTOIRES ALLEMANDES ET SCANDIN. 1
LES SENTIERS PÉRILLEUX 1
UNE GRANDE DAME RUSSE 1

COMTE DE MONTALIVET
DIX-HUIT ANNÉES DE GOUV. PARLEM. 1

EDGAR POE, Tr. Ch. Baudelaire
AVENTURES D'ARTHUR GORDON PYM. 1
EURÉKA 1
HISTOIRES EXTRAORDINAIRES 1
HISTOIRES GROTESQUES ET SÉRIEUSES 1
NOUVELLES HISTOIRES EXTRAORD... 1

F. PONSARD
ÉTUDES ANTIQUES 1

RÉMUSAT ET MONTALIVET
CASIMIR PÉR. en et la polit. conserv. 1

DE STENDHAL
L'ABBESSE DE CASTRO 1
DE L'AMOUR 1
ARMANCE 1
LA CHARTREUSE DE PARME 1
MÉMOIRES D'UN TOURISTE 2
PROMENADES DANS ROME 1
LE ROUGE ET LE NOIR 1
VIE DE NAPOLÉON 1

Mme SURVILLE, née de Balzac
BALZAC, SA VIE ET SES ŒUVRES . 1
LE COMPAGNON DU FOYER 1
LES RÊVES DE MARIANNE 1

ALFRED DE VIGNY
CINQ-MARS 1
LAURETTE OU LE CACHET ROUGE. 1
LA VEILLÉE DE VINCENNES 1
VIE ET MORT DU CAPITAINE RENAUD. 1

Le Catalogue complet sera envoyé franco à toute personne qui en fera la demande par lettre affranchie.

Fin d'une série de documents en couleur

ŒUVRES
DE
GEORGE SAND

CALMANN LÉVY, ÉDITEUR

ŒUVRES COMPLÈTES
DE
GEORGE SAND
Nouvelle édition format grand in-18

	vol.
Les Amours de l'âge d'or	1
Adriani	1
André	1
Antonia	1
Autour de la table	1
Le Beau Laurence	1
Les Beaux messieurs de Bois-Doré	2
Cadio	1
Césarine Dietrich	1
Le Château de Pictordu	1
Le Château des Désertes	1
Le Chêne parlant	1
Le Compagnon du tour de France	2
La Comtesse de Rudolstadt	3
La Confession d'une jeune fille	2
Constance Verrier	1
Consuelo	3
Correspondance	6
La Coupe	1
Les Dames vertes	1
La Daniella	2
La Dernière Aldini	1
Le Dernier Amour	1
Dernières pages	1
Les Deux frères	1
Le Diable aux champs	1
Elle et Lui	1
La Famille de Germandre	1
La Filleule	1
Flamarande	1
Flavie	1
Francia	1
François le Champi	1
Histoire de ma vie	4
Un Hiver à Majorque. — Spiridion	1
L'Homme de neige	3
Horace	1
Impressions et Souvenirs	1
Indiana	1
Isidora	1
Jacques	1
Jean de la Roche	1
Jean Ziska. — Gabriel	1
Jeanne	1

	vol.
Journal d'un voyageur pendant la guerre	1
Laura	1
Légendes rustiques	1
Lélia. — Métella. — Cora	2
Lettres d'un Voyageur	1
Lucrezia Floriani. — Lavinia	1
Mademoiselle La Quintinie	1
Mademoiselle Merquem	1
Les Maîtres sonneurs	1
Les Maîtres mosaïstes	1
Malgrétout	1
La Mare au Diable	2
La Marquise	1
Le Marquis de Villemer	1
Ma sœur Jeanne	1
Mauprat	1
Le Meunier d'Angibault	1
Monsieur Sylvestre	1
Mont-Revêche	1
Nanon	1
Narcisse	1
Nouvelles lettres d'un voyageur	1
Pauline	1
La Petite Fadette	1
Le Péché de M. Antoine	1
Le Piccinino	1
Pierre qui roule	1
Promenades autour d'un village	1
Questions d'Art et de Littérature	1
Questions politiques et sociales	1
Le Secrétaire intime	1
Les 7 Cordes de la Lyre	1
Simon	1
Souvenirs de 1848	1
Tamaris	1
Teverino — Léone Léoni	1
Théâtre complet	4
Théâtre de Nohant	1
La Tour de Percemont. — Marianne	1
L'Uscoque	1
Valentine	1
Valvèdre	2
La Ville noire	1

Émile Colin. — Imprimerie de Lagny.

CÉSARINE
DIETRICH

PAR

GEORGE SAND

(L.-A. AURORE DUPIN)

VEUVE DE M. LE BARON DUDEVANT

PARIS
CALMANN LÉVY, ÉDITEUR
ANCIENNE MAISON MICHEL LÉVY FRÈRES
3, RUE AUBER, 3
—
1897
Droits de reproduction et de traduction réservés

CÉSARINE
DIETRICH

I

J'avais trente-cinq ans, Césarine Dietrich en avait quinze et venait de perdre sa mère, quand je me résignai à devenir son institutrice et sa gouvernante.

Comme ce n'est pas mon histoire que je compte raconter ici, je ne m'arrêterai pas sur les répugnances que j'eus à vaincre pour entrer, moi fille noble et destinée à une existence aisée, chez une famille de bourgeois enrichis dans les affaires. Quelques mots suffiront pour dire ma situation et le motif qui me détermina bientôt à sacrifier ma liberté.

Fille du comte de Nermont et restée orpheline avec ma jeune sœur, je fus dépouillée par un prétendu ami de mon père qui s'était chargé de placer avantageusement notre capital, et qui le fit frauduleusement disparaître. Nous étions ruinées ; il nous restait à peine le nécessaire, je m'en contentai. J'étais laide, et personne ne m'avait aimée. Je ne devais pas songer au mariage ; mais ma sœur était jolie ; elle fut recherchée et épousée par le docteur Gilbert, médecin estimé, dont elle eut un fils, mon filleul bien-aimé, qui fut nommé Paul ; je m'appelle Pauline.

Mon beau-frère et ma pauvre sœur moururent jeunes à quelques années d'intervalle, laissant bien peu de ressources au cher enfant, alors au collége. Je vis que tout serait absorbé par les frais de son éducation, et que ses premiers pas dans la vie sociale seraient entravés par la misère ; c'est alors que je pris le parti d'augmenter mes faibles ressources par le travail rétribué. Dans une vie de célibat et de recueillement, j'avais acquis quelques talents et une assez solide instruction. Des amis de ma famille, qui m'étaient restés dévoués, s'employèrent pour moi. Ils négocièrent avec la famille Dietrich, où j'entrai avec des appointements très-honorables.

Je me hâte de dire que je n'eus point à regretter ma résolution ; je trouvai chez ces Allemands fixés à Paris une hospitalité cordiale, des égards, un grand savoir-vivre, une véritable affection. Ils étaient deux frères associés, Hermann et Karl. Leur fortune se comptait déjà par millions, sans que leur honorabilité eût jamais pu être mise en doute. Une sœur aînée s'était retirée chez eux et gouvernait la maison avec beaucoup d'ordre, d'entrain et de douceur ; elle était à tous autres égards assez nulle, mais elle recevait avec politesse et discrétion, ne parlant guère et agissant beaucoup, toujours en vue du bien-être de ses hôtes.

M. Dietrich aîné, le père de Césarine, était un homme actif, énergique, habile et obstiné. Son irréprochable probité et son succès soutenu lui donnaient un peu d'orgueil et une certaine dureté apparente avec les autres hommes. Il se souciait plus d'être estimé et respecté que d'être aimé ; mais avec sa fille, sa sœur et avec moi il fut toujours d'une bonté parfaite et même délicate et courtoise.

Je me trouvai donc aussi heureuse que possible dans ma nouvelle condition, j'y fus appréciée, et je pus envisager avec une certaine sécurité l'avenir de mon filleul.

L'hôtel Dietrich était une des plus belles villas du nouveau Paris, dans le voisinage du bois de Boulogne et dans un retrait de jardins assez bien choisi pour qu'on n'y fût pas incommodé par la poussière et le bruit des chevaux et des voitures. Au milieu d'une population affolée de luxe et de mouvement, on trouvait l'ombre, la solitude et un silence relatif derrière les grilles et les massifs de verdure de notre petit parc. Ce n'était certes pas la campagne, et il était difficile d'oublier qu'on n'y était pas ; mais c'était comme un boudoir mystérieux, séparé du tumulte par un rideau de feuilles et de fleurs.

La défunte madame Dietrich avait aimé le monde, elle avait beaucoup reçu, donné de beaux dîners, et des bals dont parlaient encore les gens de la maison quand je m'y installai. A présent l'on était en deuil, et il n'était pas à présumer que M. Dietrich reprît jamais le brillant train de vie que sa femme avait mené. Il avait des goûts tout différents et ne souhaitait pour société qu'un choix de parents et d'amis; les grands salons étaient fermés, et, tout en me les montrant à travers l'ombre bleue des rideaux un moment entr'ouverts, il me dit :

— Cela ne vaut pas la peine d'être regardé par une femme de goût et de bon sens comme vous; c'est de l'éclat, rien de plus; ma pauvre chère compagne aimait à montrer que nous étions riches. Je n'ai jamais voulu la priver de ses plaisirs; mais je ne m'y associais que par complaisance. Je désire que ma fille ait comme moi des goûts modestes, auquel cas je pourrai vieillir tranquille chez moi, — triste consolation au malheur d'être seul, mais dont il m'est permis de profiter.

— Vous ne serez pas seul, lui dis-je, votre fille deviendra votre amie, je suis sûre qu'elle l'est déjà un peu.

— Pas encore, reprit-il; ma pauvre enfant est trop absorbée par sa propre douleur pour songer beaucoup à la mienne. Espérons qu'elle s'en avisera plus tard.

C'était comme un reproche involontaire à Césarine; je ne répliquai pas, ne sachant encore rien du caractère et des sentiments de cette jeune fille, que je voulais juger par moi-même et que j'eusse craint d'aborder avec une prévention quelconque.

On nous avait présentées l'une à l'autre. Elle était admirablement jolie et même belle, car, si elle avait encore la ténuité de l'adolescence, elle possédait déjà l'élégance et la grâce. Ses traits purs et réguliers avaient le sérieux un peu imposant de la belle sculpture. Son deuil et sa tristesse lui donnaient quelque chose de touchant et d'austère, tellement qu'à première vue je m'étais sentie portée à la respecter autant qu'à la plaindre.

Quand je fus pour la première fois seule avec elle, je crus devoir établir nos rapports avec la gravité que comportait la circonstance.

— Je n'ai pas, lui dis-je, la prétention de remplacer, même de très-loin, auprès de vous, la mère que vous pleurez ; je ne puis même vous offrir mon dévouement comme une chose qui vous paraisse désirable. On m'a dit que je vous serais utile, et je compte essayer de l'être. Soyez certaine que, si l'on s'est trompé, je m'en apercevrai la première, et tout ce que je vous demande, c'est de ne pas me croire engagée par un intérêt personnel à vous continuer mes soins, s'ils ne vous sont pas très-sérieusement profitables.

Elle me regarda fixement comme si elle n'eût pas bien compris, et j'allais expliquer mieux ma résolution, lorsqu'elle posa sa petite main sur la mienne en me disant :

— Je comprends très-bien, et si je suis étonnée,

ce n'est pas de ce que vous êtes fière et digne, on me l'avait dit, je le savais ; mais je vous croyais tendre, et je m'attendais à ce que, avant tout, vous me promettriez de m'aimer.

— Peut-on promettre son affection à qui ne vous la demande pas ?

— C'est-à-dire que j'aurais dû parler la première ? Eh bien ! je vous la demande, voulez-vous me l'accorder ?

Si sa physionomie eût répondu à ses paroles, je l'eusse embrassée avec effusion, cette charmante enfant ; mais j'étais beaucoup sur mes gardes, et je crus lire dans ses yeux qu'elle m'examinait et me *tâtait* au moins autant que je l'éprouvais et l'observais pour mon compte.

— Vous ne pouvez pas désirer mon amitié, lui dis-je, avant de savoir si je mérite la vôtre. Nous ne nous connaissons encore que par le bien qu'on nous a dit l'une de l'autre. Attendons que nous sachions bien qui nous sommes ; je suis résolue à vous aimer tendrement, si vous êtes telle que vous paraissez.

— Et qu'est-ce que je parais ? reprit-elle en me regardant avec un peu de méfiance ; je suis triste, et rien que triste : vous ne pouvez pas me juger.

— Votre tristesse vous honore et vous embellit. C'est le deuil que vous avez dans l'âme et dans les yeux qui m'attire vers vous.

— Alors vous désirez pouvoir m'aimer ? Je tâcherai de vous paraître aimable ; j'ai besoin qu'on m'aime, moi ! J'étais habituée à la tendresse, ma pauvre mère m'adorait et me gâtait. Mon père me chérit aussi, mais il ne me gâtera pas, et je suis encore dans l'âge où, quand on n'est pas gâtée, on a peine à comprendre qu'on soit aimée véritablement. Est-ce que vous ne comprenez pas cela ?

— Si fait, et me voilà résolue à vous gâter.

— Par pitié, n'est-ce pas ?

— Par besoin de ma nature. Je n'aime pas à demi, et je suis malheureuse quand je ne peux pas donner un peu de bonheur à ceux qui m'entourent ; mais quand je crois voir qu'ils abusent, je m'enfuis pour ne pas leur devenir nuisible.

— C'est-à-dire que vous croyez dangereux d'aimer trop les gens ? Vous pensez donc comme mon père, qui s'imagine des choses bizarres selon moi ? Il dit que l'on est au monde pour lutter et par conséquent pour souffrir, et qu'on a le tort aujourd'hui de rendre les enfants trop heureux. Il prétend que beaucoup de contrariétés et de privations leur seraient nécessaires pour les rompre au travail de la vie. Voilà les paroles de mon cher papa, je les sais par cœur ; je ne me révolte pas, parce que je l'aime et le respecte, mais je ne suis pas persuadée, et, quand on est doux et tendre avec moi, j'en suis reconnaissante et heureuse, meilleure par conséquent. Vous verrez ! Puisque vous ne voulez vous engager à rien, attendons, vous m'étudierez, et vous verrez bientôt que la méthode de ma pauvre chère maman était la bonne, la seule bonne avec moi.

— Puis-je vous demander ?... Mais non, vos beaux

yeux se remplissent de larmes et me donnent envie de pleurer avec vous, par conséquent de vous aimer trop et trop vite.

Elle me jeta ses bras autour du cou et pleura avec effusion. Je fus vaincue. Elle ne me disait rien, ne pouvant parler ; mais il y avait tant d'abandon et de confiance dans ses pleurs sur mon épaule, elle avait tellement l'air, malgré l'énergie de sa physionomie, d'un pauvre être brisé qui demande protection, que je me mis à l'adorer dès le premier jour sans me demander si elle n'allait pas s'emparer de moi au lieu de subir mon influence.

Cette crainte ne me vint qu'après un certain temps, car, durant les premières semaines, elle fut d'une douceur angélique et d'une amabilité vraiment irrésistible. Il est vrai que je n'exigeais pas beaucoup d'elle ; elle avait encore tant de chagrin que sa santé s'en ressentait, et d'ailleurs je la voyais douée d'une telle intelligence que je ne pouvais croire à la nécessité de hâter beaucoup ses études.

Nous vivions presque tête à tête dans ce petit palais, devenu trop grand. On avait reçu toutes les visites de condoléance, et, sauf quelques vieux amis, on ne recevait plus personne; M. Dietrich le voulait ainsi. Profondément affecté de la perte de sa femme, il aspirait au printemps, pour se retirer durant toute la belle saison à la campagne, dans une solitude plus profonde encore. Il quittait les affaires, il les eût quittées plus tôt sans les goûts dispendieux de sa femme. Il se trouvait assez riche, trop riche, disait-il, il comptait s'adonner à l'agriculture et régir lui-même sa propriété territoriale.

Il eut même l'idée de vendre ou de louer son hôtel, et pour la première fois je vis poindre un désaccord entre lui et sa fille. Elle aimait la campagne autant que Paris, disait-elle, mais elle aimait Paris autant que la campagne, et ne voyait pas sans effroi le parti exclusif que son père voulait prendre. Elle avait dès lors des raisonnements très-serrés qui paraissaient très-justes, et qu'elle exprimait avec une netteté dont je n'eusse pas été capable à son âge. M. Dietrich, qui était fier de son intelligence, la laissait et la faisait même discuter pour avoir le plaisir de lui répondre, car il était obstiné, et ne croyait pas que personne pût jamais avoir définitivement raison contre lui.

Quand la discussion fut épuisée et qu'il crut avoir répondu victorieusement à sa fille, prenant son silence pour une défaite, il vit qu'elle pleurait. Ces grosses larmes qui tombaient sur les mains de l'enfant sans qu'elle parût les sentir le troublèrent étrangement, et je vis sur sa belle figure froide un mélange de douleur et d'impatience.

— Pourquoi pleurez-vous donc? lui dit-il après avoir essayé durant quelques instants de ne pas paraître s'apercevoir de ce muet reproche. Voyons! dites-le, je n'aime pas qu'on boude, vous savez que cela me fait mal et me fâche.

— Je vous le dirai, mon cher papa, répondit Césarine en allant à lui et en l'embrassant, caresse à laquelle il me parut plus sensible qu'il ne voulait le

1.

paraître; oui, je vous le dirai, puisque vous ne le devinez pas. Ma mère aimait cette maison, elle l'avait choisie, arrangée, ornée elle-même. Vous n'étiez pas toujours d'accord avec elle, vous entendiez le beau autrement qu'elle. Moi je ne m'y connais pas : je ne sais pas si notre luxe est de bon ou de mauvais goût; mais je revois maman dans tout ce qui est ici, et j'aime ce qu'elle aimait, par la seule raison qu'elle l'aimait. Vous êtes si bon que vous ne vouliez jamais la contrarier, vous lui disiez toujours : Après tout, c'est votre maison... Eh bien! moi, je me dis :
— C'est la maison de maman. Je veux bien aller à la campagne, où elle ne se plaisait pas : je m'y plairai, mon papa, parce que j'y serai avec vous; mais, à l'idée que je ne reviendrai plus ici, ou que je verrai des étrangers installés dans la maison de ma mère, je pleure, vous voyez! je pleure malgré moi, je ne peux pas m'en empêcher; il ne faut pas m'en vouloir pour cela.

— Allons, dit M. Dietrich en se levant, on ne vendra pas et on ne louera pas!

Il sortit un peu brusquement en me faisant à la dérobée un signe que je ne compris pas bien, mais auquel je crus donner la meilleure interprétation possible en allant le rejoindre au jardin au bout de quelques instants.

J'avais bien deviné, il voulait me parler.

— Vous voyez, ma chère mademoiselle de Nermont, me dit-il en me tendant la main; cette pauvre enfant va continuer sa mère, elle n'entrera dans aucun de mes goûts. La sagesse de mes raisonnements entrera par une de ses oreilles et sortira par l'autre.

— Je n'en crois rien, lui dis-je, elle est trop intelligente.

— Sa mère aussi était intelligente. Ne croyez pas que ce fût par manque d'esprit qu'elle me contrariait. Elle savait bien qu'elle avait tort, elle en convenait, elle était bonne et charmante, mais elle subissait la maladie du siècle ; elle avait la fièvre du monde, et, quand elle m'avait fait le sacrifice de quelque fantaisie, elle souffrait, elle pleurait, comme Césarine pleurait et souffrait tout à l'heure. Je sais résister à n'importe quel homme, mon égal en force et en habileté ; mais comment résister aux êtres faibles, aux femmes et aux enfants?

Je lui remontrai que l'attachement de Césarine pour la *maison de sa mère* n'était pas une fantaisie vaine, et qu'elle avait donné des raisons de sentiment vraiment respectables et touchantes.

— Si ces motifs sont bien sincères, reprit-il, et vous voyez que je n'en veux pas douter, c'était raison de plus pour qu'elle me fît le sacrifice de subir le petit chagrin que je lui imposais.

— Vous êtes donc réellement persuadé, monsieur Dietrich, que la jeunesse doit être habituée systématiquement à la souffrance, ou tout au moins au déplaisir?

— N'est-ce pas aussi votre opinion ? s'écria-t-il

avec une énergie de conviction qui ne souffrait guère de réplique.

— Permettez, lui dis-je, j'ai été gâtée comme les autres dans mon enfance ; je n'ai passé par ce qu'on appelle l'*école du malheur* que dans l'âge où l'on a toute sa force et toute sa raison, et c'est de quoi je remercie Dieu, car j'ignore comment j'eusse subi l'infortune, si elle m'eût saisie sans que je fusse bien armée pour la recevoir.

— Donc, reprit-il en poursuivant son idée sans s'arrêter aux objections, vous valez mieux depuis que vous avez souffert? Vous n'étiez auparavant qu'une âme sans conscience d'elle-même?... Je me rappelle bien aussi mon enfance; j'ai été nul jusqu'au moment où il m'a fallu combattre à mes risques et périls.

— C'est la force des choses qui amène toujours cette lutte sous une forme quelconque pour tous ceux qui entrent dans la vie. La société est dure à aborder, quelquefois terrible : croyez-vous donc qu'il faille inventer le chagrin pour les enfants ? Est-ce que dès l'adolescence ils ne le rencontreront pas ? Si la vie n'a d'heureux que l'âge de l'ignorance et de l'imprévoyance, ne trouvez-vous pas cruel de supprimer cette phase si courte, sous prétexte qu'elle ne peut pas durer ?

— Alors vous raisonnez comme ma femme; hélas ! toutes les femmes raisonnent de même. Elles ont pour la faiblesse, non pas seulement des égards et de la pitié, mais du respect, une sorte de culte. C'est bien fâcheux, mademoiselle de Nermont, c'est malheureux, je vous assure !

— Si vous blâmez ma manière de voir, cher monsieur Dietrich, je regrette de n'avoir pas mieux connu la vôtre avant d'entrer chez vous ; mais...

— Mais vous voilà prête à me quitter, si je ne pense pas comme vous ? Toujours la femme avec sa tyrannique soumission ! Vous savez bien que vous me feriez un chagrin mortel en renonçant à la tâche qu'on a eu tant de peine à vous faire accepter. Vous savez bien aussi que je n'essayerais même pas de vous remplacer, tant il m'est prouvé que vous êtes l'ange gardien nécessaire à ma fille. Ce n'est pas sa tante qui saurait l'élever. D'abord elle est ignorante, en outre elle a les défauts de son sexe, elle aime le monde...

— Elle n'en a pourtant pas l'air.

— Son air vous trompe. Elle a d'ailleurs aussi à un degré éminent les vertus de son sexe : elle est laborieuse, économe, rangée, ingénieuse dans les devoirs de l'hospitalité. Ne croyez pas que je ne lui rende pas justice, je l'aime et l'estime infiniment ; mais je vous dis qu'elle aime le monde parce que toute femme, si sérieuse qu'elle soit, aime les satisfactions de l'amour-propre. Ma pauvre sœur Helmina n'est ni jeune, ni belle, ni brillante de conversation ; mais elle reçoit bien, elle ordonne admirablement un dîner, un ambigu, une fête, une promenade ; elle le sait, on lui en fait compliment, et plus il y a de monde pour rendre hommage à ses talents de ménagère et de majordome, plus elle est fière, plus elle est consolée de sa nullité sous tous les autres rapports.

— Vous êtes un observateur sévère, monsieur Dietrich, et je crains que mon tour d'être jugée avec cette impartialité écrasante ne vienne bientôt; cela me fait peur, je l'avoue, car je suis loin de me sentir parfaite.

— Vous êtes relativement parfaite, mon jugement est tout porté; vous gâterez Césarine d'autant plus. Ce ne sera pas par égoïsme comme les autres, qui regrettent le plaisir et rêvent de le voir repousser avec elle dans la maison; ce sera par bonté, par dévouement, par tendresse pour elle, car elle a déjà, cette petite, des séductions irrésistibles...

— Que vous subissez tout le premier!

— Oui, mais je m'en défends; défendez-vous aussi, voilà tout ce que je vous demande; faites cet effort dans son intérêt, promettez-le-moi.

— Oui, certes, je vous le promets, si je vois qu'elle abuse de ma condescendance pour exiger ce qui lui serait nuisible; mais cela n'est point encore arrivé, et je ne puis me tourmenter d'une prévision que rien ne justifie encore.

— Vous comptez pour rien sa résistance à mon désir de vendre l'hôtel?

— Dois-je l'engager à se soumettre sans faiblesse à ce désir?

— Oui, je vous en prie.

— Oserai-je vous dire que cela me semble cruel?

— Non, car je ne le vendrai pas; je veux faire semblant pour que Césarine apprenne à me céder de bonne grâce. Soyez certaine que, si on n'apprend pas aux enfants à renoncer à ce qui leur plaît, ils ne l'apprendront jamais d'eux-mêmes. Le bonheur qu'on prétend leur donner en fait des malheureux pour le reste de leur vie.

Il avait peut-être raison. Je n'osai pas insister, et j'allai rejoindre mon élève avec l'intention de faire ce qui m'était prescrit, mais je la trouvai souriante.

— Épargnez-vous la peine de me persuader, me dit-elle dès les premiers mots ; j'ai entendu par hasard tout ce que papa vous a dit et tout ce que vous lui avez répondu. J'étais dans le jardin, à deux pas de vous, derrière la fontaine, et le petit bruit de l'eau ne m'a pas fait perdre une de vos paroles. Il n'y a pas de mal à cela, vous êtes deux anges pour moi, mon père et vous : lui, un ange à figure sévère qui veut mon bonheur par tous les moyens, — vous, un ange de douceur qui veut la même chose par les moyens qui sont dans sa nature ; mais voyez comme vous êtes plus dans la vérité que mon père ! Vous vouliez le faire renoncer à sa méthode, vous sentiez bien qu'elle pouvait me conduire à l'hypocrisie. Où en serait-il, mon pauvre cher papa, si, après m'avoir vue bien résignée, il découvrait que je n'ai pas pris au sérieux ses menaces ? Vraiment, si je dois être gâtée, comme on dit, c'est-à-dire corrompue moralement, ce sera par lui ! Il m'habituera à faire semblant d'être sacrifiée et à lui imposer ainsi, sans qu'il s'en doute, le sacrifice de sa volonté. Allons, Dieu merci, je suis meilleure qu'il ne pense, je céderai à tout par amitié pour lui, je vous chérirai pour celle que vous me montrez sans pédanterie, je vous rendrai très-heureux, seulement...

— Seulement quoi ? dites, ma chérie.

— Rien, répondit-elle en me baisant la main ; mais son bel œil caressant et fier acheva clairement sa phrase ; je vous rendrai très-heureux, seulement vous ferez toutes mes volontés.

Elle savait bien ce qu'elle disait là, l'énergique, l'obstinée, la puissante fillette ! Elle réunissait en elle la souplesse instinctive de sa mère et l'entêtement voulu de son père. Au dire du vieux médecin de la famille, que je consultais souvent sur le régime à lui faire suivre, elle avait comme une double organisation, toute la patience de la femme adroite pour arriver à ses fins, toute l'énergie de l'homme d'action pour renverser les obstacles et faire plier les résistances. — En ce cas, pensais-je, de quoi donc se tourmente son père ? Il la veut forte, elle est invincible. Il cherche à la bronzer, elle est le feu qui bronze les autres. Il prétend lui apprendre à souffrir, comme si elle n'était pas destinée à vaincre ! Ceux qui savent dominer souffrent-ils ?

Elle m'effraya ; je me promis de la bien étudier avant de me décider à graviter comme un satellite autour de cet astre. Il s'agissait de savoir si elle était bonne autant qu'aimable, si elle se servirait de sa force pour faire le bien ou le mal.

Cela n'était pas facile à deviner, et j'y consacrai plus d'une année. Un jour, à la campagne, je fus importunée par les cris d'un petit oiseau qu'elle élevait en cage et qui n'avait rien à manger. Comme il troublait la leçon de musique et que d'ailleurs je ne puis voir souffrir, je me levai pour lui donner du pain. Césarine parut ne pas s'en apercevoir; mais après la leçon elle emporta la cage dans sa chambre, et j'entendis bientôt que le jeûne et les cris de détresse recommençaient de plus belle. Je lui demandai pourquoi, puisque cette petite bête savait manger, elle ne lui laissait pas de nourriture à sa portée.

— C'est bien simple, répondit-elle. S'il peut se passer de moi, il ne se souciera plus de moi.

— Mais si vous l'oubliez?

— Je ne l'oublierai pas.

— Alors c'est volontairement que vous le condamnez au supplice de l'attente et aux tortures de la faim, car il crie sans cesse.

— C'est volontairement; j'essaye sur lui la méthode de mon père.

— Non, ceci est une méchante plaisanterie ; cette méthode n'est pas applicable aux êtres qui ne raisonnent pas. Dites plutôt que vous aimez votre oiseau d'une amitié égoïste et cruelle. Peu vous importe qu'il souffre, pourvu qu'il s'attache à vous. Prenez garde de traiter de même les êtres de votre espèce!

— En ce cas, dit-elle en riant, ma méthode diffère de celle de mon père, puisqu'elle ne s'applique qu'aux êtres qui ne raisonnent pas.

J'essayai de lui prouver qu'il faut rendre heureux

les êtres dont on se charge, même les plus infimes, et surtout les plus faibles.

— Qu'est-ce que le bonheur d'un être qui ne songe qu'à manger? reprit-elle en haussant doucement les épaules.

— C'est de manger. Les enfants à la mamelle n'ont point d'autre souci. Faut-il les faire jeûner pour qu'ils s'attachent à leur nourrice?

— Mon père doit le penser.

— Il ne le pense pas, vous ne le pensez pas non plus. Pourquoi cette taquinerie obstinée contre votre père absent? Admettons que sa méthode ne soit pas incontestable...

— Voilà ce que je voulais vous faire dire!

— Et c'est pour cela que vous torturiez votre petit oiseau?

— Non, je n'y songeais pas; je voulais me rendre nécessaire, moi exclusivement, à son existence; mais c'est prendre trop de peine pour une aussi sotte bête, et, puisqu'il a des ailes, je vais lui donner la volée.

— Attendez! Dites-moi toute votre idée; en le rendant à la liberté, faites-vous un sacrifice?

— Ah! vous voulez me *disséquer*, ma bonne amie?

— Je tiens à ce que vous vous rendiez compte de vous-même.

— Je me connais.

— Je n'en crois rien.

— Vous pensez que c'est impossible à mon âge? Est-ce que vous ne m'y poussez pas en m'interrogeant sans cesse? Cette curiosité que vous avez de moi me force à m'examiner du matin au soir. Elle me mûrit trop vite, je vous en avertis ; vous feriez mieux de ne pas tant fouiller dans ma conscience et de me laisser vivre, j'en vaudrais mieux. Je deviendrai si raisonnable avec vos raisonnements que je ne jouirai plus de rien. Ah! maman me comprenait mieux. Quand je lui faisais des questions, elle me répondait :

« — Tu n'as pas besoin de savoir.

« Et si elle me voyait réfléchir, elle me parlait des belles robes de ma poupée ou des miennes ; elle voulait que je fusse une femme et rien de plus, rien de mieux. Mon père veut que je pense comme un homme, et vous, vous rêvez de m'élever à l'état d'ange. Heureusement je sais me défendre, et je saurai me faire aimer de vous comme je suis.

— C'est fait, je vous aime ; mais vous l'avez compris, je vous veux parfaite, vous pouvez l'être.

— Si je veux, peut-être ; mais je ne sais pas si je le veux, j'y penserai.

Ainsi je n'avais jamais le dernier mot avec elle, et c'était à recommencer toutes les fois qu'une observation sur le fond de sa pensée me paraissait nécessaire. L'occasion était rare, car à la surface et dans l'habitude de la vie elle était d'une égalité d'humeur incomparable, je dirais presque invraisemblable à son âge et dans sa position. Jamais je n'eus à lui reprocher un instant de langueur, une ombre de résistance dans ses études. Elle était toujours prête, toujours attentive. Sa compréhension, sa mémoire, la logique et la pénétration de son esprit tenaient du prodige. Elle me paraissait dépourvue d'enthousiasme et de sensibilité, mais elle avait un grand sens critique, un grand mépris pour le mal, une si haute probité d'instincts qu'elle ne comprenait pas que l'héroïsme parût difficile et méritât de grandes louanges. J'osais à peine solliciter son admiration pour les grands caractères et les grandes actions; elle semblait me dire:

— Que trouvez-vous donc là d'étonnant? est-ce que vous ne seriez pas capable de ces choses si naturelles?

Ou bien:

— Me croyez-vous inférieure à ces hautes natures qui vous confondent?

Tant que l'on ne s'attaquait pas à son for intérieur, elle était calme, polie, délicate et charmante. Elle avait des prévenances irrésistibles, des louanges fines, des élans de tendresse apparente, et, si parfois elle était mécontente de moi, je ne m'en apercevais qu'à un redoublement de déférence et d'égards.

Comment gouverner, comment espérer de modifier une telle personne? J'avais lutté contre moi-même dans ma vie de revers et de douleur. Je ne m'étais jamais exercée à lutter contre les autres. Ce qui me consolait de mon impuissance, c'est que M. Dietrich, avec toute l'énergie acquise dans sa vie de travail et de calcul, n'avait pas plus de prise que moi sur les convictions de sa fille.

Ces convictions étaient fort mystérieuses, je ne réussissais pas à m'en emparer, tant elles étaient contradictoires. A l'heure qu'il est, je ne saurais dire encore si le désordre de ses assertions sur elle-même tenait à l'incertitude où flotte une vive intelligence en voie d'éclosion trop rapide, ou bien simplement au besoin de prendre le contre-pied de ce qu'on voulait lui persuader. Cette grande logique qu'elle portait dans l'étude disparaissait de son caractère dans l'application. Elle avait des goûts qui se contrariaient sans l'étonner.

— Je veux m'arranger, disait-elle alors, pour vivre en bonne intelligence avec les extrêmes que je porte en moi. J'aime l'éclat et l'ombre, le silence et le bruit. Il me semble qu'on est heureux quand on peut faire bon ménage avec les contrastes.

— Oui, lui disais-je, c'est possible dans certains cas ; mais il y a le grand, l'éternel contraste du mal et du bien, qui ne se logeront jamais dans le même cœur sans que l'un étouffe l'autre.

— Je vous répondrai, reprenait-elle, quand je saurai ce que cela veut dire. Vous me permettrez, à l'âge que j'ai, de ne pas savoir encore ce que c'est que le mal.

Et elle s'arrangeait pour ne pas paraître le savoir. Si je surprenais en elle un mouvement d'égoïsme et de cruauté, comme dans l'histoire du petit oiseau, sa figure exprimait un étonnement candide.

— Je n'avais pas songé à cela, disait-elle.

Mais jamais elle ne s'avouait coupable ni résolue à ne plus l'être. Elle promettait d'y réfléchir, d'examiner, de se faire une opinion. Elle ne croyait pas qu'on eût le droit de lui en demander davantage, et protestait assez habilement contre les convictions imposées.

Nous passâmes huit mois à la campagne dans un véritable Éden et dans une solitude qu'interrompaient peu agréablement de rares visites de cérémonie. M. Dietrich se passionnait pour l'agriculture, et peu à peu il ne se montra plus qu'aux repas. Mademoiselle Helmina Dietrich était absorbée par les soins du ménage. Césarine était donc condamnée à vivre entre deux vieilles filles, l'une très-gaie (Helmina aimait à être taquinée par sa nièce, qui la traitait amicalement comme une enfant), mais sans influence aucune sur elle ; l'autre, sérieuse, mais irrésolue et inquiète encore. J'avoue que je n'osais rien, craignant d'irriter secrètement un amour-propre que la lutte eût exaspéré.

Nous revînmes à Paris au milieu de l'hiver. Césarine, qui n'avait pas marqué le moindre dépit de rester si longtemps à la campagne, ne fit pas paraître toute sa joie de revoir Paris, sa chère maison et ses anciennes connaissances ; mais je vis bien que son père avait raison de penser qu'elle aimait le monde. Sa santé, qui n'avait pas été brillante depuis la mort de sa mère, prit le dessus rapidement dès qu'on put lui procurer quelques distractions.

Cette victoire, qui fut définitive dans son équilibre physique, la rendit en peu de temps si belle, si séduisante d'aspect et de manières, qu'à seize ans elle avait déjà tout le prestige d'une femme faite. Son intelligence progressa dans la même proportion. Je la voyais éclore presque instantanément. Elle devinait ce qu'elle n'avait pas le temps d'apprendre ; les arts et la littérature se révélaient à elle comme par magie. Son goût devenait pur. Elle n'avait plus de paradoxes, elle se corrigeait de poser l'originalité. Enfin elle devenait si remarquable qu'au bout de mon année d'examen je me résumai ainsi avec M. Dietrich :

— Je resterai. Je ne suis pas nécessaire à votre fille. Personne ne lui est et ne lui sera peut-être jamais nécessaire, car, ne vous y trompez pas, elle est une personne supérieure par elle-même ; mais je peux lui être utile, en ce sens que je peux la confirmer dans l'essor de ses bons instincts. S'il venait à s'en produire de mauvais, je ne les détruirais pas, et vous ne les détruiriez pas plus que moi ; mais à nous deux nous pourrions en retarder le développement ou en amortir les effets. Elle me le dit du moins, elle a pris de l'affection pour moi et me prie avec ardeur de ne pas la quitter. Moi, je me dis qu'elle mérite que je m'attache à elle, fallût-il souffrir quelquefois de mon dévouement.

M. Dietrich m'exprima une très-vive reconnaissance, et je m'installai définitivement chez lui. Je donnai congé du petit appartement que j'avais voulu garder jusque-là, j'apportai mon modeste mobilier, mes petits souvenirs de famille, mes livres et mon piano à l'hôtel Dietrich, et je consentis à y occuper un très-joli pavillon que j'avais jusque-là refusé par discrétion. C'était le logement de mademoiselle Helmina, qui prenait celui de sa défunte belle-sœur et se trouvait ainsi sous la même clef que Césarine.

J'eus dès lors une indépendance plus grande que je ne l'avais espéré. Je pouvais recevoir mes amis sans qu'ils eussent à défiler sous les yeux de la famille Dietrich. Le nombre en était bien restreint ; mais je pouvais voir mon cher filleul tout à mon aise et le soustraire aux critiques probablement trop spirituelles que Césarine eût pu faire tomber sur sa gaucherie de collégien.

Cette gaucherie n'existait plus heureusement. Ce fut une grande joie pour moi de retrouver mon cher enfant grandi et en bonne santé. Il n'était pas beau, mais il était charmant, il ressemblait à ma pauvre sœur : de beaux yeux noirs doux et pénétrants, une bouche parfaite de distinction et de finesse, une pâleur intéressante sans être maladive, des cheveux fins et ondulés sur un front ferme et noble. Il n'était pas destiné à être de haute taille, ses membres étaient délicats, mais très-élégants, et tous ses mouvements avaient de l'harmonie comme toutes les inflexions de sa voix avaient du charme.

Il venait de terminer ses études et de recevoir son diplôme de bachelier. Je m'étais beaucoup inquiétée de la carrière qu'il lui faudrait embrasser. M. Dietrich, à qui j'en avais plusieurs fois parlé, m'avait dit :

— Ne vous tourmentez pas ; je me charge de lui. Faites-le moi connaître, je verrai à quoi il est porté par son caractère et ses idées.

Toutefois, quand je voulus lui présenter Paul, celui-ci me répondit avec une fermeté que je ne lui connaissais pas :

— Non, ma tante, pas encore ! Je n'ai pas voulu attendre ma sortie du collége pour me préoccuper de mon avenir. J'ai eu pour ami particulier dans mes dernières classes le fils d'un riche éditeur-libraire qui m'a offert d'entrer avec lui comme commis chez son père. Pour commencer, nous n'aurons que le logement et la nourriture, mais peu à peu nous gagnerons des appointements qui augmenteront en raison de notre travail. J'ai six-cents francs de rente, m'avez-vous dit ; c'est plus qu'il ne m'en faut pour m'habiller proprement et aller quelquefois à l'Opéra ou aux Français. Je suis donc très-content du parti que j'ai pris, et comme j'ai reçu la parole de M. Latour, je ne dois pas lui reprendre la mienne.

— Il me semble, lui dis-je, qu'avant de t'engager ainsi tu aurais dû me consulter.

— Le temps pressait, répondit-il, et j'étais sûr que vous m'approuveriez. Cela s'est décidé hier soir.

— Je ne suis pas si sûre que cela de t'approuver. J'ignore si tu as pris un bon parti, et j'aurais aimé à consulter M. Dietrich.

— Chère tante, je ne désire pas être protégé ; je veux n'être l'obligé de personne avant de savoir si je peux aimer l'homme qui me rendra service. Vous voyez, je suis aussi fier que vous pouvez désirer que je le sois. J'ai beaucoup réfléchi depuis un an. Je me suis dit que, dans ma position, il fallait faire vite aboutir les réflexions, et que je n'avais pas le droit de rêver une brillante destinée difficile à réaliser. Je m'étais juré d'embrasser la première carrière qui s'ouvrirait honorablement devant moi. Je l'ai fait. Elle n'est pas brillante, et peut-être, grâce à la bienveillance de M. Dietrich, aviez-vous rêvé mieux pour moi. Peut-être M. Dietrich, par une faveur spéciale, m'eût-il fait sauter par-dessus les quelques degrés nécessaires à mon apprentissage. C'est ce que je ne désire pas, je ne veux pas appartenir à un *bienfaiteur*, quel qu'il soit. M. Latour m'accepte parce qu'il sait que je suis un garçon sérieux. Il ne me fait et ne me fera aucune grâce. Mon avenir est dans mes mains, non dans les siennes. Il ne m'a accordé aucune parole de sympathie, il ne m'a fait aucune promesse de protection. C'est un positiviste très-froid, c'est donc l'homme qu'il me faut. J'apprendrai chez lui le métier de commerçant et en même temps j'y continuerai mon éducation, son magasin étant une bibliothèque, une encyclopédie toujours ouverte. Il faudra que j'apprenne à être une machine le jour, une intelligence à mes heures de liberté ; mais, comme il m'a dit que j'aurais des épreuves à corriger, je sais qu'on me laissera lire dans ma chambre : c'est tout ce qu'il me faut en fait de plaisirs et de liberté.

Il fallut me contenter de ce qui était arrangé ainsi. Paul n'était pas encore dans l'âge des passions ; tout à sa ferveur de novice, il croyait être toujours heureux par l'étude et n'avoir jamais d'autre curiosité.

M. Dietrich, à qui je racontai notre entrevue sans lui rien cacher, me dit qu'il augurait fort bien d'un caractère de cette trempe, à moins que ce ne fût un éclair fugitif d'héroïsme, comme tous les jeunes gens croient en avoir ; qu'il fallait le laisser voler de ses propres ailes jusqu'à ce qu'il eût donné la mesure de sa puissance sur lui-même, que dans tous les cas il était prêt à s'intéresser à mon neveu dès la moindre sommation de ma part.

Je devais me tenir pour satisfaite, et je feignais de l'être ; mais la précoce indépendance de Paul me rendait un peu soucieuse. Je faisais de tristes réflexions sur l'esprit d'individualisme qui s'empare de plus en plus de la jeunesse. Je voyais, d'une part, Césarine s'arrangeant, avec des calculs instinctifs assez profonds, pour gouverner tout le monde. D'autre part, je voyais Paul se mettant en mesure, avec une hauteur peut-être irréfléchie, de n'être dirigé par personne. Que mon élève, gâtée par le bonheur, crût que tout avait été créé pour elle, c'était d'une logique fatale, inhérente à sa position ; mais que mon pauvre filleul, aux prises avec l'inconnu, déclarât qu'il ferait sa place tout seul et sans aide, cela me semblait une outrecuidance dangereuse, et j'attendais son premier échec pour le ramener à moi comme à son guide naturel.

Peu à peu, l'influence de Césarine agissant à la sourdine et sans relâche, aidée du secret désir de sa tante Helmina, les relations que sa mère lui avait créées se renouèrent. Les échanges de visites devinrent plus fréquents ; des personnes qu'on n'avait pas vues depuis un an furent adroitement ramenées : on accepta quelques invitations d'intimité, et à la fin du deuil on parla de payer les affabilités dont on avait été l'objet en rouvrant les petits salons et en donnant de modestes dîners aux personnes les plus chères. Cela fut concerté et amené par la tante et la nièce avec tant d'habileté que M. Dietrich ne s'en douta qu'après un premier résultat obtenu. On lui fit croire que la réunion avait été, par l'effet du hasard, plus nombreuse qu'on ne l'avait désiré. Un second dîner fut suivi d'une petite soirée où l'on fit un peu de musique sérieuse, toujours par hasard, par une inspiration de la tante, qui avait vu l'ennui se répandre parmi les invités, et qui croyait faire son devoir en s'efforçant de les distraire.

La semaine suivante, la musique sacrée fit place à la profane. Les jeunes amis des deux sexes chantaient plus ou moins bien. Césarine n'avait pas de voix, mais elle accompagnait et déchiffrait on ne peut mieux. Elle était plus musicienne que tous ceux qu'elle feignait de faire briller, et dont elle se moquait intérieurement avec un ineffable sourire d'encouragement et de pitié.

Au bout de deux mois, une jeune étourdie joua sans réflexion une valse entraînante. Les autres jeunes filles bondirent sur le parquet. Césarine ne voulut ni danser, ni faire danser; on dansa cependant, à la grande joie de mademoiselle Helmina et à la grande stupéfaction des domestiques. On se sépara en parlant d'un bal pour les derniers jours de l'hiver.

M. Dietrich était absent. Il faisait de fréquents voyages à sa propriété de Mireval. On ne l'attendait que le surlendemain. Le destin voulut que, rappelé par une lettre d'affaires, il arrivât le lendemain de cette soirée, à sept heures du matin. On s'était couché tard, les valets dormaient encore, et les appartements étaient restés en désordre. M. Dietrich, qui avait conservé les habitudes de simplicité de sa jeunesse, n'éveilla personne ; mais, avant de gagner sa chambre, il voulut se rendre compte par lui-même du tardif réveil de ses gens, et il entra dans le petit salon où la danse avait commencé. Elle y avait laissé peu de traces, vu que, s'y trouvant trop à l'étroit, on avait fait invasion, tout en sautant et pirouettant, dans la grande salle des fêtes. On y avait allumé à la hâte des lustres encore garnis des bougies à demi consumées qui avaient éclairé les derniers bals donnés par madame Dietrich. Elles avaient vite brûlé jusqu'à faire éclater les bobèches, ce qui avait été cause d'un départ précipité : des voiles et des écharpes avaient été oubliés, des cristaux et des porcelaines où l'on avait servi des glaces et des friandises étaient encore sur les consoles. C'était l'aspect d'une orgie d'enfants, une débauche de sucreries, avec des enlacements de traces de petits pieds affolés sur les parquets poudreux. M. Dietrich eut le cœur serré, et, dans un mouvement d'indignation et de chagrin, il vint écouter à ma porte si j'étais levée. Je l'étais en effet ; je reconnus son pas, je sortis avec lui dans la galerie, m'attendant à des reproches.

Il n'osa m'en faire :

— Je vois, me dit-il avec une colère contenue, que vous n'avez pas pris part à des folies que vous n'avez pu empêcher...

— Pardon, lui dis-je, je n'ai eu aucune velléité

d'amusement, mais je n'ai pas quitté Césarine d'un instant, et je me suis retirée la dernière. Si vous me trouvez debout, c'est que je n'ai pas dormi. J'avais du souci en songeant qu'on vous cacherait cette petite fête et en me demandant si je devais me taire ou faire l'office humiliant de délateur. Nous voici, monsieur Dietrich, dans des circonstances que je n'ai pu prévoir et aux prises avec des obligations qui n'ont jamais été définies. Que dois-je faire à l'avenir? Je ne crois pas possible d'imposer mon autorité, et je n'accepterais pas le rôle désagréable de pédagogue trouble-fête; mais celui d'espion m'est encore plus antipathique, et je vous prie de ne pas tenter de me l'imposer.

— Je ne vois rien d'embrouillé dans les devoirs que vous voulez bien accepter, reprit-il. Vous ne pouvez rien empêcher, je le sais; vous ne voulez rien trahir, je le comprends; mais vous pouvez user de votre ascendant pour détourner Césarine de ses entraînements. N'avez-vous rien trouvé à lui dire pour la faire réfléchir, ou bien vous a-t-elle ouvertement résisté?

— Je puis heureusement vous dire mot pour mot ce qui s'est passé. Césarine n'a rien provoqué, elle a laissé faire. Je lui ai dit à l'oreille :

» — C'est trop tôt, votre père blâmera peut-être.

» Elle m'a répondu :

» — Vous avez raison; c'est probable.

» Elle a voulu avertir ses compagnes, elle ne l'a pas fait. Au moment où la danse tournoyait dans le petit salon, mademoiselle Helmina, voyant qu'on étouffait, a ouvert les portes du grand salon, et l'on s'y est élancé. En ce moment, Césarine a tressailli et m'a serré convulsivement la main ; j'ai cru inutile de parler, j'ai cru qu'elle allait agir. Je l'ai suivie au salon ; elle me tenait toujours la main, elle s'est assise tout au fond, sur l'estrade destinée aux musiciens, et là, derrière un des socles qui portent les candélabres, elle a regardé la danse avec des yeux pleins de larmes.

— Elle regrettait de n'oser encore s'y mêler ! s'écria M. Dietrich irrité.

— Non, repris-je, ses émotions sont plus compliquées et plus mystérieuses. — Mon amie, m'a-t-elle dit, je ne sais pas trop ce qui se passe en moi. Je fais un rêve, je revois la dernière fête qu'on a donnée ici, et je crois voir ma mère déjà malade, belle, pâle, couverte de diamants, assise là-bas tout au fond, en face de nous, dans un véritable bosquet de fleurs, respirant avec délices ces parfums violents qui la tuaient et qu'elle a redemandés jusque sur son lit d'agonie. Ceci vous résume la vie et la mort de ma pauvre maman. Elle n'était pas de force à supporter les fatigues du monde, et elle s'enivrait de tout ce qui lui faisait mal. Elle ne voulait rien ménager, rien prévoir. Elle souffrait et se disait heureuse. Elle l'était, n'en doutez pas. Que nos tendances soient folles ou raisonnables, ce qui fait notre bonheur, c'est de les assouvir. Elle est morte jeune, mais elle a vécu vite, beaucoup à la fois, tant qu'elle a pu. Ni les avertissements des médecins, ni les prières des amis sérieux, ni les reproches de mon père n'ont pu la retenir, et en ce moment, en voyant l'ivresse et l'oubli assez indélicat de mes compagnes, je me demande si nous n'avions pas tort de gâter par des inquiétudes et de sinistres prédictions les joies si intenses et si rapides de notre chère malade. Je me demande aussi si elle n'avait pas pris le vrai chemin qu'elle devait suivre, tandis que mon père, marchant sur un sentier plus direct et plus âpre, n'arrivera jamais au but qu'il poursuit, la modération. Vous ne le connaissez pas, ma chère Pauline, il est le plus passionné de la famille. Il a aimé les affaires avec rage. C'était un beau joueur, calme et froid en apparence, mais jamais rassasié de rêves et de calculs. Aujourd'hui l'amour de la terre se présente à lui comme une lutte nouvelle, comme une fièvre de défis jetés à la nature. Vous verrez qu'il ne jouira d'aucun succès, parce qu'il n'avouera jamais qu'il ne sait pas supporter un seul revers. Ses passions ne le rendent pas heureux, parce qu'il les subit sans vouloir s'y livrer. Il se croit plus fort qu'elles, voilà l'erreur de sa vie; ma mère n'en était pas dupe, je ne le suis pas non plus. Elle m'a appris à le connaître, à le chérir, à le respecter, mais à ne pas le craindre. Il sera mécontent quand il saura ce qui se passe ici, soit! Il faudra bien qu'il m'accepte pour sa fille, c'est-à-dire pour un être qui a aussi des passions. Je sens que j'en ai ou que je suis à la veille d'en avoir. Par exemple, je ne sais pas encore lesquelles. Je suis en train de chercher si la vue de cette danse m'enivre ou si elle m'agace, si je reverrai avec joie les fêtes qui ont charmé mon enfance, ou si elles ne me seront pas odieuses, si je n'aurai pas le goût effréné des voyages ou un besoin d'extases musicales, ou bien encore la passion de n'aimer rien et de tout juger. Nous verrons. Je me cherche, n'est-ce pas ce que vous voulez ?

» On est venu nous interrompre. On partait, car en somme on n'a pas dansé dix minutes, et, pour se débarrasser plus vite de la gaieté de ses amis, Césarine, qui, vous le voyez, était fort sérieuse, a promis que l'année prochaine on danserait tant qu'on voudrait chez elle.

— L'année prochaine ! C'est dans quinze jours, s'écria M. Dietrich, qui m'avait écoutée avec émotion.

— Ceci ne me regarde pas, repris-je, je n'ai ni ordre ni conseils à donner chez vous.

— Mais vous avez une opinion ; ne puis-je savoir ce que vous feriez à ma place ?

— J'engagerais Césarine à ne pas livrer si vite aux violons et aux toilettes cette maison qui lui était sacrée il y a un an. Je lui ferais promettre qu'on n'y dansera pas avant une nouvelle année révolue : ce qu'elle aura promis, elle le tiendra ; mais je ne la priverais pas des réunions intimes, sans lesquelles sa vie me paraîtrait trop austère. La solitude et la réflexion sans trêve ont de plus grands dangers pour elle que le plaisir. Je craindrais aussi que ses grands partis-pris de soumission n'eussent pour effet de lui créer des résistances intérieures invincibles, et qu'en la séparant du monde vous n'en fissiez une mondaine passionnée.

M. Dietrich me donna gain de cause et me quitta d'un air préoccupé. Le jugement que sa fille avait porté sur lui, et que je n'avais pas cru devoir lui cacher, lui donnait à réfléchir. Dès le lendemain, il reprit avec moi la conversation sur ce sujet.

— Je n'ai fait aucun reproche, me dit-il. J'ai fait semblant de ne m'être aperçu de rien, et je n'ai pas eu besoin d'arracher la promesse de ne pas danser avant un an; Césarine est venue d'elle-même au-devant de mes réflexions. Elle m'a raconté la soirée d'avant-hier; elle a doucement blâmé l'irréflexion, pour ne pas dire la légèreté de sa tante; elle m'a fait l'aveu qu'elle avait promis de m'engager à rouvrir les salons, en ajoutant qu'elle me suppliait de ne pas le permettre encore. Je n'ai donc eu qu'à l'approuver au lieu de la gronder; elle s'était arrangée pour cela, comme toujours!

— Et vous croyez qu'il en sera toujours ainsi?

— J'en suis sûr, répondit-il avec abattement; elle est plus forte que moi, elle le sait; elle trouvera moyen de n'avoir jamais tort.

— Mais, si elle se laisse gouverner par sa propre raison, qu'importe qu'elle ne cède pas à la vôtre? Le meilleur gouvernement possible serait celui où il n'y aurait jamais nécessité de commander. N'arrive-t-elle pas, de par sa libre volonté à se trouver d'accord avec vous?

— Vous admettez qu'une femme peut être constamment raisonnable, et que par conséquent elle a le droit de se dégager de toute contrainte ?

— J'admets qu'une femme puisse être raisonnable, parce que je l'ai toujours été, sans grand effort et sans grand mérite. Quant à l'indépendance à laquelle elle a droit dans ce cas-là, sans être une *libre penseuse* bien prononcée, je la regarde comme le privilége d'une raison parfaite et bien prouvée.

— Et vous pensez qu'à seize ans Césarine est déjà cette merveille de sagesse et de prudence qui ne doit obéir qu'à elle-même ?

— Nous travaillons à ce qu'elle le devienne. Puisque sa passion est de ne pas obéir et de ne jamais céder, encourageons sa raison et ne brisons pas sa volonté. Ne sévissez, monsieur Dietrich, que le jour où vous verrez une fantaisie blâmable.

— Vous trouvez rassurante cette irrésolution qu'elle vous a confiée, cette prétendue ignorance de ses goûts et de ses désirs ?

— Je la crois sincère.

— Prenez garde, mademoiselle de Nermont ! vous êtes charmée, fascinée ; vous augmenterez son esprit de domination en le subissant.

Il protestait en vain. Il le subissait, lui, et bien plus que moi. La supériorité de sa fille, en se révélant de plus en plus, lui créait une étrange situation ; elle flattait son orgueil et froissait son amour-propre. Il eût préféré Césarine impérieuse avec les autres, soumise à lui seul.

— Il faut, lui dis-je, avant de nous quitter, conclure définitivement sur un point essentiel. Il faut pour seconder vos vues, si je les partage, que je sache votre opinion sur la vie mondaine que vous redoutez tant pour votre fille. Craignez-vous que ce ne soit pour elle un enivrement qui la rendrait frivole ?

— Non, elle ne peut pas devenir frivole ; elle tient de moi plus que de sa mère.

— Elle vous ressemble beaucoup, donc vous n'avez rien à craindre pour sa santé.

— Non, elle n'abusera pas du plaisir.

— Alors que craignez-vous donc ?

Il fut embarrassé pour me répondre. Il donna plusieurs raisons contradictoires. Je tenais à pénétrer toute sa pensée, car mon rôle devenait difficile, si M. Dietrich était inconséquent. Force me fut de constater intérieurement qu'il l'était, qu'il commençait à le sentir, et qu'il en éprouvait de l'humeur. Césarine l'avait bien jugé en somme. Il avait besoin de lutter toujours et n'en voulait jamais convenir. Il termina l'entretien en me témoignant beaucoup de déférence et d'attachement, en me suppliant de nouveau de ne jamais quitter sa fille, tant qu'elle ne serait pas mariée.

— Pour que je prenne cet engagement, lui dis-je, il faut que vous me laissiez libre de penser à ma guise et d'agir, dans l'occasion, sous l'inspiration de ma conscience.

— Oui certes, je l'entends ainsi, s'écria-t-il en respirant comme un homme qui échappe à l'anxiété de l'irrésolution. Je veux abdiquer entre vos mains pour élever une femme, il faut une femme.

En effet, depuis ce jour, il se fit en lui un notable changement. Il cessa de contrarier systématiquement les tendances de sa fille, et je m'applaudis de ce résultat, que je croyais le meilleur possible. Me trompais-je? N'étais-je pas à mon insu la complice de Césarine pour écarter l'obstacle qui limitait son pouvoir? M. Dietrich avait-il pénétré dans le vrai de la situation en me disant que j'étais charmée, fascinée, enchaînée par mon élève?

Si j'ai eu cette faiblesse, c'est un malheur que de graves chagrins m'ont fait expier plus tard. Je croyais sincèrement prendre la bonne voie et apporter du bonheur en modifiant l'obstination du père au profit de sa fille; ce profit, je le croyais tout moral et intellectuel, car, je n'en pouvais plus douter, on ne pouvait diriger Césarine qu'en lui mettant dans les mains le gouvernail de sa destinée, sauf à veiller sur les dangers qu'elle ignorait, qu'elle croyait fictifs, et qu'il faudrait éloigner ou atténuer à son insu.

L'hiver s'écoula sans autres émotions. Ces dames reçurent leurs amis et ne s'ennuyèrent pas; Césarine, avec beaucoup de tact et de grâce, sut contenir la gaieté lorsqu'elle menaçait d'arriver aux oreilles de son père, qui se retirait de bonne heure, mais qui, disait-elle, ne dormait jamais des deux yeux à la fois.

Il faut que je dise un mot de la société intime des demoiselles Dietrich. C'étaient d'abord trois autres

demoiselles Dietrich, les trois filles de M. Karl Dietrich,
et leur mère, jolie collection de parvenues bien éle-
vées, mais très-fières de leur fortune et très-ambi-
tieuses, même la plus petite, âgée de douze ans, qui
parlait mariage comme si elle eût été majeure ; son
babil était l'amusement de la famille ; la liberté enfantine de ses opinions était la clef qui ouvrait toutes les
discussions sur l'avenir et sur les rêves dorés de ces
demoiselles.

Le père Karl Dietrich était un homme replet et
jovial, tout l'opposé de son frère, qu'il respectait à
l'égal d'un demi-dieu et qu'il consultait sur toutes
choses, mais sans lui avouer qu'il ne suivait que la
moitié de ses conseils, celle qui flattait ses instincts
de vanité et ses habitudes de bonhomie. Il avait un
grand fonds de vulgarité qui paraissait en toutes
choses ; mais il était honnête homme, il n'avait pas
de vices, il aimait sa famille réellement. Si son commerce n'était pas le plus amusant du monde, il n'était
jamais choquant ni répugnant, et c'est un mérite assez
rare chez les enrichis de notre époque pour qu'on en
tienne compte. Il adorait Césarine, et, par un naïf
instinct de probité morale, il la regardait comme la
reine de la famille. Il ne craignait pas de dire qu'il
était non-seulement absurde, mais coupable de contrarier une créature aussi parfaite. Césarine connaissait son empire sur lui ; elle savait que si, à quinze
ans, elle eût voulu faire des dettes, son oncle lui eût
confié la clef de sa caisse ; elle avait dans ses armoires
des étoffes précieuses de tous les pays, et dans ses

écrins des bijoux admirables qu'il lui donnait en cachette de ses filles, disant qu'elles n'avaient pas de goût et que Césarine seule pouvait apprécier les belles choses. Cela était vrai. Césarine avait le sens artiste critique très-développé, et son oncle était payé de ses dons quand elle en faisait l'éloge.

Madame Karl Dietrich voyait bien la partialité de son mari pour sa nièce ; elle feignait de l'approuver et de la partager, mais elle en souffrait, et, à travers les adulations et les caresses dont elle et ses filles accablaient Césarine, il était facile de voir percer la jalousie secrète.

La famille Dietrich ne se bornait pas à ce groupe. On avait beaucoup de cousins, allemands plus ou moins, et de cousines plus ou moins françaises, provenant de mariages et d'alliances. Tout ce qui tenait de près ou de loin aux frères Dietrich ou à leurs femmes s'était attaché à leur fortune et serré sous leurs ailes pour prospérer dans les affaires ou vivre dans les emplois. Ils avaient été généreux et serviables, se faisant un devoir d'aider les parents, et pouvant, grâce à leur grande position, invoquer l'appui des plus hautes relations dans la finance. Les fastueuses réceptions de madame Hermann Dietrich avaient étendu ce crédit à tous les genres d'omnipotence. On avait dans tous les ministères, dans toutes les administrations, des influences certaines. Ainsi tout ce qui était apparenté aux Dietrich était *casé* avantageusement. C'était un clan, une clientèle d'obligés qui représentait une centaine d'individus plus ou moins reconnaissants, mais tous placés dans une certaine dépendance des frères Dietrich, de M. Hermann particulièrement, et formant ainsi une petite cour dont l'encens ne pouvait manquer de porter à la tête de Césarine.

Je n'ai jamais aimé le monde; je ne me plaisais pas dans ces réunions beaucoup trop nombreuses pour justifier leur titre de relations intimes. Je n'en faisais rien paraître; mais Césarine ne s'y trompait pas.

— Nous sommes trop bourgeois pour vous, me disait-elle, et je ne vous en fais pas un reproche, car, moi aussi, je trouve ma nombreuse famille très-insipide. Ils ont beau vouloir se distinguer les uns des autres, ces chers parents, et avoir suivi diverses carrières, je trouve que mon jeune cousin le peintre de genre est aussi positif et aussi commerçant que ma vieille cousine la fabricante de papiers peints, et que le cousin compositeur de musique n'a pas plus de feu sacré que mon oncle à la mode de Bretagne qui gouverne une filature de coton. Je vous ai entendu dire qu'il n'y avait plus de différences tranchées dans les divers éléments de la société moderne, que les industriels parlaient d'art et de littérature aussi bien que les artistes parlent d'industrie ou de science appliquée à l'industrie. Moi, je trouve que tous parlent mal de tout, et je cherche en vain autour de moi quelque chose d'original ou d'inspiré. Ma mère savait mieux composer son salon. Si elle y admettait avec amabilité tous ces comparses que vous voyez autour de moi, elle savait mettre en scène des distinctions et des élégances réelles. Quand mon père me permettra de le faire rentrer dans le vrai monde sans sortir de chez lui, vous verrez une société plus choisie et plus intéressante, des personnes qui n'y viennent pas pour approuver tout, mais pour discuter et apprécier, de vrais artistes, de vraies grandes dames, des voyageurs, des diplomates, des hommes politiques, des poëtes, des gens du noble faubourg et même des représentants de la comique race des *penseurs!* Vous verrez, ce sera drôle et ce sera charmant ; mais je ne suis pas bien pressée de me retrouver dans ce brillant milieu. Il faut que je sois de force à y briller aussi. J'y ai trôné pour mes beaux yeux sur ma petite chaise d'enfant gâtée. Devenue maîtresse de maison, il faudra que je réponde à d'autres exigences, que j'aie de l'instruction, un langage attrayant, des talents solides, et, ce qui me manque le plus jusqu'à présent, des opinions arrêtées. Travaillons, ma chère amie, faites-moi beaucoup travailler. Ma mère se contentait d'être une femme charmante, mais je crois que j'aurai un rôle plus difficile à remplir que celui de montrer les plus beaux diamants, les plus belles robes et les plus belles épaules. Il faut que je montre le plus noble esprit et le plus remarquable caractère. Travaillons ; mon père sera content, et il reconnaîtra que la lutte de la vie est facile à qui s'est préparé sans orages domestiques à dominer son milieu.

Si je fais parler ici Césarine avec un peu plus de suite et de netteté qu'elle n'en avait encore, c'est pour abréger et pour résumer l'ensemble de nos fréquentes conversations. Je puis affirmer que ce résumé, dont j'aidais le développement par mes répliques et mes observations, est très-fidèle quand même, et qu'à dix-huit ans Césarine ne s'était pas écartée du programme entrevu et formulé jour par jour.

Je passerai donc rapidement sur les années qui nous conduisirent à cette sorte de maturité. Nous allions tous les étés à Mireval, où elle travaillait beaucoup avec moi, se levant de grand matin et ne perdant pas une heure. Ses récréations étaient courtes et actives. Elle allait rejoindre son père aux champs ou dans son cabinet, s'intéressait à ses travaux et à ses recherches. Il en était si charmé qu'il devint son adorateur et son esclave, et cela eût été pour le mieux, si Césarine ne m'eût avoué que l'agriculture ne l'intéressait nullement, mais qu'elle voulait faire plaisir à son père, c'est-à-dire le charmer et le soumettre.

J'aurais pu craindre qu'elle n'agît de même avec moi, si je ne l'eusse vue aimer réellement l'étude et chercher à dépasser la somme d'instruction que j'avais pu acquérir. Je sentis bientôt que je risquais de rester en arrière, et qu'il me fallait travailler aussi pour mon compte; c'est à quoi je ne manquai pas, mais je n'avais plus le feu et la facilité de la jeunesse. Mon emploi commençait à m'absorber et à me fatiguer, lorsque des préoccupations personnelles d'un autre genre commencèrent à s'emparer de mon élève et à ralentir sa curiosité intellectuelle.

Avant d'entrer dans cette nouvelle phase de notre

existence, je dois rappeler celle de mon neveu et résumer ce qui était advenu de lui durant les trois années que je viens de franchir. Je ne puis mieux rendre compte de son caractère et de ses occupations qu'en transcrivant la dernière lettre que je reçus de lui à Mireval dans l'été de 1858.

« Ma marraine chérie, ne soyez pas inquiète de moi. Je me porte toujours bien ; je n'ai jamais su ce que c'est que d'être malade. Ne me grondez pas de vous écrire si peu : j'ai si peu de temps à moi ! Je gagnais douze cents francs, j'en gagne deux mille aujourd'hui, et je suis toujours logé et nourri dans l'établissement. J'ai toujours mes soirées libres, je lis toujours beaucoup ; vous voyez donc que je suis très-content, très-heureux, et que j'ai pris un très-bon parti. Dans dix ou douze ans, je gagnerai certainement de dix à douze mille francs, grâce à mon travail quotidien et à de certaines combinaisons commerciales que je vous expliquerai quand nous nous reverrons.

» A présent traitons la grande question de votre lettre. Vous me dites que vous avez de l'aisance et que vous comptez *me confier* (j'entends bien, *me donner*) vos économies, pour qu'au lieu d'être un petit employé à gages, je puisse apporter ma part d'associé dans une exploitation quelconque. Merci, ma bonne tante, vous êtes l'ange de ma vie ; mais je n'accepte pas, je n'accepterai jamais. Je sais que vous avez fait des sacrifices pour mon éducation ; c'était immense pour vous alors. J'ai dû les accepter, j'étais un enfant ; mais j'espère bien m'acquitter envers vous, et, si au lieu d'y songer je me laissais gâter en core, je rougirais de moi. Comment, un grand gaillard de vingt et un ans se ferait porter sur les faibles bras d'une femme délicate, dévouée, laborieuse à son intention !... Ne m'en parlez plus, si vous ne voulez m'humilier et m'affliger. Votre condition est plus précaire que la mienne, pauvre tante ! Vous dépendez d'un caprice de femme, car vous aurez beau louer le noble caractère et le grand esprit de votre élève, tout ce qui repose sur un intérêt moral est bâti sur des rayons et des nuages. Il n'y a de solide et de fixe que ce qui est rivé à la terre par l'intérêt personnel le plus prosaïque et le plus grossier. Je n'ai pas d'illusions, moi; j'ai déjà l'expérience de la vie. Je suis ancré chez mon patron parce que j'y fais entrer de l'argent et n'en laisse pas sortir. Vous êtes, vous, un objet de luxe intellectuel dont on peut se priver dans un jour de dépit, dans une heure d'injustice. On peut même vous blesser involontairement dans un moment d'humeur, et je sais que vous ne le supporteriez pas, à moins que mon avenir ne fût dans les mains de M. Dietrich. — Or voilà ce que je ne veux pas, ce que je n'ai pas voulu. Vous m'avez un peu grondé de mon orgueil en me voyant repousser sa protection. Vous n'avez donc pas compris, marraine, que je ne voulais pas dépendre de l'homme qui vous tenait dans sa dépendance? que je ne voulais pas vous exposer à subir quelque déplaisir chez lui par dévouement pour moi? Si, lorsqu'il m'a fait inviter par vous à me mêler à ses *petites* réunions de famille, j'ai répondu que je n'avais pas le temps, c'est que je savais que, dans ces réunions, tous étaient plus ou moins les obligés des Dietrich, et que j'y aurais porté malgré moi un sentiment d'indépendance qui eût pu se traduire par une franchise intolérable. Et vous eussiez été responsable de mon impertinence! Voilà ce que je ne veux pas non plus.

» Restons donc comme nous voilà : moi, votre obligé à jamais. J'aurai beau vous rendre l'argent que vous avez dépensé pour moi, rien ne pourra m'acquitter envers vous de vos tendres soins, de votre amour maternel, rien que ma tendresse, qui est aussi grande que mon cœur peut en contenir. Vous, vous resterez ma mère, et vous ne serez plus jamais mon caissier. Je veux que vous puissiez retrouver votre liberté absolue sans jamais craindre la misère, et que vous ne restiez pas une heure dans la maison étrangère, si cette heure-là ne vous est pas agréable à passer.

» Voilà, ma tante; que ce soit dit une fois pour toutes! Je vous ai vue la dernière fois avec une petite robe retournée qui n'était guère digne des tentures de satin de l'hôtel Dietrich. Je me suis dit :

» — Ma tante n'a plus besoin de ménager ainsi quelques mètres de soie. Elle n'est pas avare, elle est même peu prévoyante pour son compte. C'est donc pour moi qu'elle fait des économies? A d'autres! Le premier argent dont je pourrai strictement me passer, je veux l'employer à lui offrir une robe neuve, et le moment est venu. Vous recevrez demain matin une étoffe que je trouve jolie et que je sais être du goût le plus nouveau. Elle sera peut-être critiquée par l'incomparable mademoiselle Dietrich ; mais je m'en moque, si elle vous plaît. Seulement je vous avertis que, si vous la retournez quand elle ne sera plus fraîche, je m'en apercevrai bien, et que je vous enverrai une toilette qui me ruinera.

» Pardonne-moi ma pauvre offrande, petite marraine, et aime toujours le rebelle enfant qui te chérit et te vénère.

» Paul Gilbert. »

Il me fut impossible de ne pas pleurer d'attendrissement en achevant cette lettre. Césarine me surprit au milieu de mes larmes et voulut absolument en savoir la cause. Je trouvais inutile de la lui dire ; mais comme elle se tourmentait à chercher en quoi elle avait pu me blesser et qu'elle s'en faisait un véritable chagrin, je lui laissai lire la lettre de Paul. Elle la lut froidement et me la rendit sans rien dire.

— Vous voilà rassurée, lui dis-je.

— Elle répondit oui, et nous passâmes à la leçon. Quand elle fut finie :

— Votre neveu, me dit-elle, est un original, mais sa fierté ne me déplaît pas. Il a eu bien tort, par exemple, de croire que sa franchise eût pu me blesser ; elle serait venue comme un rayon de vrai soleil au milieu des nuages d'encens fade ou grossier, que je respire à Paris. Il me croit sotte, je le vois, bien, et quand il me traite d'*incomparable*, cela veut dire qu'il me trouve laide.

— Il ne vous a jamais vue !

— Si fait ! Comment pouvez-vous croire qu'il serait venu pendant quatre hivers chez vous sans que je l'eusse jamais rencontré ? Vous avez beau demeurer dans un pavillon de l'hôtel qui est séparé du mien, vous avez beau ne le faire venir que les jours où je sors, j'étais curieuse de le voir, et une fois, il y a deux ans, moi et mes trois cousines, nous l'avons guetté comme il traversait le jardin ; puis, comme il avait passé très-vite et sans daigner lever les yeux vers la terrasse où nous étions, nous avons guetté sa sortie en nous tenant sur le grand perron. Alors il nous a saluées en passant près de nous, et, bien qu'il ait pris un air fort discret ou fort distrait, je suis sûre qu'il nous a très-bien regardées.

— Il vous a mal regardées, au contraire, ou il n'a pas su laquelle des quatre était vous, car, l'année dernière, il a vu chez moi votre photographie, et il m'a dit qu'il vous croyait petite et très-brune. C'est donc votre cousine Marguerite qu'il avait prise pour vous.

— Alors qu'est-ce qu'il a dit de ma photographie ?

— Rien. Il pensait à autre chose. Mon neveu n'est pas curieux, et je le crois très-peu artiste.

— Dites qu'il est d'un positivisme effroyable.

— Effroyable est un peu dur ; mais j'avoue que je le trouve un peu rigide dans sa vertu, même un peu misanthrope pour son âge. Je m'efforcerai de le guérir de sa méfiance et de sa sauvagerie.

— Et vous me le présenterez l'hiver prochain ?

— Je ne crois pas que je puisse l'y décider ; c'est une nature en qui la douceur n'empêche pas l'obstination.

— Alors il me ressemble ?

— Oh ! pas du tout, c'est votre contraire. Il sait toujours ce qu'il veut et ce qu'il est. Au lieu de se plaire à influencer les autres, il se renferme dans son droit et dans son devoir avec une certaine étroitesse que je n'approuve pas toujours, mais qu'il me faut bien lui pardonner à cause de ses autres qualités.

— Quelles qualités ? Je ne lui en vois déjà pas tant !

— La droiture, le courage, la modestie, la fierté, le désintéressement, et par-dessus tout son affection pour moi.

Nous fûmes interrompues par l'arrivée au salon du marquis de Rivonnière. Césarine donna un coup d'œil au miroir, et, s'étant assurée que sa tenue était irréprochable, elle me quitta pour aller le recevoir.

Ce serait le moment de poser dans mon récit ce personnage, qui depuis quelques semaines était le plus assidu de nos voisins de campagne ; mais je crois qu'il vaut mieux ne pas m'interrompre et laisser à Césarine le soin de dépeindre l'homme qui aspirait ouvertement à sa main.

— Que pensez-vous de lui ? me dit-elle quand il fut parti.

— Rien encore, lui répondis-je, sinon qu'il a une belle tournure et un beau visage. Je ne me tiens pas auprès de vous au salon quand votre père ou vous ne réclamez pas ma présence, et j'ai à peine entrevu le marquis deux ou trois fois.

— Eh bien! je la réclame à l'avenir, votre chère présence, quand le marquis viendra ici. Ma tante est une mauvaise gardienne et le laisse me faire la cour.

— Votre père m'a dit qu'il ne voyait pas avec déplaisir ses assiduités, et qu'il ne s'opposait pas à ce que vous eussiez le temps de le connaître. Voilà, je crois, ce qui est convenu entre lui et M. de Rivonnière. Vous déciderez si vous voulez vous marier bientôt, et dans ce cas on vous proposera ce parti, qui est à la fois honorable et brillant. Si vous ne l'acceptez point, on dira que vous ne voulez pas encore vous établir, et M. de Rivonnière se tiendra pour dit qu'il n'a point su modifier vos résolutions.

— Oui, voilà bien ce que m'a dit papa; mais ce qu'il pense, il ne l'a dit ni à vous ni à moi.

— Que pense-t-il selon vous?

— Il désire vivement que je me marie le plus tôt possible, à la condition que nous ne nous séparerons pas. Il m'adore, mon bon père, mais il me craint; il voudrait bien, tout en me gardant près de son cœur, être dégagé de la responsabilité qui pèse sur lui. Il se voit forcé de me gâter, il s'y résigne, mais il craint toujours que je n'en abuse. Plus je suis studieuse, retirée, raisonnable en un mot, plus il craint que ma volonté renfermée n'éclate en fabuleuses excentricités.

— N'entretenez-vous pas cette crainte par quelques paradoxes dont vous ne pensez pas un mot, et que vous pourriez vous dispenser d'émettre devant lui ?

— J'entretiens de loin en loin cette crainte, parce qu'elle me préserve de l'autorité qu'il se fût attribuée, s'il m'eût trouvée trop docile. Ne me grondez pas pour cela, chère amie, je mène mon père à son bonheur et au mien. Les moyens dont je me sers ne vous regardent pas. Que votre conscience se tienne tranquille : mon but est bon et louable. Il faut, pour y parvenir, que mon père conserve sa responsabilité et ne la délègue pas à un nouveau-venu qui me forcerait à un nouveau travail pour le soumettre.

— Je pense que vous n'auriez pas grand'peine avec M. de Rivonnière. Il passe dans le pays pour l'homme le plus doux qui existe.

— Ce n'est pas une raison. Il est facile d'être doux aux autres quand on est puissant sur soi-même. Moi aussi, je suis douce, n'est-il pas vrai ? et, quand je m'en vante, je vous effraye, convenez-en.

— Vous ne m'effrayez pas tant que vous croyez ; mais je vois que le marquis, s'il ne vous effraye pas, vous inquiète. Ne sauriez-vous me dire comment vous le jugez ?

— Eh bien ! je ne demande pas mieux ; attendez. Il est... ce qu'au temps de Louis XIII ou de Louis XIV on eût appelé un seigneur accompli, et voici comment on l'eût dépeint : « beau cavalier, adroit à toutes les armes, bel esprit, agréable causeur, homme de grandes manières, admirable à la danse ! » Quand on avait dit tout cela d'un homme du monde, il fallait tirer l'échelle et ne rien demander de plus. Son mérite était au grand complet. Les femmes d'aujourd'hui sont plus exigeantes, et, en qualité de petite bourgeoise, j'aurais le droit de demander si ce phénix a du cœur, de l'instruction, du jugement et quelques vertus domestiques. On est honnête dans la famille Dietrich, on n'a pas de vices, et vous avez remarqué, vous qui êtes une vraie grande dame, que nous avions fort bon ton ; cela vient de ce que nous sommes très-purs, partant très-orgueilleux. Je prétends résumer en moi tout l'orgueil et toute la pureté de mon humble race. Les perfections d'un gentilhomme me touchent donc fort peu, s'il n'a pas les vertus d'un honnête homme, et je ne sais du marquis de Rivonnière que ce qu'on en dit. Je veux croire que mon père n'a pas été trompé, qu'il a un noble caractère, qu'on ne lui connaît pas de causes sérieuses de désordre, qu'il est charitable, bienveillant, généralement aimé des pauvres du pays, estimé de toutes les classes d'habitants. Cela ne me suffit pas. Il est riche, c'est un bon point ; il n'a pas besoin de ma fortune, à moins qu'il ne soit très-ambitieux. Ce n'est peut-être pas un mal, mais encore faut-il savoir quel est son genre d'ambition ; jusqu'à présent, je ne le pénètre pas bien. Il paraît quelquefois étonné de mes opinions, et tout à coup il prend le parti de les admirer, de dire comme moi, et de me traiter comme une merveille qui l'éblouit. Voilà ce que j'appelle me faire la cour et ce que je ne veux pas permettre. Je veux qu'il se laisse juger, qu'il s'explique si je le choque, qu'il se défende si je l'attaque, et ma tante, qui est résolue à le trouver sublime parce qu'il est marquis, m'empêche de le piquer, en se hâtant d'interpréter mes paroles dans le sens le plus favorable à la vanité du personnage. Cela me fatigue et m'ennuie, et je désire que vous soyez là pour me soutenir contre elle et m'aider à voir clair en lui.

Deux jours plus tard, le marquis amena un joli cheval de selle qu'il avait offert à Césarine de lui procurer. Il l'avait gardé chez lui un mois pour l'essayer, le dresser et se bien assurer de ses qualités. Il le garderait pour lui, disait-il, s'il ne lui plaisait pas.

Césarine alla passer une jupe d'amazone, et courut essayer le cheval dans le manége en plein air qu'on lui avait établi au bout du parc. Nous la suivîmes tous. Elle montait admirablement et possédait par principes toute la science de l'équitation. Elle manœuvra le cheval un quart d'heure, puis elle sauta légèrement sur la berge de gazon du manége sablé, en disant à M. de Rivonnière qui la contemplait avec ravissement :

— C'est un instrument exquis, ce joli cheval ; mais il est trop dressé, ce n'est plus une volonté ni un instinct, c'est une machine. S'il vous plaît, à vous, gardez-le ; moi, il m'ennuierait.

— Il y a, lui répondit le marquis, un moyen bien simple de le rendre moins maniable ; c'est de lui faire oublier un peu ce qu'il sait en le laissant libre au pâturage. Je me charge de vous le rendre plus ardent.

— Ce n'est pas le manque d'ardeur que je lui reproche, c'est le manque d'initiative. Il en est des bêtes comme des gens : l'éducation abrutit les natures qui n'ont point en elles des ressources inépuisables. J'aime mieux un animal sauvage qui risque de me tuer qu'une mécanique à ressorts souples qui m'endort.

— Et vous aimez mieux, observa le marquis, une individualité rude et fougueuse...

— Qu'une personnalité effacée par le savoir-vivre, répliqua-t-elle vivement; mais, pardon, j'ai un peu chaud, je vais me rhabiller.

Elle lui tourna le dos et s'en alla vers le château, relevant adroitement sa jupe juste à la hauteur des franges de sa bottine. M. de Rivonnière la suivit des yeux, comme absorbé, puis, me voyant près de lui, il m'offrit son bras, tandis que M. Dietrich et sa sœur nous suivaient à quelque distance. Je vis bien que le marquis voulait s'assurer ma protection, car il me témoignait beaucoup de déférence, et après quelque préambule un peu embarrassé il céda au besoin de m'ouvrir son cœur.

— Je crois comprendre, me dit-il, que ma soumission déplaît à mademoiselle Dietrich, et qu'elle aimerait un caractère plus original, un esprit plus romanesque. Pourtant, je sens très-bien la supériorité qu'elle a sur moi, et je n'en suis pas effrayé : c'est quelque chose qui devrait m'être compté.

Ce qu'il disait là me sembla très-juste et d'un homme intelligent.

— Il est certain, lui répondis-je, que dans le temps d'égoïsme et de méfiance où nous vivons, accepter le mérite d'une femme supérieure sans raillerie et sans crainte n'est pas le fait de tout le monde ; mais puis-je vous demander si c'est le goût et le respect du mérite en général qui vous rassure, ou si vous voyez dans ce cas particulier des qualités particulières qui vous charment ?

— Il y a de l'un et de l'autre. Me sentant épris du beau et du bien, je le suis d'autant plus de la personne qui les résume.

— Ainsi vous êtes épris de Césarine ? Vous n'êtes pas le seul ; tout ce qui l'approche subit le charme de sa beauté morale et physique. Il faut donc un dévouement exceptionnel pour obtenir son attention.

— Je le pense bien. Je connais la mesure de mon dévouement et ne crains pas que personne la dépasse ; mais il y a mille manières d'exprimer le dévouement, tandis que les occasions de le prouver sont rares ou insignifiantes. L'expression d'ailleurs charme plus les femmes que la preuve, et j'avoue ne pas savoir encore sous quelle forme je dois présenter l'avenir, que je voudrais promettre riant et beau au possible.

— Ne me demandez pas de conseils ; je ne vous connais point assez pour vous en donner.

— Connaissez-moi, mademoiselle de Nermont, je ne demande que cela. Quand mademoiselle Dietrich m'interpelle, elle me trouble, et peut-être n'est-ce pas la vérité vraie que je lui réponds. Avec vous, je serai moins timide, je vous répondrai avec la confiance que j'aurais pour ma propre sœur. Faites-moi des questions, c'est tout ce que je désire. Si vous n'êtes pas contente de moi, vous me le direz, vous me reprendrez. Tout ce qui viendra de vous me sera sacré. Je ne me révolterai pas.

— Avez-vous donc, comme on le prétend, la douceur des anges ?

— D'ordinaire, oui; mais par exception j'ai des colères atroces.

— Que vous ne pouvez contenir ?

— C'est selon. Quand le dépit ne froisse que mon amour-propre, je le surmonte; quand il me blesse au cœur, je deviens fou.

— Et que faites-vous dans la folie ?

— Comment le saurais-je ? Je ne m'en souviens pas, puisque je n'ai pas eu conscience de ce que j'ai fait.

— Mais quelquefois vous avez dû l'apprendre par les autres ?

— Ils m'ont toujours ménagé la vérité. Je suis très-gâté par mon entourage.

— C'est la preuve que vous êtes réellement bon.

— Hélas! qui sait? C'est peut-être seulement la preuve que je suis riche.

— En êtes-vous à mépriser ainsi l'espèce humaine ? N'avez-vous point de vrais amis ?

— Si fait; mais ceux-là ne m'ayant jamais blessé, ne peuvent savoir si je suis violent.

— Cela pourrait cependant arriver. Que feriez-vous devant la trahison d'un ami ?

— Je ne sais pas.

— Et devant la résistance d'une femme aimée ?

— Je ne sais pas non plus. Vous voyez, je suis une brute, puisque je ne me connais pas et ne sais pas me révéler.

— Alors vous ne faites jamais le moindre examen de conscience ?

— Je n'ai garde d'y manquer après chacune de mes fautes ; mais je ne prévois pas mes fautes à venir, et cela me paraît impossible.

— Pourquoi ?

— Parce que chaque sujet de trouble est toujours nouveau dans la vie. Aucune circonstance ne se présente identique à celle qui nous a servi d'expérience. Ne voyez donc d'absolu en moi que ce que j'y vois moi-même, une parfaite loyauté d'intentions. Il me serait facile de vous dire que je suis un être excellent, et que je réponds de le demeurer toujours. C'est le lieu commun que tout fiancé débite avec aplomb aux parents et amis de sa fiancée. Eh bien ! si j'arrive à ce rare bonheur d'être le fiancé de votre Césarine, je serai aussi sincère qu'aujourd'hui, je vous dirai : « Je l'aime. » Je ne vous dirai pas que je suis digne d'elle à tous égards et que je mérite d'être adoré.

— Pourrez-vous au moins promettre de l'aimer toujours ? Êtes-vous constant dans vos affections ?

— Oui, certes, mon amitié est fidèle ; mais en fait de femmes je n'ai jamais aimé que ma mère et ma sœur ; je ne sais rien de l'amour qu'une femme pure peut inspirer.

— Que dites-vous là ? Vous n'avez jamais aimé ?

— Non ; cela vous étonne ?
— Quel âge avez-vous donc ?
— Trente ans.
— Voici une mauvaise note pour mon carnet personnel... jamais aimé à trente ans !
— Que voulez-vous ? Je ne peux pas appeler amour les émotions très-sensuelles qu'éprouve un adolescent auprès des femmes. Un peu plus tard, les gens de ma condition abordent le monde et n'y conservent pas d'illusions. Ils sont placés entre la coquetterie effrénée des femmes qui exploitent leurs hommages et l'avidité honteuse de celles qui n'exploitent que leur bourse. Ce sont les dernières qui l'emportent parce qu'il est plus facile de s'en débarrasser.
— Ainsi vous n'avez eu que des courtisanes pour maîtresses ?
— Mademoiselle de Nermont, je pense bien que vous rendrez compte de toutes mes réponses à mademoiselle Dietrich ; mais je présume qu'il est un genre de questions qu'elle ne vous fera pas. Je vous dirai donc la vérité : courtisanes et femmes du monde, cela se ressemble beaucoup quand ces dernières ne sont pas radicalement vertueuses. Il y en a certes, je le reconnais, et il fut un temps, assure-t-on, où celles-ci inspiraient de grandes passions; mais aujourd'hui, si nous sommes moins passionnés, nous sommes plus honnêtes, nous respectons la vertu et la laissons tranquille. Les jeunes gens corrompus feignent de la dédaigner, sous prétexte qu'elle est ennuyeuse. Moi je la respecte sincèrement, surtout chez les femmes

de mes amis ; et puis les femmes honnêtes, étant plus rares qu'autrefois, sont plus fortes, plus difficiles à persuader, et il faudrait faire le métier de tartuffe pour les vaincre. Je ne me reproche donc pas d'avoir voulu ignorer l'amour que seules peuvent inspirer de telles femmes. Quelque mauvais que soit le monde actuel, il a cela de supérieur au temps passé, que les hommes qui se marient après avoir assouvi leurs passions fort peu idéales peuvent apporter à la jeune fille qu'ils épousent un cœur absolument neuf. Les roués d'autrefois, blasés sur la femme élégante et distinguée, vainqueurs en outre de mainte innocence, ne pouvaient se vanter de l'ingénuité morale que la légèreté de nos mœurs laisse subsister chez la plupart d'entre nous. Il me paraît donc impossible de ne pas aimer mademoiselle Dietrich avec une passion vraie et de ne pas l'aimer toujours, fût-on éconduit par elle, car aujourd'hui, évidemment maltraité, je me sens aussi enchaîné que je l'étais avant-hier par quelques paroles bienveillantes.

Nous arrivions au salon, où Césarine, qui avait marché plus vite que nous et qui portait une fabuleuse activité en toutes choses, était déjà installée au piano. Elle s'était rhabillée avec un goût exquis, et pourtant elle se leva brusquement en voyant entrer le marquis ; un léger mouvement de contrariété se lisait dans sa physionomie. On eût dit qu'elle ne comptait pas le revoir. Il s'en aperçut et prit congé. Il fut quelques jours sans reparaître.

D'abord Césarine m'assura qu'elle était charmée de

l'avoir découragé, bientôt elle fut piquée de sa susceptibilité. Il n'y put tenir et revint. Elle fut aimable, puis elle fut cruelle. Il bouda encore et il revint encore. Ceci dura quelques mois ; cela devait durer toujours.

C'est que le marquis au premier aspect semblait très-facile à réduire. Césarine l'avait vite pris en pitié et en dégoût lorsqu'elle s'était imaginé qu'elle avait affaire à une nature d'esclave ; mais la soudaineté et la fréquence de ses dépits la firent revenir de cette opinion.

— C'est un boudeur, disait-elle, c'est moins ennuyeux qu'un extatique.

Elle reconnaissait en lui de grandes et sérieuses qualités, une bravoure de cœur et de tempérament remarquable, une véritable générosité d'instincts, une culture d'esprit suffisante, une réelle bonté, un commerce agréable quand on ne le froissait pas ; en somme, il méritait si peu d'être froissé qu'il était dans son droit de ne pas le souffrir.

Au bout de notre saison d'été à la campagne, M Dietrich pressa Césarine de s'expliquer sur ses sentiments pour le marquis.

— Je n'ai rien décidé, répondit-elle. Je l'aime et l'estime beaucoup. S'il veut se contenter d'être mon ami, je le reverrai toujours avec plaisir ; mais s'il veut que je me prononce à présent sur le mariage, qu'il ne revienne plus, ou qu'il ne revienne pas plus souvent que nos autres voisins.

M. Dietrich n'accepta point cette étrange réponse.

Il remontra qu'une jeune fille ne peut faire son ami d'un homme épris d'elle.

— C'est pourtant ce à quoi j'aspire d'une façon générale, répondit Césarine. Je trouve l'amitié des hommes plus sincère et plus noble que celle des femmes, et, comme ils y mêlent toujours quelque prétention de plaire, si on les éloigne, on se trouve seule avec les personnes du sexe enchanteur, jaloux et perfide, à qui l'on ne peut se fier. Je n'ai qu'une amie, moi, c'est Pauline. Je n'en désire point d'autre. Il y a bien ma tante ; mais c'est mon enfant bien plus que mon amie.

— Mais, en fait d'amis, vous avez moi et votre oncle Vous ferez bien d'en rester là.

— Vous oubliez, cher père, quelques douzaines de jeunes et vieux cousins qui me sont très-cordialement dévoués, j'en suis sûre, et à qui vous trouvez bon que je témoigne de l'amitié. Aucun d'eux n'aspire à ma main. Les uns sont mariés, ou pères de famille; les autres savent trop ce qu'ils vous doivent pour se permettre de me faire la cour. Je ne vois pas pourquoi le marquis ne ferait pas comme eux, pour une autre raison : la crainte de m'ennuyer.

— Heureusement le marquis n'acceptera point cette situation ridicule.

— Pardon, mon papa ; faute de mieux, il l'accepte.

— Ah oui-da ! vous lui avez dit : « Soyez mon complaisant pour le plaisir de l'être ? »

— Non, je lui ai dit : « Soyez mon camarade jusqu'à nouvel ordre. »

— Son camarade! s'écria M. Dietrich en s'adressant à moi avec un haussement d'épaules; elle devient folle, ma chère amie!

— Oui, je sais bien, reprit Césarine, ça ne se dit pas, ça ne se fait pas. Le fait est, ajouta-t-elle en éclatant de rire, que je n'ai pas le sens commun, cher papa! Eh bien! je dirai à M. de Rivonnière que vous m'avez trouvée absurde et que nous ne devons plus nous voir.

Là-dessus, elle prit son ouvrage et se mit à travailler avec une sérénité complète. Son père l'observa quelques instants, espérant voir percer le dépit ou le chagrin sous ce facile détachement. Il ne put rien surprendre; toute la contrariété fut pour lui. Il avait pris Jacques de Rivonnière en grande amitié. Il l'avait beaucoup encouragé, il le désirait vivement pour son gendre. Il n'avait pas assez caché ce désir à Césarine. Naturellement elle était résolue à l'exploiter.

Quand nous fûmes seules, je la grondai. Comme toujours, elle m'écouta avec son bel œil étonné; puis, m'ayant laissée tout dire, elle me répondit avec une douceur enjouée :

— Vous avez peut-être raison. Je fais de la peine à papa, et j'ai l'air de le forcer à tolérer une situation excentrique entre le marquis et moi, ou de renoncer à une espérance qui lui est chère. Il faut donc que je renonce, moi, à une amitié qui m'est douce, ou que j'épouse un homme pour qui je n'ai pas d'amour pour qui je n'aurai par conséquent ni respect ni enthousiasme. Est-ce là ce que l'on veut? Je suis peut-être capable de ce grand sentiment qui fait qu'on est heureux dans la vertu, quelque difficile qu'elle soit. Veut-on que je me sacrifie et que j'aie la vertu douloureuse, héroïque? Je ne dis pas que cela soit au-dessus de mon pouvoir; mais franchement M. de Rivonnière est-il un personnage si sublime, et mon père lui a-t-il voué un tel attachement, que je doive me river à cette chaîne pour leur faire plaisir à tous deux et sacrifier ma vie, que l'on prétendait vouloir rendre si belle? Répondez, chère Pauline. Cela devient très-sérieux.

— Autorisez-moi, lui dis-je, à répéter ce que vous dites à votre père et au marquis. Tous deux renonceront à vous contrarier. Votre père se privera de ce nouvel ami, et le nouvel ami, que vous n'avez persuadé d'attendre qu'en lui laissant de l'espérance, comprendra que sa patience compromettrait votre réputation et aboutirait peut-être à une déception pour lui.

— Faites comme vous voudrez, reprit-elle. Je ne désire que la paix et la liberté.

— Il vaudrait mieux, puisque vous voilà si raisonnable, dire vous-même à M. de Rivonnière que vous ajournez indéfiniment son bonheur.

— Je le lui ai dit.

— Et que vous faites à sa dignité ainsi qu'à votre réputation le sacrifice de l'éloigner.

— Il n'accepte pas cela. Il demande à me voir, si peu que ce soit et dans de telles conditions qu'il me plaira de lui imposer. Il demande en quoi il s'est rendu indigne d'être admis dans notre maison. C'est à mon père de l'en chasser. Moi, je trouve la chose pénible et injuste, je ne me charge pas de l'exécuter.

Rien ne put la faire transiger. M. Dietrich recula. Il ne voulait pas fermer sa porte à M. de Rivonnière pour qu'elle lui fût rouverte au gré du premier caprice de Césarine. Il lui en coûtait d'ailleurs de mettre à néant les espérances qu'il avait caressées.

Le marquis fut donc autorisé à venir nous voir à Paris, et Césarine enregistra cette concession paternelle comme une chose qui lui était due et dont elle n'avait à remercier personne. Son aimable tournure d'esprit, ses gracieuses manières avec nous ne nous permettaient pas de la traiter d'impérieuse et de fantasque ; mais elle ne cédait rien. Elle disait : Je vous aime. Jamais elle ne disait : Je vous remercie.

Nous revînmes à Paris à l'époque accoutumée, et là Césarine, qui avait dressé ses batteries, frappa un grand coup, dont M. de Rivonnière fut le prétexte. Elle voulait amener son père à rouvrir les grands salons et à reprendre à domicile les brillantes et nombreuses relations qu'il avait eues du vivant de sa femme. Césarine lui remontra que, si on la tenait dans l'intimité de la famille, elle ne se marierait jamais, vu que l'apparition de tout prétendant serait une émotion, un événement dans le petit cercle, — que, pour peu qu'après y avoir admis M. de Rivonnière, on vînt à en admettre un autre, on lui ferait la réputation d'une coquette ou d'une fille difficile à marier, que l'irruption du vrai monde dans ce petit cloître de fidèles pouvait seule l'autoriser à examiner ses prétendants sans prendre d'engagements avec eux et sans être compromise par aucun d'eux en particulier. M. Dietrich fut forcé de reconnaître qu'en dehors du commerce du monde il n'y a point de liberté, que l'intimité rend esclave des critiques ou des commentaires de ceux qui la composent, que la multiplicité et la diversité des relations sont la sauvegarde du mal et du bien, enfin que, pour une personne sûre d'elle-même comme l'était Césarine, c'était la seule atmosphère où sa raison, sa clairvoyance et son jugement pussent s'épanouir. Elle avait des arguments plus forts que n'en avait eus sa mère, uniquement dominée par l'ivresse du plaisir. M. Dietrich, qui avait cédé de mauvaise grâce à sa femme, se rendit plus volontiers avec sa fille. Une grande fête inaugura le nouveau genre de vie que nous devions mener.

Le lendemain de ce jour si laborieusement préparé et si magnifiquement réalisé, je demandai à Césarine, pâle encore des fatigues de la veille, si elle était enfin satisfaite.

— Satisfaite de quoi ? me dit-elle, d'avoir revu le tumulte dont on avait bercé mon enfance ? Croyez-vous, chère amie, que le néant de ces splendeurs soit chose nouvelle pour moi ? Me prenez-vous pour une petite ingénue enivrée de son premier bal, ou croyez-vous que le monde ait beaucoup changé depuis trois ans que je l'ai perdu de vue ? Non, non, allez ! C'est toujours le même vide et décidément je le déteste ;

mais il faut y vivre ou devenir esclave dans l'isolement. La liberté vaut bien qu'on souffre pour elle. Je suis résolue à souffrir, puisqu'il n'y a pas de milieu à prendre. — A propos, ajouta-t-elle, je voulais vous dire quelque chose. Je ne suis pas assez *gardée* dans cette foule; mon père est si peu homme du monde qu'il passe tout son temps à causer dans un coin avec ses amis particuliers, tandis que les arrivants, cherchant partout le maître de la maison, viennent, en désespoir de cause, demander à ma tante Helmina de m'être présentés. Ma tante a une manière d'être et de dire, avec son accent allemand et ses préoccupations de ménagère, qui fait qu'on l'aime et qu'on se moque d'elle. La véritable maîtresse de la maison, quant à l'aspect et au maintien, c'est vous, ma chère Pauline, et je ne trouve pas que vous soyez mise assez en relief par votre titre de gouvernante. Il y aurait un détail bien simple pour changer la face des choses, c'est qu'au lieu de nous dire *vous*, nous fissions acte de tutoiement réciproque une fois pour toutes. Ne riez pas. En me disant *toi*, vous devenez mon amie de cœur, ma seconde mère, l'autorité, la supériorité que j'accepte. Le *vous* vous tient à l'état d'associée de second ordre, et le monde, qui est sot, peut croire que je ne dépends de personne.

— N'est-ce pas votre ambition ?

— Oui, en fait, mais non en apparence; je suis trop jeune, je serais raillée, mon père serait blâmé. Voyons, portons la question devant lui, je suis sûre qu'il m'approuvera.

En effet, M. Dietrich me pria de tutoyer sa fille et de me laisser tutoyer par elle. L'effet fut magique dans l'intérieur. Les domestiques, dont je n'avais d'ailleurs pas à me plaindre, se courbèrent jusqu'à terre devant moi, les parents et amis regardèrent ce tutoiement comme un traité d'amitié et d'association pour la vie. Je ne sais si le monde y fit grande attention. Quant à moi, en me prêtant à ce prétendu hommage de mon élève, je me doutais bien de ce qui arriverait. Elle ne voulait pas me laisser l'autorité de la fonction, et, en me parant de celle de la famille, elle se constituait le droit de me résister comme elle lui résistait.

Cependant quelqu'un osait lui résister, à elle. Malgré des invitations répétées, M. de Rivonnière, en vue de qui Césarine avait amené son père à faire tant de mouvement et de dépense, ne profita nullement de l'occasion. Il ne parut ni à la première soirée ni à la seconde. Ses parents le disaient malade; on envoya chercher de ses nouvelles; il était absent.

Un jour, comme j'étais sortie seule pour quelques emplettes, je le rencontrai. Nous étions à pied, je l'abordai après avoir un peu hésité à le reconnaître; il n'était pas vêtu et cravaté avec la recherche accoutumée. Il avait l'air, sinon triste, du moins fortement préoccupé. Il ne paraissait pas se soucier de répondre à mes questions, et j'allais le quitter lorsque, par un soudain parti-pris, il m'offrit son bras pour traverser la cour du Louvre.

— Il faut que je vous parle, me dit-il, car il est

possible que mademoiselle Dietrich ne dise pas toute la vérité sur notre situation réciproque. Elle ne s'en rend peut-être pas compte à elle-même. Elle ne se croit pas brouillée avec moi, elle ignore peut-être que je suis brouillé avec elle.

Brouillé me paraissait un bien gros mot pour le genre de relations qui avait pu s'établir entre eux ; je le lui fis observer.

— Vous pensez avec raison, reprit-il, qu'il est difficile de parler clairement amour et mariage à une jeune personne si bien surveillée par vous ; mais, quand on ne peut parler, on écrit, et mademoiselle Dietrich n'a pas refusé de lire mes lettres, elle a même daigné y répondre.

— Dites-vous la vérité ? m'écriai-je.

— La preuve, répondit-il, c'est qu'en vous voyant prête à me quitter tout à l'heure, j'ai senti que je devais lui renvoyer ses lettres. Voulez-vous me permettre de les faire porter chez vous dès ce soir?

— Certainement, vous agissez là en galant homme.

— Non, j'agis en homme qui veut guérir. Les lettres de mademoiselle Dietrich pourraient être lues dans une conférence publique, tant elles sont pures et froides. Elle ne me les a pas redemandées. Je ne crois même pas qu'elle y songe. Si le fait d'écrire est une imprudence, la manière d'écrire est chez elle une garantie de sécurité. Cette fille vraiment supérieure peut s'expliquer sur ses propres sentiments et dire toutes ses idées sans donner sur elle le moindre avantage, et sans permettre le moindre blâme à ses victimes.

— Alors pourquoi êtes-vous brouillés?

— Je suis brouillé, moi, avec l'espérance de lui plaire et le courage de le tenter. Un moment je me suis fait illusion en voyant qu'elle travaillait à me faire place dans son intimité. Elle m'offrait d'être son ami, et j'ai été assez fat pour me persuader qu'une personne comme elle n'accorderait pas ce titre à un prétendant destiné à échouer comme un autre. J'ai laissé voir ma sotte confiance, elle m'en a raillé en me disant qu'elle rentrait dans le monde et qu'il ne tenait qu'à moi de l'y rejoindre. Cette fois j'ai eu du chagrin, j'ai eu le cœur blessé, j'ai renoncé à elle, vous pouvez le lui dire.

— Elle ne le croira pas ; je ne le crois pas beaucoup non plus.

— Eh bien! sachez que j'ai mis un obstacle, une faute, entre elle et moi. Je me suis jeté dans une aventure stupide,... coupable même, mais qui m'étourdit, m'absorbe et m'empêche de réfléchir. Cela vaut mieux que de devenir fou ou de s'avilir dans l'esclavage. Voilà ma confession faite; ce soir, vous aurez les lettres. Je m'en retourne de ce pas à la campagne, où je cache mes folles amours, à deux lieues de Paris, tandis que ma famille et mes amis me croient parti pour la Suisse.

Je reçus effectivement le soir même un petit paquet soigneusement cacheté, que j'allai déposer dans le bureau de laque de Césarine. Elle eût été fort blessée de me voir en possession de ce petit secret. Elle ne sut pas tout de suite comment la restitution avait été faite.

Elle ne m'en parla pas; mais au bout de quelques jours elle me raconta le fait elle-même, et me demanda si les lettres avaient passé par les mains de son père. Je la rassurai.

— Elles t'auront été rapportées, lui dis-je, par la personne qui servait d'intermédiaire à votre correspondance.

— Il n'y a personne, répondit-elle. Je ne suis pas si folle que de me confier à des valets. Nous échangions nos lettres nous-mêmes à chaque entrevue. Il m'apportait les siennes dans un bouquet. Il trouvait les miennes dans un certain cahier de musique posé sur le piano, et qu'il avait soin de feuilleter d'un air négligent. Il jouait assez bien cette comédie.

— Et cependant tu m'avais priée d'assister à vos entrevues! Pourquoi écrire en cachette, quand tu n'avais qu'à me faire un signe pour m'avertir que tu voulais lui parler en confidence?

— Ah! que veux-tu? ce mystère m'amusait. Et qu'est-ce que mon père eût dit, si je t'eusse fait manquer à ton devoir? Voyons, ne me fais pas de reproches, je m'en fais; explique-moi comment ces lettres sont là. Il faut qu'il ait pris un confident. Si je le croyais!...

— Ne l'accuse pas! Ce confident, c'est moi.

— A la bonne heure! Tu l'as donc vu?

Je racontai tout, sauf le moyen que M. de Rivonnière avait pris pour se guérir. Il est un genre d'explication dont on ne se fait pas faute à présent avec les jeunes filles du monde, et que je n'avais jamais voulu aborder avec Césarine, ni même devant elle. Sa tante n'avait de prudence que sur ce point délicat, et M. Dietrich, chaste dans ses mœurs, l'était également dans son langage. Césarine, malgré sa liberté d'esprit, était donc fort ignorante des détails malséants dont l'appréciation est toujours choquante chez une jeune fille. La petite Irma Dietrich, sa cousine, en savait plus long qu'elle sur le rôle des femmes galantes et des grisettes dans la société. Césarine, qui n'avait jamais montré aucune curiosité malsaine, la faisait taire et la rudoyait.

Elle prit donc le change quand je lui appris que le marquis se jetait, par réaction contre elle, dans une *affection*. Elle crut qu'il voulait faire un autre mariage, et me parut fort blessée.

— Tu vois! me dit-elle, j'avais bien raison de douter de lui et de ne pas répondre à ses beaux sentimens. Voilà comme les hommes sont sérieux! Il disait qu'il mourrait, si je lui ôtais tout espoir! Je lui en laissais un peu, et le voilà déjà guéri! Tiens! je veux te montrer ses lettres. Relisons-les ensemble. Cela me servira de leçon. C'est une première expérience que je ne veux pas oublier.

Les lettres du marquis étaient bien tournées, quoique écrites avec spontanéité. Je crus y voir l'élan d'un amour très sincère, et je ne pus m'empêcher d'en faire la remarque. Césarine se moqua de moi, prétendant que je ne m'y connaissais pas, que je lisais cela comme un roman, que, quant à elle, elle n'avait jamais été dupe. Quand nous eûmes fini ces lettres, elle fit le mouvement de les jeter au feu avec les siennes; mais elle se ravisa. Elle les réunit, les lia d'un ruban noir, et les mit au fond de son bureau en plaisantant sur ce deuil du premier amour qu'elle avait inspiré; mais je vis une grosse larme de dépit rouler sur sa joue, et je pensai que tout n'était pas fini entre elle et M. de Rivonnière.

L'hiver s'écoula sans qu'il reparût. Dix autres aspirants se présentèrent. Il y en avait pour tous les goûts : variété d'âge, de rang, de caractère, de fortune et d'esprit. Aucun ne fut agréé, bien qu'aucun ne fût absolument découragé. Césarine voulait se constituer une cour ou plutôt un cortége, car elle n'admettait aucun hommage direct dans son intérieur. Elle aimait à se montrer en public avec ses adorateurs, à distance respectueuse; elle se faisait beaucoup suivre, elle se laissait fort peu approcher.

Nous passâmes l'été à Miréval et aux bains de mer. Nous retrouvâmes là M. de Rivonnière, qui reprit sa chaîne comme s'il ne l'eût jamais brisée. Il me demanda si j'avais trahi le secret de sa confession.

— Non, lui dis-je, il n'était pas de nature à être trahi. Pourtant, si vous épousez Césarine, j'exige que vous vous confessiez à elle, car je ne veux pas être votre complice.

— Quoi ? s'écria-t-il, faudra-t-il que je raconte à une jeune fille dont la pureté m'est sacrée les vilaines ou folles aventures qu'un garçon raconte tout au plus à ses camarades ?

— Non certes; mais cette fois-ci vous avez été coupable, m'avez-vous dit...

— Raison de plus pour me taire.

— C'est envers Césarine que vous l'avez été, puisque vous voilà revenu à elle avec une souillure que vous n'aviez pas.

— Eh bien ! soit, dit-il. Je me confesserai quand il le faudra ; mais, pour que j'aie ce courage, il faut que je me voie aimé. Jusque-là, je ne suis obligé à rien. Je suis redevenu libre. Je lui sacrifie un petit amour assez vif : que ne ferait-on pas pour conquérir le sien ?

Césarine l'aimait-elle ? Au plaisir qu'elle montra de le remettre en servage, on eût pu le croire. Elle avait souffert de son absence. Son orgueil en avait été très-froissé. Elle n'en fit rien paraître et le reçut comme s'il l'eût quittée la veille : c'était son châtiment, il le sentit bien, et, quand il voulut revenir à ses espérances, elle ne lui fit aucun reproche ; mais elle le replaça dans la situation où il était l'année précédente : assurances et promesses d'amitié, défense de parler d'amour. Il se consola en reconnaissant qu'il était encore le plus favorisé de ceux qui rendaient hommage à son idole.

Je terminerai ici la longue et froide exposition que j'ai dû faire d'une situation qui se prolongea jusqu'à l'époque où Césarine eut atteint l'âge de sa majorité. Je comptais franchir plus vite les cinq années que je consacrai à son instruction, car j'ai supprimé à dessein le récit de plusieurs voyages, la description des localités qui furent témoins de son existence, et le détail des personnages secondaires qui y furent mêlés. Cela m'eût menée trop loin. J'ai hâte maintenant d'arriver aux événements qui troublèrent si sérieusement notre quiétude, et qu'on n'eût pas compris, si je ne me fusse astreinte à l'analyse du caractère exceptionnel dont je surveillais le développement jour par jour.

II

Je reprends mon récit à l'époque où Césarine atteignit sa majorité. Déjà son père l'avait émancipée en quelque sorte en lui remettant la gouverne et la jouissance de la fortune de sa mère, qui était assez considérable.

J'avais consacré déjà six ans à son éducation, et je peux dire que je ne lui avais rien appris, car, en tout, son intelligence avait vite dépassé mon enseignement. Quant à l'éducation morale, j'ignore encore si je dois m'attribuer l'honneur ou porter la responsabilité du bien et du mal qui étaient en elle. Le bien dépassait alors le mal, et j'eus quelquefois à combattre, pour les lui faire distinguer l'un de l'autre. Peut-être au fond se moquait-elle de moi en feignant d'être indécise, mais je ne conseillerai jamais à personne de faire des théories absolues sur l'influence qu'on peut avoir en fait d'enseignement.

Ce qu'il y a de certain, c'est qu'au bout de ces six années j'aimais Césarine avec une sorte de passion maternelle, bien que je ne me fisse aucune illusion sur le genre d'affection qu'elle me rendait. C'était toute grâce, tout charme, toute séduction de sa part. C'était tout dévouement, toute sollicitude, toute tendresse de la mienne, et il semblait que ce fût pour le mieux, car notre amitié se complétait par ce que chacune de nous y apportait.

Cependant le bonheur qui m'était donné par Césarine et par son père ne remplissait pas tout le vœu de mon cœur. Il y avait une personne, une seule, que je leur préférais, et dont la société constante m'eût été plus douce que toute autre : je veux parler de mon neveu Paul Gilbert. C'est pour lui que j'étais entrée chez les Dietrich, et s'il en eût témoigné le moindre désir, je les eusse quittés pour mettre ma pauvreté en commun avec la sienne, puisqu'il persistait, avec une invincible énergie, à ne profiter en rien de mes bénéfices. Je n'aimais décidément pas le monde, pas plus le groupe nombreux que Césarine appelait son intimité que la foule brillante entassée à de certains jours dans ses salons. Mes heures fortunées, je les passais dans mon appartement avec deux ou trois vieux amis et mon Paul, quand il pouvait arracher une heure à son travail acharné. Je le voyais donc moins que tous les autres, c'était une grande privation pour moi, et souvent je lui parlais de louer un petit entre-sol dans la maison voisine de sa librairie, afin qu'il pût venir au moins dîner tous les jours avec moi.

Mais il refusait de rien changer encore à l'arrangement de nos existences.

— Vous dîneriez bien mal avec moi, me disait-il, car j'ai quelquefois cinq minutes pour manger ce qu'on me donne, et je n'ai jamais le temps de savoir ce que c'est; je vois bien que c'est là ce qui vous désole, ma bonne tante. Vous pensez que je me nourris mal, qu'il faudrait m'initier aux avantages du pot-au-feu patriarcal, vous me forceriez de mettre une heure à mes repas. Je suis encore loin du temps où cette heure de loisir moral et de plénitude physique ne serait pas funeste à ma carrière. Je ne peux pas perdre un instant, moi. Je ne rêve pas, j'agis. Je ne me promène pas, je cours. Je ne fume pas, je ne cause pas; je ne songe pas, même en dormant. Je dors vite, je m'éveille de même, et tous les jours sont ainsi. J'arrive à mon but, qui est de gagner douze mille francs par an ; j'en gagne déjà quatre. A mesure que je serai mieux rétribué, j'aurai un travail moins pénible et moins assujettissant. Ce n'est pas juste, mais c'est la loi du travail : aux petits l   ine.

— Et quand gagneras-tu cette grosse fortune de mille francs par mois?

— Dans une dizaine d'années.

— Et quand te reposeras-tu réellement?

— Jamais; pourquoi me reposerais-je? Le travail ne fatigue que les lâches ou les sots.

— J'entends par repos la liberté de s'occuper selon les besoins de son intelligence.

— Je suis servi à souhait : mon patron n'édite que des ouvrages sérieux. J'ai tant lu chez lui que je ne suis plus un ignorant. Voyant que mes connaissances lui sont utiles pour juger les ouvrages nouveaux qu'on lui propose, il me permet de suivre des cours et d'être plus occupé de sciences que de questions de boutique. Quand je surveille son magasin, quand je fais ses commissions, quand je cours à l'imprimerie, quand je corrige des épreuves, quand je fais son inventaire périodique, je suis une machine, j'en conviens ; mais ce sont mes conditions d'hygiène, et je m'arrange toujours pour avoir un livre sous les yeux, quand une minute de répit se présente. Comme le cher patron a pris la devise : *time is money*, il met à ma disposition pour ses courses de bonnes voitures qui vont vite, et en traversant Paris dans tous les sens avec une fiévreuse activité j'ai appris les mathématiques et deux ou trois langues. Vous voyez donc que je suis aussi heureux que possible, puisque je me développe selon la nature de mes besoins.

Il n'y avait rien à objecter à ce jeune stoïque, j'étais fière de lui, car il savait beaucoup, et, quand je le questionnais pour mon profit personnel, j'étais ravie de la promptitude, de la clarté et même du charme de ses résumés. Il savait se mettre à ma portée, choisir heureusement les mots qui, par analogie, me révélaient la philosophie des sciences abstraites; je le trouvais charmant en même temps qu'admirable. J'étais éprise de son génie d'intuition, j'étais touchée de sa modestie, vaincue par son courage ; j'avais pour lui une sorte de respect ; mais j'étais inquiète malgré moi de la tension perpétuelle de cet esprit insatiable dans sa curiosité.

Cette jeunesse austère m'effrayait. Sa figure sans beauté, mais sympathique et distinguée au sortir de l'adolescence, s'était empreinte dans l'âge viril d'une certaine rigidité douloureuse. Il était impossible de savoir s'il éprouvait jamais la fatigue physique ou morale. Il affirmait ne pas connaître la souffrance, et s'étonnait de mes anxiétés. Il n'avait jamais éprouvé le désir ni senti le regret des avantages quelconques dont sa destinée l'avait privé; esclave d'une position précaire, il s'en faisait une liberté inaliénable en l'acceptant comme la satisfaction de ses goûts et de ses instincts. Il croyait suivre une vocation là où il ne subissait peut-être en réalité qu'un servage.

M. Dietrich me questionnait souvent sur son compte, et je ne pouvais dissimuler le fond de tristesse qui me revenait chaque fois que j'avais à parler de ce cher enfant; mais peu à peu je dus m'abstenir de lui exprimer mes angoisses secrètes, parce qu'alors M. Dietrich voulait améliorer l'existence de Paul, et c'est à quoi Paul se refusait avec tant de hauteur que je ne savais comment motiver son refus de comparaître devant un protecteur quelconque.

Césarine ne s'y trompait pas, et elle était véritablement blessée de la sauvagerie de mon neveu; elle l'attribuait à des préventions qu'il aurait eues dès le principe contre son père ou contre elle-même. Elle penchait vers la dernière opinion, et s'en irritait comme d'une offense gratuite. Elle avait peine à me cacher l'espèce d'aversion enflammée qu'elle éprouvait en se disant qu'un homme qui ne la connaissait pas du tout, — car il n'avait jamais voulu se laisser présenter, et il s'arrangeait pour ne jamais se rencontrer chez moi avec elle, — pouvait songer à protester de gaieté de cœur contre son mérite.

— C'est donc pour faire le contraire de tout le monde, disait-elle, car, que je sois quelque chose ou rien, tout ce qui m'approche est content de moi, me trouve aimable et bonne, et prétend que je ne suis pas un esprit vulgaire. Je ne demande de louanges et d'hommages à personne, mais l'hostilité de parti pris me révolte. Tout ce que je peux faire pour toi, c'est de croire que ton neveu pose l'originalité, ou qu'il est un peu fou.

Je voyais croître son dépit, et elle en vint à me faire entendre que j'avais dû, dans quelque mouvement d'humeur, dire du mal d'elle à mon neveu. Je ne pus répondre qu'en riant de la supposition.

— Tu sais bien, lui dis-je, que je n'ai pas de mouvements d'humeur, et que je ne peux jamais être tentée de dire du mal de ceux que j'aime. Le refus de Paul à toutes vos invitations tient à des causes beaucoup moins graves, mais que tu auras peut-être quelque peine à comprendre. D'abord il est comme moi, il n'aime pas le monde.

— Cela, reprit-elle, tu n'en sais rien, et il ne peut pas le savoir, puisqu'il n'y a jamais mis le pied.

— Raison de plus pour qu'il ait de la répugnance à s'y montrer. Il n'est pas tellement sauvage qu'il ne sache qu'il y faut apporter une certaine tenue de convention, manières, toilette et langage. Il n'a pas appris le vocabulaire des salons, il ne sait pas même comment on salue telle ou telle personne.

— Si fait, il a dû apprendre cela dans sa librairie et dans ses visites aux savants. Tu ne me feras pas croire qu'il soit grossier et de manières choquantes Sa figure n'annonce pas cela. Il y a autre chose.

— Non! la chose principale, je te l'ai dite : c'est la toilette. Paul ne peut pas s'équiper de la tête aux pieds en homme du monde sans s'imposer des privations.

— Et tu ne peux même pas lui faire accepter un habit noir et une cravate blanche?

— Je ne pourrais pas lui faire accepter une épingle, fût-elle de cuivre, et puis le temps lui manque, puisque c'est tout au plus si je le vois une heure par semaine.

— Il se moque de toi! Je parie bien qu'il fait des folies tout comme un autre. Le marquis de Rivonnière n'est pas empêché d'en faire par sa passion pour moi, et ton neveu n'est pas toujours plongé dans la science.

— Il l'est toujours au contraire, et il ne fait pas de folies, j'en suis certaine.

— Alors c'est un saint,... à moins que ce ne soit un petit cuistre, trop content de lui-même pour qu'on doive prendre la peine de s'occuper de lui.

Cette parole aigre me blessa un peu, malgré les caresses et les excuses de Césarine pour me la faire oublier. L'amour-propre s'en mêla, et je résolus de montrer à la famille Dietrich que mon neveu n'était pas un cuistre. C'est ici que se place dans ma vie une faute énorme, produite par un instant de petitesse d'esprit.

On préparait une grande fête pour le vingt et unième anniversaire de Césarine. Ce jour-là, dès le matin, son père, outre la pleine possession de son héritage maternel, lui constituait un revenu pris sur ses biens propres, et la dotait pour ainsi dire, bien qu'elle ne voulût point encore faire choix d'un mari. Elle avait montré une telle aversion pour la dépendance dans les détails matériels de la vie, jusqu'à se priver souvent de ce qu'elle désirait plutôt que d'avoir à le demander, que M. Dietrich avait rompu de son propre mouvement ce dernier lien de soumission filiale. Césarine en était donc venue à ses fins, qui étaient de l'enchaîner et de lui faire aimer sa chaîne. Il était désormais, ce père prévenu, ce raisonneur rigide, le plus fervent, le plus empressé de ses sujets.

Elle accepta ses dons avec sa grâce accoutumée. Elle n'était pas cupide, elle traitait l'argent comme un agent aveugle qu'on brutalise parce qu'il n'obéit jamais assez vite. Elle fut plus sensible à un magnifique écrin qu'aux titres qui l'accompagnaient. Elle fit cent projets de plaisir prochain, d'indépendance immédiate, pas un seul de mariage et d'avenir. M. Dietrich se trouvait si bien du bonheur qu'il lui donnait qu'il ne désirait plus la voir mariée.

Le soir, il y eut grand bal, et Paul consentit à y paraître. J'obtins de lui ce sacrifice en lui disant qu'on imputait à quelque secret mécontentement de ma part, que je lui aurais confié, l'éloignement qu'il montrait pour la maison Dietrich. Cet éloignement n'existait pas, les raisons que j'avais données à Césarine étaient vraies. Il y en avait d'autres que j'ignorais, mais qui étaient complétement étrangères aux suppositions de mon élève. La difficulté de se procurer une toilette fut bientôt levée; l'ami de Paul, le jeune Latour, qui était de sa taille, l'équipa lui-même de la tête aux pieds. L'absence totale de prétentions fit qu'il endossa et porta ce costume, nouveau pour lui, avec beaucoup d'aisance. Il se présenta sans gaucherie; s'il manquait d'usage, il avait assez de tact et de pénétration pour qu'il n'y parût pas. MM. Dietrich le trouvèrent fort bien et m'en firent compliment après quelques paroles échangées avec lui. Je savais que leur bienveillance pour moi les eût fait parler ainsi, quelle qu'eût été l'attitude de Paul; mais Césarine, plus prévenue, était plus difficile à satisfaire, et je ne sais qu'elle fatalité me poussait à vaincre cette prévention.

Elle était rayonnante de parure et de beauté lorsque, traversant le bal, suivie et comme acclamée par son cortége d'amis, de serviteurs et de prétendants, elle se trouva vis-à-vis de Paul, que je dirigeais vers elle pour qu'il pût la saluer. Paul n'était pas sans quelque curiosité de voir de près et dans tout son éclat « cet astre tant vanté, » c'est ainsi qu'il me parlait de mademoiselle Dietrich; mais c'était une curiosité toute philosophique et aussi désintéressée que 'il se fût agi d'étudier un manuscrit précieux ou un problème d'archéologie. Ce sentiment placide et ferme se lisait dans ses yeux brillants et froids. Je vis dans ceux de Césarine quelque chose d'audacieux comme un défi, et ce regard m'effraya. Dès que Paul l'eut saluée, je le tirai par le bras et l'éloignai d'elle. J'eus comme un rapide pressentiment des suites fatales que pourrait avoir mon imprudence ; je fus sur le point de lui dire :

— C'est assez, va-t'en maintenant.

Mais dans la foule qui se pressait autour de la souveraine, je fus vite séparée de Paul, et, comme j'étais la maîtresse agissante de la maison, chargée de toutes les personnes insignifiantes dont mademoiselle Dietrich ne daignait pas s'occuper, je perdis de vue mon neveu pendant une heure. Tout à coup, comme je traversais, pour aller donner des ordres, une petite galerie si remplie de fleurs et d'arbustes qu'on en avait fait une allée touffue et presque sombre, je vis Césarine et Paul seuls dans ce coin de solitude, assis et comme cachés sous une faïence monumentale d'où s'échappaient et rayonnaient les branches fleuries d'un mimosa splendide. Il y avait là un sofa circulaire. Césarine s'éventait comme une personne que la chaleur avait forcée de chercher un refuge contre la foule. Paul faisait la figure d'un homme qui a été ressaisi par hasard au moment de s'évader.

— Ah ! tu arrives au bon moment, s'écria Césarine en me voyant approcher. Nous parlions de toi, assieds-toi là ; autrement tous mes jaloux vont accourir et me faire un mauvais parti en me trouvant tête à tête avec monsieur ton neveu. Figure-toi, ma chérie, qu'il jure sur son honneur que je lui suis parfaitement indifférente, vu qu'il ne me connaît pas. Or la chose est impossible. Tu n'as pas consacré six ans de ta vie à me servir de sœur et de mère sans lui avoir jamais parlé de moi, comme tu m'as parlé de lui. Je le connais, moi ; je le connais parfaitement par tout ce que tu m'as dit de ses occupations, de son caractère, de sa santé, de tout ce qui t'intéressait en lui. Je pourrais dire combien de rhumes il a toussés, combien de livres il a dévorés, combien de prix il a conquis au collége, combien de vertus il possède...

— Mais, interrompit gaiement mon neveu, vous ne sauriez dire combien de mensonges j'ai faits à ma tante pour avoir des friandises quand j'étais enrhumé, ou pour lui donner une haute opinion de moi quand je passais mes examens. Moi, je ne saurais dire combien d'illusions d'amour maternel se sont glissées dans le panégyrique qu'elle me faisait de sa brillante élève. Il est donc probable que vous ne me faites pas plus l'honneur de me connaître que je n'ai celui de vous apprécier.

— Vous n'êtes pas galant, vous ! reprit Césarine d'un ton dégagé.

— Cela est bien certain, répondit-il d'un ton incisif. Je ne suis pas plus galant qu'un des meubles ou une des statues de votre palais de fées. Mon rôle est comme le leur, de me tenir à la place où l'on m'a mis et de n'avoir aucune opinion sur les choses et les personnes que je suis censé voir passer.

— Et que vous ne voyez réellement pas?
— Et que je ne vois réellement pas.
— Tant vous êtes ébloui?
— Tant je suis myope.

Césarine se leva avec un mouvement de colère qu'elle ne chercha pas à dissimuler. C'était le premier que j'eusse vu éclater en elle, et il me causa une sorte de vertige qui m'empêcha de trouver une parole pour sauver, comme on dit, la situation.

— Ma chère amie, dit-elle en me reprenant brusquement son éventail, que je tenais machinalement, je trouve ton neveu très-spirituel ; mais c'est un méchant cœur. Dieu m'est témoin qu'en lui donnant rendez-vous sous ce mimosa, je venais à lui comme une sœur vient au frère dont elle ne connaît pas encore les traits ; je voyais en lui ton fils adoptif comme je suis ta fille adoptive. Nous avions fait, chacun de son côté, le voyage de la vie et acquis déjà une certaine expérience dont nous pouvions amicalement causer. Tu vois comme il m'a reçue. J'ai fait tous les frais, je te devais cela ; mais à présent tu permets que j'y renonce ; son aversion pour moi est une chose tellement inique que je me dois à moi-même de ne m'en plus soucier.

Je voulus répondre ; Paul me serra le bras si fort pour m'en empêcher que je ne pus retenir un cri.

Césarine s'en aperçut et sourit avec une expression de dédain qui ressemblait à la haine. Elle s'éloigna. Paul me retenait toujours.

— Laissez-la, ma tante, laissez-la s'en aller, me dit-il dès qu'elle fut sortie du bosquet.

Et reprenant avec moi, sous le coup de l'émotion, le tutoiement de son enfance :

— Je te jure, s'écria-t-il, que cette fille est insensée ou méchante. Elle est habituée à tout dominer, elle veut mettre son pied mignon sur toutes les têtes !

— Non, lui dis-je, elle est bonne. C'est une enfant gâtée, un peu coquette, voilà tout. Qu'est-ce que cela te fait ?

— C'est vrai, ma tante, qu'est-ce que cela me fait ?

— Pourquoi trembles-tu ?

— Je ne sais pas. Est-ce que je tremble ?

— Tu es aussi en colère qu'elle. Voyons, que s'est-il passé ? que te disait-elle quand je suis arrivée ? T'avait-elle donné réellement rendez-vous ici ?

— Oui, un domestique m'avait remis, au moment où j'allais me retirer, car je ne compte point passer la nuit au bal, un petit carré de papier... L'ai-je perdu ?... Non, le voici ; regarde : « Dans la petite galerie arrangée en bosquet, au pied du plus grand vase, sous le plus grand arbuste, tout de suite. » Est-ce toi, marraine, qui as écrit cela ?

— Nullement, mais on peut s'y tromper. Césarine avait une mauvaise écriture quand je suis entrée dans la maison. Elle a trouvé la mienne à son gré, et l'a si longtemps copiée qu'elle en est venue à l'imiter complétement.

— Alors c'est bien elle qui me donnait ce rendez-vous, ou, pour mieux dire, cette sommation de comparaître à sa barre. Moi, j'ai été dupe, j'ai cru que tu avais quelque chose d'important et de pressé à me dire. J'ai jeté là mon pardessus que je tenais déjà, je suis accouru. Elle était assise sur ce divan, lançant les éclairs de son éventail dans l'ombre bleue de ce feuillage. Je n'ai pas la vue longue, je ne l'ai reconnue que quand elle m'a fait signe de m'asseoir auprès d'elle, tout au fond de ce cintre, en me disant d'un ton dégagé :

— Si on vient, vous passerez par ici, moi par là; ce n'est pas l'usage qu'une jeune fille se ménage ainsi un tête-à-tête avec un jeune homme, et on me blâmerait. Moi, je ne me blâme pas, cela me suffit. Écoutez-moi ; je sais que vous ne m'aimez pas, et je veux votre amitié. Je ne m'en irai que quand vous me l'aurez donnée.

Étourdi de ce début, mais ne croyant pas encore à une coquetterie si audacieuse, j'ai répondu que je ne pouvais aimer une personne sans la connaître, et que, ne pouvant pas la connaître, je ne pouvais pas l'aimer.

— Et pourquoi ne pouvez-vous pas me connaître?

— Parce que je n'en ai pas le temps.

— Vous croyez donc que ce serait bien long ?

— C'est probable. Je ne sais rien du milieu qu'on appelle le monde. Je n'en comprends ni la langue, ni la pantomime, ni le silence.

— Alors vous ne voyez en moi que la femme du monde?

— N'est-ce pas dans le monde que je vous vois?

— Pourquoi n'avez-vous jamais voulu me voir en famille ?

— Ma tante a dû vous le dire ; je n'ai pas de loisirs.

— Vous en trouvez pourtant pour causer avec des gens graves. Il y a ici des savants. Je leur ai demandé s'ils vous connaissaient, ils m'ont dit que vous étiez un jeune homme très-fort...

— En thème ?

— En tout.

— Et vous avez voulu vous en assurer?

— Ceci veut être méchant. Vous ne m'en croyez pas capable?...

— C'est parce que je vous en crois très-capable que mon petit orgueil se refuse à l'examen.

Elle n'a pas répondu, ajouta Paul, et, reprenant ce jeu d'éventail que je trouve agaçant comme un écureuil tournant dans une cage, elle s'est écriée tout d'un coup :

— Savez-vous, monsieur, que vous me faites beaucoup de mal?

Je me suis levé tout effrayé, me demandant si mon pied n'avait pas heurté le sien.

— Vous ne me comprenez pas, a-t-elle dit en me faisant rasseoir. Je suis nourrie d'idées généreuses. On m'a enseigné la bienveillance comme une vertu sœur de la charité chrétienne, et je me trouve, pour la première fois de ma vie, en face d'une personne dénigrante, visiblement prévenue contre moi. Toute injustice me révolte et me froisse. Je veux savoir la cause de votre aversion.

J'ai en vain protesté en termes polis de ma complète indifférence, elle m'a répondu par des sophismes étranges. Ah ! ma tante, tu ne m'as jamais dit la vérité sur le compte de ton élève. Droite et simple comme je te connais, cette jeune *perverse* a dû te faire souffrir le martyre, car elle est perverse, je t'assure ; je ne peux pas trouver d'autre mot. Il m'est impossible de te redire notre conversation, cela est encore confus dans ma tête comme un rêve extravagant ; mais je suis sûr qu'elle m'a dit que je l'aimais d'amour, que ma méfiance d'elle n'était que de la jalousie. Et, comme je me défendais d'avoir gardé le souvenir de sa figure, elle a prétendu que je mentais et que je pouvais bien lui avouer la vérité, vu qu'elle ne s'en offenserait pas, sachant, disait-elle, qu'entre personnes de notre âge, l'amitié chez l'homme commençait inévitablement, fatalement, par l'amour pour la femme.

J'ai demandé, un peu brutalement peut-être, si cette fatalité était réciproque.

— Heureusement non, a-t-elle répondu d'un ton moqueur jusqu'à l'amertume, que contredisait un regard destiné sans doute à me transpercer.

Alors, comprenant que je n'avais pas affaire à une petite folle, mais à une grande coquette, je lui ai dit :

— Mademoiselle Dietrich, vous êtes trop forte pour moi, vous admettez qu'une jeune fille pure permette le désir aux hommes sans cesser d'être pure ; c'est sans doute la morale de ce monde que je ne connais pas... et que je ne connaîtrai jamais, car, grâce à vous, je vois que j'y serais fort déplacé et m'y déplairais souverainement.

Si je n'ai pas dit ces mots-là, j'ai dit quelque chose d'analogue et d'assez clair pour provoquer l'accès de fureur où elle entrait quand tu es venue nous surprendre. Et maintenant, ma tante, direz-vous que c'est là une enfant gâtée un peu coquette? Je dis, moi, que c'est une femme déjà corrompue et très-dangereuse pour un homme qui ne serait pas sur ses gardes; elle a cru que j'étais cet homme-là, elle s'est trompée. Je ne la connaissais pas, elle m'était indifférente; à présent elle pourrait m'interroger encore, je lui répondrais tout franchement qu'elle m'est antipathique.

— C'est pourquoi, mon cher enfant, il ne faut plus t'exposer à être interrogé. Tu vas te retirer, et, quand tu viendras me voir, tu sonneras trois fois à la petite grille du jardin. J'irai t'ouvrir moi-même, et à nous deux nous saurons faire face à l'ennemi, s'il se présente. Je vois que Césarine t'a fait peur; moi, je la connais, je sais que toute résistance l'irrite, et que, pour la vaincre, elle est capable de beaucoup d'obstination. Telle qu'elle est, je l'aime, vois-tu! On ne s'occupe pas d'un enfant durant des années sans s'attacher à lui, quel qu'il soit. Je sais ses défauts et ses qualités. J'ai eu tort de t'amener chez elle, puisque le résultat est d'augmenter ton éloignement pour elle, et qu'il y a de sa faute dans ce résultat. Je te demande, par affection pour moi, de n'y plus songer et d'oublier cette absurde soirée comme si tu l'avais rêvée. Est-ce que cela te semble difficile?

— Nullement, ma tante, il me semble que c'est déjà fait.

— Je n'ai pas besoin de te dire que tu dois aussi à mon affection pour Césarine de ne jamais raconter à personne l'aventure ridicule de ce soir.

— Je le sais, ma tante, je ne suis ni fat, ni bavard, et je sais fort bien que le ridicule serait pour moi. Je m'en vais et ne vous reverrai pas de quelques jours, de quelques semaines peut-être : mon patron m'envoie en Allemagne pour ses affaires, et ceci arrive fort à propos.

— Pour Césarine peut-être, elle aura le temps de se pardonner à elle-même et d'oublier sa faute. Quant à toi, je présume que tu n'as pas besoin de temps pour te remettre d'une si puérile émotion?

— Marraine, je vous entends, je vous devine; vous m'avez trouvé trop ému, et au fond cela vous inquiète... Je ne veux pas vous quitter sans vous rassurer, bien que l'explication soit délicate. Ni mon esprit, ni mon cœur n'ont été troublés par le langage de mademoiselle Dietrich. Au contraire mon cœur et mon esprit repoussent ce caractère de femme. Il y a plus, mes yeux ne sont pas épris du type de beauté qui est l'expression d'un pareil caractère. En un mot, mademoiselle Dietrich ne me plaît même pas; mais, belle ou non, une femme qui s'offre, même quand c'est pour tromper et railler, jette le trouble dans les sens d'un homme de mon âge. On peut manier la braise de l'amour sans se laisser incendier, mais on se brûle le bout des doigts. Cela irrite et fait mal. Donc, je l'avoue, j'ai eu la colère de l'homme piqué par une guêpe. Voilà tout. Je ne craindrais pas un nouvel assaut ; mais se battre contre un tel ennemi est si puéril que je ne m'exposerai pas à une nouvelle piqûre. Je dois respecter la guêpe à cause de vous ; je ne puis l'écraser. Cette bataille à coups d'éventail me ferait faire la figure d'un sot. Je ne désire pas la renouveler ; mon indignation est passée. Je m'en vais tranquille, comme vous voyez. Dormez tranquille aussi ; je vous jure bien que mademoiselle Dietrich ne fera pas le malheur de ma vie, et que dans deux heures, en corrigeant mes épreuves, je ne me tromperai pas d'une virgule.

Je le voyais calme en effet ; nous nous séparâmes.

Quand je rentrai dans le bal, Césarine dansait avec le marquis de Rivonnière et paraissait fort gaie.

Le lendemain, elle vint me trouver chez moi.

— Sais-tu la nouvelle du bal ? me dit-elle. On a trouvé mauvais que je fusse couverte de diamants. Tous les hommes m'ont dit que je n'en avais pas encore assez, puisque cela me va si bien ; mais toutes les femmes ont boudé parce que j'en avais plus qu'elles, et mes bonnes amies m'ont dit d'un air de tendre sollicitude que j'avais tort, étant une demoiselle, d'afficher un luxe de femme. J'ai répondu ce que j'avais résolu de répondre :

« Je suis majeure d'aujourd'hui, et je ne suis pas encore sûre de vouloir jamais me marier. J'ai des diamants qui attendent peut-être en vain le jour de mes noces et qui s'ennuient de briller dans une armoire. Je leur donne la volée aujourd'hui, puisque c'est fête, et, s'ils m'enlaidissent, je les remettrai en prison. Trouvez-vous qu'ils m'enlaidissent ? »

Cette question m'a fait recueillir des compliments en pluie ; mais de la part de mes bonnes amies c'était de la pluie glacée. Dès lors j'ai vu que mon triomphe était complet, et mes écrins ne seront pas mis en pénitence.

— J'aurais cru, lui dis-je, que vous auriez quelque chose de plus sérieux à me raconter.

— Non, ceci est ce qu'il y a eu de plus sérieux dans mon anniversaire.

— Pas selon moi. Le rendez-vous donné à mon neveu est une plaisanterie, je le sais, mais elle est blâmable, et vous m'en voyez fort mécontente.

Césarine n'était pas habituée aux reproches sous cette forme directe, toute la préoccupation de sa vie étant de faire à sa tête sans laisser de prétexte au blâme. Elle fut comme stupéfaite et fixa sur moi ses grands yeux bleus sans trouver une parole pour confondre mon audace.

— Ma chère enfant, lui dis-je, ce n'est pas votre institutrice qui vous parle, je ne le suis plus. Vous voilà maîtresse de vous-même, émancipée de toute contrainte, et, comme votre père a dû vous dire que désormais je n'accepterais plus d'honoraires pour une éducation terminée, il n'y a plus entre vous et moi que les liens de l'amitié.

— Tu vas me quitter ! s'écria-t-elle en se jetant à genoux devant moi avec un mouvement si spontané et si désolé que j'en fus troublée ; mais je craignis que ce ne fût un de ces petits drames qu'elle jouait avec conviction, sauf à en rire une heure après.

— Je ne compte pas vous quitter pour cela, repris-je, à moins que...

Elle m'interrompit : Tu me dis *vous*, tu ne m'aimes plus ! Si tu me dis *vous*, je n'écoute plus rien, je vais pleurer dans ma chambre.

— Eh bien ! je ne te quitterai pas, à moins que tu ne m'y forces en te jouant de mes devoirs et de mes affections.

— Comment la pensée pourrait-elle m'en venir ?

— Je te l'ai dit, ce n'est pas l'institutrice, ce n'est même pas l'amie qui se plaint de toi, c'est la tante de Paul Gilbert ; me comprends-tu maintenant ?

— Ah ! mon Dieu ! ton neveu... Pourquoi ? qu'y a-t-il ? Est-ce que, sans le vouloir, je l'aurais rendu amoureux de moi ?

— Tu le voudrais bien, répondis-je, blessée de la joie secrète que trahissait son sourire : ce serait une vengeance de son insubordination ; mais il ne te fera pas goûter ce plaisir des dieux. Il n'est pas et ne sera jamais épris de toi. Tu as perdu ta peine ; on perd de son prestige en perdant de sa dignité.

— C'est là ce qu'il t'a dit ?

— En ne me défendant pas de te le redire.

— L'imprudent ! s'écria-t-elle avec un éclat de rire vraiment terrible.

— Oui, oui, repris-je, j'entends fort bien la menace, et je te connais plus que tu ne penses, mon enfant; tu crois m'avoir tellement séduite que je ne puisse plus voir que les beaux côtés de ton caractère; mais je suis femme, et j'ai aussi ma finesse. Je t'aime pour tes grandes qualités, mais je vois les grands défauts, je devrais dire le grand défaut, car il n'y en a qu'un; mais il est effroyable...

— L'orgueil n'est-ce pas?

— Oui, et je ne m'endors pas sur le danger. C'est une lutte à mort que tu entreprends contre ce chétif révolté que tu crois incapable de résistance. Tu te trompes, il résistera. Il a une force que tu n'as pas : la sagesse de la modestie.

— Tout le contraire du délire de l'orgueil? Eh bien! si j'étais aussi effroyable que tu le dis, tu allumerais le feu de ma volonté en me montrant quelqu'un de plus fort que moi, tu me riverais au désir de sa perte; mais rassure-toi, Pauline, je ne suis pas le grand personnage de drame ou de roman que tu crois. Je suis une femme frivole et sérieuse; j'aime le pour et le contre. La vengeance me plairait bien, mais le pardon me plaît aussi, et, du moment que tu me demandes grâce pour ton neveu, je te promets de ne plus le taquiner.

— Je ne ce demande pas de grâce, c'est à moi de t'accorder la tienne pour ce méchant jeu qui n'a pas réussi, mais qui voulait réussir, sauf à faire mon malheur en faisant celui de l'être que j'aime le mieux au monde. Pour cette faute préméditée, lâche par conséquent, je ne te pardonnerai que si tu te repens.

Je n'avais jamais parlé ainsi à Césarine, elle fut brisée par ma sévérité ; je la vis pâlir de chagrin, de honte et de dépit. Elle essaya encore de lutter.

— Voilà des paroles bien dures, dit-elle avec effort, car ses lèvres tremblaient, et ses paroles étaient comme bégayées ; je ne reçois pas d'ordres, tu le sais, et je me regarde comme dégagée de tout devoir quand on veut m'en faire une loi.

— Je t'en ferai au moins une condition : si tu ne me donnes pas ta parole d'honneur de renoncer à ton méchant dessein, je sors d'ici à l'instant même pour n'y rentrer jamais.

Elle fondit en larmes.

— Je vois ce que c'est, s'écria-t-elle ; tu cherches un prétexte pour t'en aller. Tu n'as plus ni indulgence ni tendresse pour moi. Tu fais tout ce que tu peux pour m'irriter, afin que je m'oublie, que je te dise une mauvaise parole, et que tu puisses te dire offensée. Eh bien ! voici tout ce que je te dirai :

» Tu es cruelle et tu me brises le cœur. C'est l'ouvrage de M. Paul ; il ne m'a pas comprise, il est mon ennemi, il m'a calomniée auprès de toi. Il était jaloux de ton affection, il la voulait pour lui seul. Le voilà content, puisqu'il me l'a fait perdre. Alors, puisque c'est ainsi, écoute ma justification et retire ta malédiction. Ton Paul n'était pas un jouet pour moi, je voulais sérieusement son amitié. Tout en la lui demandant, je sentais la mienne éclore si vive, si soudaine, que c'était peut-être de l'amour !

— Tais-toi, m'écriai-je, tu mens, et cela est pire que tout!

— Depuis quand, répliqua-t-elle en se levant avec une sorte de majesté, me croyez-vous capable de descendre au mensonge? Vous voulez tout savoir : sachez tout! J'aime Paul Gilbert, et je veux l'épouser.

— Miséricorde! m'écriai-je; voici bien une autre idée! Assez, ma pauvre enfant! ne devenez pas folle pour vous justifier d'être coupable.

— Qu'est-ce que mon idée a donc de si étrange et de si délirant? ne suis-je pas en âge de savoir ce que je pense et ne suis-je pas libre d'aimer qui me plaît? Tenez, vous allez voir!

Et elle s'élança vers son père, qui venait nous chercher pour nous faire faire le tour du lac.

— Écoute, mon père chéri, lui dit-elle en lui jetant ses bras autour du cou; il ne s'agit pas de me promener, il s'agit de me marier. Y consens-tu?

— Oui, si tu aimes quelqu'un, répondit-il sans hésite

— J'aime quelqu'un.

— Ah! le marquis...

— Pas du tout, il n'est pas marquis, celui qui me plaît. Il n'a pas de titre ; ça t'est bien égal?

— Parfaitement.

— Et il n'est pas riche, il n'a rien. Ça ne te fait rien non plus?

— Rien du tout; mais alors je le veux pur, intelligent, laborieux, homme de mérite réel et sérieux en un mot.

— Il est tout cela.

— Jeune ?

— Vingt-trois ou vingt-quatre ans.

— C'est trop jeune, c'est un enfant !

J'empêchai Césarine de répliquer.

— C'est un enfant, répondis-je, et par conséquent ce ne peut être qu'un brave garçon dont le mérite n'a pas porté ses fruits. N'écoutez pas Césarine, elle est folle ce matin. Elle vient d'improviser le plus insensé, le plus invraisemblable et le plus impossible des caprices. Elle met le comble à sa folie en vous le disant devant moi. C'est un manque d'égards, un manque de respect envers moi, et vous m'en voyez beaucoup plus offensée que vous ne pourriez l'être.

M. Dietrich, stupéfait de la dureté de mon langage, me regardait avec ses beaux yeux pénétrants. Il vint à moi, et, me baisant la main :

— Je devine de qui il s'agit, me dit-il; Césarine le connaît donc ?

— Elle lui a parlé hier pour la première fois.

— Alors elle ne peut pas l'aimer ! et lui ?...

— Il me déteste, répondit Césarine.

— Ah ! très-bien, dit M. Dietrich en souriant; c'est pour cela ! Eh bien ! ma pauvre enfant, tâche de te faire aimer ; mais je t'avertis d'une chose, c'est qu'il faudra l'épouser, car je ne te laisserai pas imposer à un autre le postulat illusoire de M. de Rivonnière. Je me suis aperçu hier au bal du ridicule de sa situation. Tout le monde se le montrait en souriant; il passait pour un niais; tu passes certainement pour une railleuse, et de là à passer pour une coquette il n'y a qu'un pas.

— Eh bien ! mon père, je ne passerai pas pour une coquette, j'épouserai celui que je choisis.

— Y consentez-vous, mademoiselle de Nermont? dit M. Dietrich.

— Non, monsieur, répondis-je, je m'y oppose formellement, et, si nous en sommes là, au nom de mon neveu, je refuse.

— Tu ne peux pas refuser en son nom, puisqu'il ne sait rien, s'écria Césarine; tu n'as pas le droit de disposer de son avenir sans le consulter.

— Je ne le consulterai pas, parce qu'il doit ignorer que vous êtes folle.

— Tu aimes mieux qu'il me croie coquette? Il pourrait m'adorer, et tu veux qu'il me méprise? C'est toi, ma Pauline, qui deviens folle. Écoute, papa, j'ai fait une mauvaise action hier, c'est la première de ma vie, il faut que ce soit la dernière. J'ai voulu punir M. Paul de ses dédains pour nous, pour moi particulièrement. Je lui ai fait des avances avec l'intention de le désespérer quand je l'aurais amené à mes pieds. C'est très-mal, je le sais, j'en suis punie ; je me suis brûlée à la flamme que je voulais allumer, j'ai senti l'amour me mordre le cœur jusqu'au sang, et si je n'épouse pas cet homme-là, je n'aimerai plus jamais, je resterai fille.

— Tu resteras fille, tu épouseras, tu feras tout ce que tu voudras, excepté de te compromettre ! Voyons, mademoiselle de Nermont, pourquoi vous opposeriezvous à ce mariage, si l'intention de Césarine devenait sérieuse ? Cela pourrait arriver, et quant à moi je ne pense pas qu'elle pût faire un meilleur choix. M. Gilbert est jeune, mais je retire mon mot, il n'est point un enfant. Sa fière attitude vis-à-vis de nous, ses lettres que vous m'avez montrées, son courage au travail, l'espèce de stoïcisme qui le distingue, enfin les renseignements très-sérieux et venant de haut que, sans les chercher, j'ai recueillis hier sur son compte, voilà bien des considérations, sans parler de sa famille, qui est respectable et distinguée, sans parler d'une chose qui a pourtant un très-grand poids dans mon esprit, sa parenté avec vous, les conseils qu'il a reçus de vous. Pour refuser aussi nettement que vous venez de le faire, il faut qu'il y ait une raison majeure. Il ne vous plaît peut-être pas de me la dire devant ma fille, vous me la direz, à moi...

— Tout de suite, s'écria Césarine en sortant avec impétuosité.

— Oui, tout de suite, reprit M. Dietrich en refermant la porte derrière elle. Avec Césarine, il ne faut laisser couver aucune étincelle sous la cendre. Craignez-vous d'être accusée d'ambition et de savoir-faire ?

— Oui, monsieur, il y a cela d'abord.

— Vous êtes au-dessus...

— On n'est au-dessus de rien dans ce monde. Qui me connaît assez pour me disculper de toute préméditation, de toute intrigue ? Fort peu de gens ; je suis dans une position trop secondaire pour avoir beaucoup de vrais amis. La faveur de mon neveu ferait beaucoup de jaloux. Ni lui ni moi n'accepterions, sans une mortelle souffrance, les commentaires malveillants de votre entourage, et votre entourage, c'est tout Paris, c'est toute la France. Non, non, notre réputation nous est trop chère pour la compromettre ainsi !

— Si notre entourage s'étend si loin, il nous sera facile de faire connaître la vérité, et soyez sûre qu'elle est déjà connue. Aucune des nombreuses personnes qui vous ont vue ici n'élèvera le moindre doute sur la noblesse de votre caractère. Quant à M. Paul, il ferait des jaloux certainement, mais qui n'en ferait pas en épousant Césarine? Si l'on s'arrête à cette crainte, on en viendra à se priver de toute puissance, de tout succès, de tout bonheur. Voilà donc, selon moi, un obstacle chimérique qu'il nous faudrait mettre sous nos pieds. Dites-moi les autres motifs de votre épouvante.

— Il n'y en a plus qu'un, mais vous en reconnaîtrez la gravité. Le caractère de votre fille et celui de mon neveu sont incompatibles. Césarine n'a qu'une pensée : faire que tout lui cède. Paul n'en a qu'une aussi : ne céder à personne.

— Cela est grave en effet; mais qui sait si ce contraste ne ferait pas le bonheur de l'un et de l'autre? Césarine vaincue par l'amour, forcée de respecter son mari et l'acceptant pour son égal, rentrerait dans le vrai, et ne nous effrayerait plus par l'abus de son

8.

indépendance. Paul, adouci par le bonheur, apprendrait à céder à la tendresse et à y croire.

— En supposant que ce résultat pût jamais être obtenu, que de luttes entre eux, que de déchirements, que de catastrophes peut-être ! Non, monsieur Dietrich, n'essayons pas de rapprocher ces deux extrêmes. Ayez peur pour votre enfant comme j'aurais peur pour le mien. Les grandes tentatives peuvent être bonnes dans les cas désespérés ; mais ici vous n'avez affaire qu'à une fantaisie spontanée. Il y a une heure, si j'eusse demandé à Césarine d'épouser Paul, elle se serait étouffée de rire. C'est devant mes reproches que, se sentant coupable, elle a imaginé cette passion subite pour se justifier. Dans une heure, allez lui dire que vous ne consentez pas plus que moi ; vous la soulagerez, j'en réponds, d'une grande perplexité.

— Ce que vous dites là est fort probable ; je la verrai tantôt. Laissons-lui le temps de s'effrayer de son coup de tête. Je suis en tout de votre avis, mademoiselle de Nermont, excepté en ce qui touche votre fierté. S'il n'y avait pas d'autre obstacle, je travaillerais à la vaincre. Je suis l'homme de mes principes, je trouve équitable et noble d'allier la pauvreté à la richesse quand cette pauvreté est digne d'estime et de respect ; je tiens donc la pauvreté pour une vertu de premier ordre de M. Paul Gilbert. Sachez qu'en l'invitant à venir chez moi je m'étais dit qu'il pourrait bien convenir à ma fille, et que je ne m'en étais point alarmé.

Quand M. Dietrich m'eut quittée, je me sentis bouleversée et obsédée d'indécisions et de scrupules. Avais-je en effet le droit de fermer à Paul un avenir si brillant, une fortune tellement inespérée ? Ma tendresse de mère reprenant le dessus, je me trouvais aussi cruelle envers lui que lui-même. Cet enfant, dont le stoïcisme me causait tant de soucis, je pouvais en faire un homme libre, puissant, heureux peut-être ; car qui sait si mademoiselle Dietrich ne serait pas guérie de son orgueil par le miracle de l'amour ? J'étais toute tremblante, comme une personne qui verrait un paradis terrestre de l'autre côté d'un précipice, et qui n'aurait besoin que d'un instant de courage pour le franchir.

Je ne revis Césarine qu'à l'heure du dîner. Je la trouvai aussi tranquille et aussi aimable que si rien de grave ne se fût passé entre nous. M. Dietrich dînait à je ne sais plus quelle ambassade. Césarine taquina amicalement la tante Helmina au dessert sur le vert de sa robe et le rouge de ses cheveux ; mais, quand nous passâmes au salon, elle cessa tout à coup de rire, et, m'entraînant à l'écart :

— Il paraît, me dit-elle, que ni mon père ni toi ne voulez accorder la moindre attention à mon sentiment, et que vous ne me permettez plus de faire un choix. Papa a été fort doux, mais très-roide au fond. Cela signifie pour moi qu'il cédera tout d'un coup quand il me verra décidée. Il n'a pas su me cacher qu'il me demandait tout bonnement de prendre le temps de la réflexion. Quant à toi, ma chérie, ce sera à lui de te faire révoquer ta sentence. Je l'en chargerai.

— Et, dans tout cela vous disposerez, lui et toi, de la volonté de mon neveu?

— Ton neveu, c'est à moi de lui donner confiance. C'est un travail intéressant que je me réserve; mais il est absent, et ce répit va me servir à convaincre mon père et toi du sérieux de ma résolution.

— Comment sais-tu que mon neveu est absent?

Parce que j'ai pris mes informations. Il est parti ce matin pour Leipzig. Moi, j'ai résolu de mettre à profit cette journée pour me débarrasser une bonne fois des espérances de M. de Rivonnière.

— Tu lui as encore écrit?

— Non, je lui ai fait dire par Dubois, son vieux valet de chambre, qui m'apportait un bouquet de sa part, de venir ce soir prendre une tasse de thé avec nous, de très-bonne heure parce que je suis encore fatiguée du bal et veux me coucher avec les poules. Il sera ici dans un instant. Tiens, on sonne au jardin, le voilà.

— C'est donc pour être seule avec lui que tu as voulu dîner seule aujourd'hui avec ta tante et moi?

— C'est pour cela. Entends-tu sa voiture? Regarde si c'est bien lui; je ne veux recevoir que lui.

— Faut-il vous laisser ensemble?

— Non certes! je ne l'ai jamais admis que je sache au tête-à-tête. Ma tante nous laissera, je l'ai avertie. Toi, je te prie de rester.

— J'ai fort envie au contraire de te laisser porter

seule le poids de tes imprudences et de tes caprices.

— Alors tu me compromets !

On annonça le marquis. Je pris mon ouvrage et je restai.

— J'avais besoin de vous parler, lui dit Césarine. Hier au bal vous avez fait mauvaise figure. Le savez-vous ?

— Je le sais, et puisque je ne m'en plains pas...

— Je ne dois pas vous plaindre ? mais moi, je me plains du rôle de souveraine cruelle que vous me faites jouer. Il faut porter remède à cet état de choses qui blesse mon père et qui m'afflige.

— Le remède serait bien simple.

— Oui, ce serait de vous agréer comme fiancé ; mais puisque cela ne se peut pas !

— Vous ne m'aimez pas plus que le premier jour ?

— Si fait, je vous aime d'une bonne et loyale amitié ; mais je ne veux pas être votre femme. Vous savez cela, je vous l'ai dit cent fois.

— Vous avez toujours ajouté un mot que vous retranchez aujourd'hui. Vous disiez : Je ne veux pas *encore* me marier.

— Donc, selon vous, je vous ai laissé des espérances ?

— Fort peu, j'en conviens ; mais vous ne m'avez pas défendu d'espérer.

— Je vous le défends aujourd'hui.

— C'est un peu tard.

— Pourquoi ? quels sacrifices m'avez-vous faits ?

— Celui de mon amour-propre. J'ai consenti à promener sous tous les regards mon dévouement pour vous et à me conduire en homme qui n'attend pas de récompense ; votre amitié me faisait trouver ce rôle très-beau, voilà qu'il vous paraît ridicule. C'est votre droit ; mais quel remède m'apportez-vous ?

— Il faut n'être plus amoureux de moi et dire à tout le monde que vous ne l'avez jamais été. Je vous aiderai à le faire croire. Je dirai que, dès le principe, nous étions convenus de ne pas gâter l'amitié par l'amour, que c'est moi qui vous ai retenu dans mon intimité, et, si l'on vous raille devant moi, je répondrai avec tant d'énergie que ma parole aura de l'autorité.

— Je sais que vous êtes capable de tout ce qui est impossible ; mais je ne crains pas du tout la raillerie. Il n'y a de susceptible que l'homme vaniteux. Je n'ai pas de vanité. Le jour où la pitié bienveillante dont je suis l'objet deviendrait amère et offensante, je saurais fort bien faire taire les mauvais plaisants. Ne jetez donc aucun voile sur ma déconvenue ; je l'accepte en galant homme qui n'a rien à se reprocher et qui ne veut pas mentir.

— Alors, mon ami, il faut cesser de nous voir, car, moi, je n'accepte pas la réputation de coquette fallacieuse.

— Vous ne pourrez jamais l'éviter. Toute femme qui s'entoure d'hommes sans en favoriser aucun est condamnée à cette réputation. Qu'est-ce que cela vous fait ? Prenez-en votre parti, comme je prends le mien de passer pour une victime.

— Vous prenez le beau rôle, mon très-cher; je refuse le mauvais.

— En quoi est-il si mauvais? Une femme de votre beauté et de votre mérite a le droit de se montrer difficile et d'accepter les hommages.

— Vous voulez que je me pose en femme sans cœur?

— On vous adorera, on vous vantera d'autant plus, c'est la loi du monde et de l'opinion. Prenez l'attitude qui convient à une personne qui veut garder à tout prix son indépendance sans se condamner à la solitude.

— Vous me donnez de mauvais conseils. Je vois que vous m'aimez en égoïste! Ma société vous est agréable, mon babil vous amuse. Vous n'avez pas de sujets de jalousie, étant le mieux traité de mes serviteurs. Vous voulez que cela continue, et vous vous arrangerez de tout ce qui éloignera de moi les gens qui demandent à une femme d'être, avant tout, sincère et bonne.

— Je commence à voir clair dans vos préoccupations. Vous voulez vous marier?

— Qui m'en empêcherait?

— Ce ne serait pas moi, je n'ai pas de droits à faire valoir.

— Vous le reconnaissez?

— Je suis homme d'honneur.

— Eh bien! touchez-là, vous êtes un excellent ami.

Le marquis de Rivonnière baise la main de Césarine

avec un respect dont la tranquille abnégation me frappa. Je ne le croyais pas si soumis, et, tout en ayant la figure penchée sur ma broderie, je le regardais de côté avec attention.

— Donc, reprit-il après un moment de silence, vous allez faire un choix?

— Vous ai-je dit cela?

— Il me semble. Pourquoi ne le diriez-vous pas, puisque je suis et reste votre ami?

— Au fait,... si cela était, pourquoi ne vous le dirais-je pas?

— Dites-le et ne craignez rien. Ai-je l'air d'un homme qui va se brûler la cervelle?

— Non, certes, vous montrez bien qu'il n'y a pas de quoi.

— Si fait, il y aurait de quoi; mais on est philosophe ou on ne l'est pas. Voyons, dites-moi qui vous avez choisi.

Je crus devoir empêcher Césarine de commettre une imprudence, et m'adressant au marquis:

— Elle ne pourrait pas vous le dire, elle n'en sait rien.

— C'est vrai, reprit Césarine, que ma figure inquiète avertit du danger, je ne le sais pas encore.

M. de Rivonnière me parut fort soulagé. Il connaissait les fantaisies de Césarine et ne les prenait plus au sérieux. Il consentit à rire de son irrésolution et à n'y rien voir de cruel pour lui, car, de tous ceux qui gâtaient cette enfant si gâtée, il était le plus indulgent et le plus heureux de lui épargner tout déplaisir.

— Mais dans tout cela, nous ne concluons pas. Il faut pourtant que nous cessions de nous voir, ou que vous cessiez de m'aimer.

— Permettez-moi de vous voir et ne vous inquiétez pas de ma passion déçue. Je la surmonterai, ou je saurai ne pas vous la rendre importune.

Césarine commençait à trouver le marquis trop facile. S'il eût prémédité son rôle, il ne l'eût pas mieux joué. Je vis qu'elle en était surprise et piquée, et que, pour un peu, elle l'eût ramené à elle par quelque nouvel essai de séduction. Elle s'était préparée à une scène de colère ou de chagrin, elle trouvait un véritable homme du monde dans le sens chevaleresque et délicat du mot. Il lui semblait qu'elle était vaincue du moment qu'il ne l'était pas.

— Retire-toi maintenant, lui dis-je à la dérobée, je me charge de savoir ce qu'il pense.

Elle se retira en effet, se disant fatiguée et serrant la main de son esclave assez froidement.

— Je vous demande la permission de rester encore un instant, me dit M. de Rivonnière dès que nous fûmes seuls. Il faut que vous me disiez le nom de l'heureux mortel...

— Il n'y a pas d'heureux mortel, répondis-je. M. Dietrich a en effet reproché à sa fille la situation où ses atermoiements vous plaçaient; elle a dit qu'elle se marierait pour en finir...

— Avec qui? avec moi?

— Non, avec l'empereur de la Chine; ce qu'elle a dit n'est pas plus sérieux que cela.

7

— Vous voulez me ménager, mademoiselle de Nermont, ou vous ne savez pas la vérité. Mademoiselle Dietrich aime quelqu'un.

— Qui donc soupçonnez-vous ?

— Je ne sais pas qui, mais je le saurai. Elle a disparu du bal un quart d'heure après avoir remis un billet à Bertrand, son homme de confiance. Je l'ai suivie, cherchée, perdue. Je l'ai retrouvée sortant d'un passage mystérieux. Elle m'a pris vivement le bras en m'ordonnant de la mener danser. Je n'ai pu voir la personne qu'elle laissait derrière elle, ou qu'elle venait de reconduire ; mais elle avait beau rire et railler mon inquiétude, elle était inquiète elle-même.

— Avez-vous quelqu'un en vue dans vos suppositions ?

— J'ai tout le monde. Il n'est pas un homme parmi tous ceux qu'on reçoit ici qui ne soit épris d'elle.

— Vous me paraissez résigné à n'être point jaloux de celui qui vous serait préféré ?

— Jaloux, moi ? je ne le serai pas longtemps, car celui qu'elle voudra épouser...

— Eh bien ! quoi ?

— Eh bien ! quoi ? Je le tuerai, parbleu !

— Que dites-vous là ?

— Je dis ce que je pense et ce que je ferai.

— Vous parlez sérieusement ?

— Vous le voyez bien, dit-il en passant son mouchoir avec un mouvement brusque sur son front baigné de sueur.

Sa belle figure douce n'avait pas un pli malséant,

mais ses lèvres étaient pâles et comme violacées. Je fus très-effrayée.

— Comment, lui dis-je, vous êtes vindicatif à ce point, vous que je croyais si généreux?

— Je suis généreux de sang-froid, par réflexion; mais dans la colère,... je vous l'avais bien dit, je ne m'appartiens plus.

— Vous réfléchirez, alors!

— Non, pas avant de m'être vengé, cela ne me serait pas possible.

— Vous êtes capable d'une colère de plusieurs jours?

— De plusieurs semaines, de plusieurs mois peut-être.

— Alors c'est de la haine que vous nourrissez en vous sans la combattre? Et vous vous vantiez tout à l'heure d'être philosophe!

— Tout à l'heure je mentais, vous mentiez, mademoiselle Dietrich mentait aussi. Nous étions dans la convention, dans le savoir-vivre; à présent nous voici dans la nature, dans la vérité. Elle est éprise d'un autre homme que moi, sans se soucier de moi ni de rien au monde. Vous me cachez son nom par prudence, mais vous comprenez fort bien mon ressentiment, et moi je sens monter de ma poitrine à mon cerveau des flots de sang embrasé. Ce qu'il y a de sauvage dans l'homme, dans l'animal, si vous voulez, prend le dessus et réduit à rien les belles maximes, les beaux sentiments de l'homme civilisé. Oui, c'est comme cela! tout ce que vous pourriez me dire dans la langue de la civilisation n'arrive plus à mon esprit. C'est inutile. Il y a trois ans que j'aime mademoiselle Dietrich ; j'ai essayé, pour l'oublier, d'en aimer une autre ; cette autre, je la lui ai sacrifiée, et ç'a été une très-mauvaise action, car j'avais séduit une fille pure, désintéressée, une fille plus belle que Césarine et meilleure. Je ne la regrette pas, puisque je n'avais pu m'attacher à elle ; mais je sens ma faute d'autant plus qu'il ne m'a pas été permis de la réparer. Une petite fortune en billets de banque que j'envoyai à ma victime m'a été renvoyée à l'instant même avec mépris. Elle est retournée chez ses parents, et, quand je l'y ai cherchée, elle avait disparu, sans que, depuis deux ans, j'aie pu retrouver sa trace. Je l'ai cherchée jusqu'à la morgue, baigné d'une sueur froide, comme me voilà maintenant en subissant l'expiation de mon crime, car c'est à présent que je le comprends et que j'en sens le remords. Attaché aux pas de Césarine et poursuivant la chimère, je m'étourdissais sur le passé... On me brise, me voilà puni, honteux, furieux contre moi ! Je revois le spectre de ma victime. Il rit d'un rire atroce au fond de l'eau où le pauvre cadavre gît peut-être. Pauvre fille ! tu es vengée, va ! mais je te vengerai encore plus, Césarine n'appartiendra à personne. Ses rêves de bonheur s'évanouiront en fumée ! Je tuerai quiconque approchera d'elle !

— Vous voulez jouer votre vie pour un dépit d'amour ?

— Je ne jouerai pas ma vie, je tuerai, j'assassinerai, s'il le faut, plutôt que de laisser échapper ma proie!

— Et après ?...

— Après, je n'attendrai pas qu'on me traîne devant les tribunaux, je ferai justice de moi-même.

En parlant ainsi, le marquis, pâle et les yeux remplis d'un feu sombre, avait pris son chapeau ; je m'efforçai en vain de le retenir.

— Où allez-vous? lui dis-je, vous ne pouvez vous en prendre à personne.

— Je vais, répondit-il, me constituer l'espion et le geôlier de Césarine. Elle ne fera plus un pas, elle n'écrira plus un mot que je ne le sache !

Et il sortit, me repoussant presque de force.

Je courus chez Césarine, qui était déjà couchée et à moitié endormie. Elle avait le sommeil prompt et calme des personnes dont la conscience est parfaitement pure ou complétement muette. Je lui racontai ce qui venait de se passer; elle m'écouta presque en souriant.

— Allons, dit-elle, je lui rends mon estime, à ce pauvre Rivonnière ! Je ne croyais pas avoir affaire à un amour si énergique. Cette fureur me plaît mieux que sa plate soumission. Je commence à croire qu'il mérite réellement mon amitié.

— Et peut-être ton amour?

— Qui sait ? dit-elle en bâillant; peut-être ! Allons! j'essayerai d'oublier ton neveu. Écris donc vite un mot pour que le marquis ne se tue pas cette nuit. Dis-lui que je n'ai rien résolu du tout.

J'étais si effrayée pour mon Paul, que j'écrivis à M. de Rivonnière en lui jurant que Césarine n'aimait personne, et dès que M. Dietrich fut rentré, je le suppliai de ne plus jamais songer à mon neveu pour en faire son gendre.

M. de Rivonnière ne reparut qu'au bout de huit jours. Il m'avoua qu'il n'avait pas cru à ma parole, qu'il avait espionné minutieusement Césarine, et que, n'ayant rien découvert, il revenait pour l'observer de près.

Césarine lui fit bon accueil, et sans prendre aucun engagement, sans entrer dans aucune explication directe, elle lui laissa entendre qu'elle l'avait soumis à une épreuve; mais bientôt elle se vit comme prise dans un réseau de défiance et de jalousie. Le marquis commentait toutes ses paroles, épiait tous ses gestes, cherchait à lire dans tous ses regards. Cette passion ardente dont elle l'avait jugé incapable, qu'elle avait peut-être désiré d'inspirer, lui devint vite une gêne, une offense, un supplice. Elle s'en plaignit avec amertume et déclara qu'elle n'épouserait jamais un despote. M. de Rivonnière se le tint pour dit et ne reparut plus, ni à l'hôtel Dietrich, ni dans les autres maisons où il eût pu rencontrer Césarine.

Césarine s'ennuya.

— C'est étonnant, me dit-elle un jour, comme on s'habitue aux gens! Je m'étais figuré que ce bon Rivonnière faisait partie de ma maison, de mon mobilier, de ma toilette, que je pouvais être absurde, bonne, méchante, folle, triste, sous ses yeux, sans qu'il s'en émût plus que s'en émeuvent les glaces de mon boudoir. Il avait un regard pétrifié dans le ravissement qui m'était agréable et qui me manque. Quelle idée a-t-il eue de se transformer en Othello, du soir au lendemain ? Je l'aimais un peu en cavalier servant, je ne l'aime plus du tout en héros de mélodrame.

— Oublie-le, lui dis-je; ne fais pas son malheur, puisque tu ne veux pas faire son bonheur. Laisse passer le temps, puisque le célibat ne te pèse pas, et puis tu choisiras parmi tes nombreux aspirants celui qui peut t'inspirer un attachement durable.

— Qui veux-tu que je choisisse, puisque ce capitan veut tuer l'objet de mon choix ou se faire tuer par lui ? Voilà que ce choix doit absolument entraîner mort d'homme! Est-ce une perspective réjouissante ?

— Espérons que cette fureur du marquis passera, si elle n'est déjà passée. Elle était trop violente pour durer.

— Qui sait si ce parfait homme du monde n'est pas tout simplement un affreux sauvage ? Et quand on pense qu'il n'est peut-être pas le seul qui cache des passions brutales sous les dehors d'un ange ! Je ne sais plus à qui me fier, moi ! Je me croyais pénétrante, je suis peut-être la dupe de tous les beaux discours qu'on me fait et de toutes les belles manières qu'on étale devant moi.

— Si tu veux que je te le dise, repris-je, décidée

à ne plus la ménager, je ne te crois pas pénétrante du tout.

— Vraiment! pourquoi?

— Parce que tu es trop occupée de toi-même pour bien examiner les autres. Tu as une grande finesse pour saisir les endroits faibles de leur armure; mais les endroits forts, tu ne veux jamais supposer qu'ils existent. Tu aperçois un défaut, une fente; tu y glisses la lame du poignard, mais elle y reste prise, et ton arme se brise dans ta main. Voilà ce qui est arrivé avec M. de Rivonnière.

— Et ce qui m'arriverait peut-être avec tous les autres? Il se peut que tu aies raison et que je sois trop personnelle pour être forte. Je tâcherai de me modifier.

— Pourquoi donc toujours chercher la force, quand la douceur serait plus puissante?

— Est-ce que je n'ai pas la douceur? Je croyais en avoir toutes les suavités?

— Tu en as toutes les apparences, tous les charmes; mais ce n'est pour toi qu'un moyen comme ta beauté, ton intelligence et tous tes dons naturels. Au fond, ton cœur est froid et ton caractère dur.

— Comme tu m'arranges, ce matin! Faut-il que je sois habituée à tes rigueurs! Eh bien! dis-moi, méchante : crois-tu que je pourrais devenir tendre, si je le voulais?

— Non, il est trop tard.

— Tu n'admets pas qu'un sentiment nouveau, inconnu, l'amour par exemple, pût éveiller des instincts qui dorment dans mon cœur ?

— Non, ils se fussent révélés plus tôt. Tu n'as pas l'âme maternelle, tu n'as jamais aimé ni tes oiseaux, ni tes poupées.

— Je ne suis pas assez femme selon toi ?

— Ni assez homme non plus.

— Eh bien ! dit-elle en se levant avec humeur, je tâcherai d'être homme tout à fait. Je vais mener la vie de garçon, chasser, crever des chevaux, m'intéresser aux écuries et à la politique, traiter les hommes comme des camarades, les femmes comme des enfants, ne pas me soucier de relever la gloire de mon sexe, rire de tout, me faire remarquer, ne m'intéresser à rien et à personne. Voilà les hommes de mon temps ; je veux savoir si leur stupidité les rend heureux !

Elle sonna, demanda son cheval, et, malgré mes représentations, s'en alla parader au bois, sous les yeux de tout Paris, escortée d'un domestique trop dévoué, le fameux Bertrand, et d'un groom pur sang. C'était la première fois qu'elle sortait ainsi sans son père ou sans moi. Il est vrai de dire que, ne montant pas à cheval, je ne pouvais l'accompagner qu'en voiture, et que, M. Dietrich ayant rarement le temps d'être son cavalier, elle ne pouvait guère se livrer à son amusement favori. Elle nous avait annoncé plus d'une fois qu'aussitôt sa majorité elle prétendait jouir de sa liberté comme une jeune fille anglaise ou américaine. Nous espérions qu'elle ne se lancerait pas trop vite. Elle voulait se lancer, elle se lança, et de ce jour elle sortit seule dans sa voiture, et rendit des visites sans se faire accompagner par personne. Cette excentricité ne déplut point, bien qu'on la blâmât. Elle lutta avec tant de fierté et de résolution qu'elle triompha des doutes et des craintes des personnes les plus sévères. Je tremblais qu'elle ne prît fantaisie d'aller seule à pied par les rues. Elle s'en abstint, et en somme, protégée par ses gens, par son grand air, par son luxe de bon goût et sa notoriété déjà établie, elle ne courait de risques que si elle eût souhaité d'en courir, ce qui était impossible à supposer.

Cette liberté précoce, à laquelle son père n'osa s'opposer dans la situation d'esprit où il la voyait, l'enivra d'abord comme un vin nouveau et lui fit oublier son caprice pour mon neveu ; elle l'éloigna même tout à fait de la pensée du mariage.

Paul revint d'Allemagne, et mes perplexités revinrent avec lui. Je ne voulais pas qu'il revît jamais Césarine ; mais comment lui dire de ne plus venir à l'hôtel Dietrich sans lui avouer que je craignais une entreprise plus sérieuse que la première contre son repos ? Césarine semblait guérie, mais à quoi pouvait-on se fier avec elle ? Et, si, à mon insu, elle lui tendait le piége du mariage, ne serait-il pas ébloui au point d'y tomber, ne fût-ce que quelques jours, sauf à souffrir toute sa vie d'une si terrible déception ?

Je me décidai à lui dire toute la vérité, et je devançai sa visite en allant le trouver à son bureau. Il avait un cabinet de travail chez son éditeur ; j'y étais à sept heures du matin, sachant bien qu'à peine arrivé à Paris, il courrait à sa besogne au lieu de se coucher. Quand je lui eus avoué mes craintes, sans toutefois lui parler des menaces de M. de Rivonnière, qu'il eût peut-être voulu braver, il me rassura en riant.

— Je n'ai pas l'esprit porté au mariage, me dit-il, et, de toutes les séductions que mademoiselle Dietrich pourrait faire chatoyer devant moi, celle-ci serait la plus inefficace. Épouser une femme légère, moi! Donner mon temps, ma vie, mon avenir, mon cœur et mon honneur à garder à une fille sans réserve et sans frein, qui joue son existence à pile ou face! Ne craignez rien, ma tante, elle m'est antipathique, votre merveilleuse amie; je vous l'ai dit et je vous le répète. Je ferais donc violence à mon inclination pour partager sa fortune? Je croyais que toute ma vie donnait un démenti à cette supposition.

— Oui, mon enfant, oui, certes! ce n'est pas ton ambition que j'ai pu craindre, mais quelque vertige de l'imagination ou des sens.

— Rassurez-vous, ma tante, j'ai une maîtresse plus jeune et plus belle que mademoiselle Dietrich.

— Que me dis-tu là? tu as une maîtresse, toi?

— Eh bien donc! cela vous surprend?

— Tu ne me l'as jamais dit!

— Vous ne me l'avez jamais demandé.

— Je n'aurais pas osé; il y a une pudeur, même entre une mère et son fils.

— Alors j'aurais mieux fait de ne pas vous le dire, n'en parlons plus.

— Si fait, je suis bien aise de le savoir. Ton grand prestige pour Césarine venait de ce qu'elle t'attribuait la pureté des anges.

— Dites-lui que je ne l'ai plus.

— Mais où prends-tu le temps d'avoir une maîtresse ?

— C'est parce que je lui donne tout le temps dont je peux disposer que je ne vais pas dans le monde et ne perds pas une minute en dehors de mon travail ou de mes affections.

— A la bonne heure ! es-tu heureux ?

— Très-heureux, ma tante.

— Elle t'aime bien ?

— Non, pas bien, mais beaucoup.

— C'est-à-dire qu'elle ne te rend pas heureux ?

— Vous voulez tout savoir ?

— Eh ! mon Dieu, oui, puisque je sais un peu.

— Eh bien !... écoutez, ma tante :

Il y a deux ans, deux ans et quelques mois, je me rendais de la part de mon patron chez un autre éditeur, qui demeure en été à la campagne, sur les bords de la Seine. Après la station du chemin de fer, il y avait un bout de chemin à faire à pied, le long de la rivière, sous les saules. En approchant d'un massif plus épais, qui fait une pointe dans l'eau, je vis une femme qui se noyait. Je la sauvai, je la portai à une petite maison fort pauvre, la première que je trouvai. Je fus accueilli par une espèce de paysanne qui fit de grands cris en reconnaissant sa fille.

— Ah! la malheureuse enfant, disait-elle, elle a voulu périr! j'étais sûre qu'elle finirait comme ça!

— Mais elle n'est pas morte, lui dis-je, soignez-la, réchauffez-la bien vite; je cours chercher un médecin. Où en trouverais-je un par ici?

— Là, me dit-elle en me montrant une maison blanche en face de la sienne, mais de l'autre côté de la rivière; sautez dans le premier bateau venu, on vous passera.

Je cours aux bateaux, personne, dedans ni autour. Les bateaux sont enchaînés et cadenassés. J'étais déjà mouillé. Je jette mon paletot, qui m'eût embarrassé; je traverse à la nage un bras de rivière qui n'est pas large. J'arrive chez le médecin, il est absent. Je demande qu'on m'en indique un autre. On me montre le village derrière moi; je me rejette à la rivière. Je reviens à la maison de la blanchisseuse, car la mère de ma *sauvée* était blanchisseuse: je voulais savoir s'il était temps encore d'appeler le médecin. J'y rencontre précisément celui que j'avais été chercher, et qui, se trouvant à passer par là, avait été averti d'entrer.

— La pauvre fille en sera quitte pour un bain froid, me dit-il, l'évanouissement se dissipe. Vous l'avez saisie à temps: c'est une bonne chance, monsieur, quand le dévouement est efficace; mais il ne faut pas en être victime, ce serait dommage. Vous êtes mouillé cruellement, et il ne fait pas chaud; allez chez moi bien vite pendant que je surveillerai encore un peu la malade.

Il me fit monter bon gré mal gré dans son cabriolet, et donna l'ordre à son domestique de gagner le pont, qui n'était pas bien loin, et de me conduire bride abattue à sa maison pour me faire changer d'habits. En cinq minutes, nous fûmes rendus. La femme du docteur, mise au courant en deux mots par le domestique, qui retournait attendre son maître, me fit entrer dans sa cuisine, où brûlait un bon feu; la servante m'apporta la robe de chambre, le pantalon du matin, les pantoufles de son maître et un bol de vin chaud. Je n'ai jamais été si bien dorloté.

J'étais à peine revêtu de la défroque du docteur qu'il arriva pour me dire que ma noyée se portait bien et pour me signifier que je ne sortirais pas de chez lui avant d'avoir dîné, pendant que mes habits sécheraient. Mais tous ces détails sont inutiles, j'étais chez des gens excellents qui me renseignèrent amplement sur le compte de Marguerite; c'est le nom de la jeune fille qui avait voulu se suicider.

Elle avait seize ans. Elle était née dans cette maisonnette où je l'avais déposée et où elle avait partagé les travaux pénibles de sa mère, tout en apprenant d'une voisine un travail plus délicat qu'elle faisait à la veillée. Elle était habile raccommodeuse de dentelles. C'était une bonne et douce fille, laborieuse et nullement coquette; mais elle avait le malheur d'être admirablement belle et d'attirer les regards. Sa mère l'envoyant porter l'ouvrage aux pratiques dans le village et les environs, elle avait rencontré, l'année précédente, un bel étudiant qui flânait dans la campagne et qui la guettait à son insu depuis plusieurs jours. Il lui parla, il la persuada, elle le suivit.

— Il faut vous dire, — c'est le docteur qui parle, — qu'elle était fort maltraitée par sa mère, qui est une vraie coquine et qui n'eût pas mieux demandé que de spéculer sur elle, mais qui jeta les hauts cris quand l'enfant disparut sans avoir été l'objet d'un contrat passé à son profit.

» Au bout de deux mois environ, l'étudiant, qui avait mené Marguerite à Paris ou aux environs, on ne sait où, partit pour aller se marier dans sa province, abandonnant la pauvre fille après lui avoir offert de l'argent qu'elle refusa. Elle revint chez sa mère, qui lui eût pardonné si elle lui eût rapporté quelque fortune, et qui l'accabla d'injures et de coups en apprenant qu'elle n'avait rien accepté.

»— Depuis cette triste aventure, — c'est toujours le docteur qui parle, — Marguerite s'est conduite sagement et vertueusement, travaillant avec courage, subissant les reproches et les humiliations avec douceur; ma femme l'a prise en amitié et lui a donné de l'ouvrage. Moi, j'ai eu à la soigner, car le chagrin l'avait rendue très-malade. Heureusement pour elle, elle n'était pas enceinte, — malheureusement peut-être, car elle se fût rattachée à la vie pour élever son enfant. Depuis quelques semaines, elle était plus à plaindre que jamais, sa mère voulait qu'elle se vendît à un vieillard libertin que je connais bien, mais que je ne nommerai pas : c'est mon plus riche client, et il passe pour un grand philanthrope. Cette persécution est devenue si irritante que Marguerite a perdu la tête et a voulu se tuer aujourd'hui pour échapper au mauvais destin qui la poursuit. Je ne sais pas si vous lui avez rendu service en la sauvant, mais vous avez fait votre devoir, et en somme vous avez sauvé une bonne créature qui eût été honnête, si elle eût eu une bonne mère.

» — Ne lui ouvrirez-vous pas votre maison, docteur, ou ne trouverez-vous pas à la placer quelque part ?

» — J'y ai fait mon possible ; mais sa mère ne veut pas qu'on lui arrache sa proie. Ma position dans le pays ne me permet pas d'opérer un enlèvement de mineure.

» — Alors que deviendra-t-elle, la malheureuse ?

» — Elle se perdra, ou elle se tuera.

Telle fut la conclusion du docteur. Il était bon, mais il avait affaire à tant de désastres et de misères qu'il ne pouvait que se résigner à voir faillir, souffrir ou mourir.

Le lendemain, je retournai voir Marguerite avec un projet arrêté ; je la trouvai seule, encore pâle et faible. Sa mère était en courses pour servir ses pratiques. La pauvre fille pleura en me voyant. Je voulus lui faire promettre pour ma récompense qu'elle renoncerait au suicide. Elle baissa la tête en sanglotant et ne répondit pas.

— Je sais votre histoire, lui dis-je, je sais votre intolérable position. Je vous plains, je vous estime et je veux vous sauver; mais je ne suis pas riche et ne peux vous offrir qu'une condition très-humble. Je connais une très-honnête ouvrière, douce et désintéressée, d'un certain âge; je vous placerai chez elle, et, pour une modeste pension que je lui servirai, elle vous logera et vous nourrira jusqu'à ce que vous puissiez subsister de votre travail. Voulez-vous accepter?

Elle refusa. Je crus qu'elle s'était décidée à céder aux infâmes exigences de sa mère; mais je me trompais. Elle croyait que je voulais faire d'elle ma maîtresse.

« — Si j'allais avec vous, me dit-elle, vous ne m'épouseriez pas!

» — Non certainement, répondis-je. Je ne compte pas me marier.

» — Jamais?

» — Pas avant dix ou douze ans. Je n'aurais pas le moyen d'élever une famille.

» — Mais si vous trouviez une femme riche?

» — Je ne la trouverai pas.

» — Qui sait?

» — Si je la trouvais, il faudrait qu'elle attendît pour m'épouser que je fusse riche moi-même. Je ne veux rien devoir à personne.

» — Et qu'est-ce que je serais pour vous, si vous m'emmeniez?

» — Rien.

» — Vraiment, rien? Vous n'exigeriez pas de reconnaissance?

» — Pas la moindre. Je ne suis pas amoureux de vous, toute belle que vous êtes. Je n'ai pas le temps d'avoir une passion, et, s'il faut vous tout dire, je ne me sens capable de passion que pour une femme dont je serais le premier amour. M'éprendre de votre beauté pour mon plaisir, dans la situation où je vous rencontre, me semblerait une lâcheté, un abus de confiance. Je vous offre une vie honnête, mais laborieuse et très-précaire. On vous propose le bien-être, la paresse et la honte. Vous réfléchirez. Voici mon adresse. Cachez-la bien, car vous n'échapperez à l'autorité de votre mère qu'en vous tenant cachée vous-même. Si vous avez confiance en moi, venez me trouver.

» — Mais, mon Dieu! s'écria-t-elle toute tremblante, pourquoi êtes-vous si bon pour moi?

» — Parce que je vous ai empêchée de mourir et que je vous dois de vous rendre la vie possible. »

Je la quittai. Le lendemain, elle était chez moi; je la conduisis chez l'ouvrière qui devait lui donner asile, et je ne la revis pas de huit jours.

Quand j'eus le temps d'aller m'informer d'elle, je la trouvai au travail; son hôtesse se louait beaucoup d'elle. Marguerite me dit qu'elle était heureuse, et quelques mois qui se passèrent ainsi me convainquirent de sa bonne conscience et de sa bonne conduite. Elle travaillait vite et bien, ne sortait jamais qu'avec sa nouvelle amie, et lui montrait une douceur et un attachement dont celle-ci était fort touchée. J'étais content d'avoir réussi à bien placer un petit bienfait, ce qui est plus difficile qu'on ne pense.

— Alors,... tu es devenu amoureux d'elle ?

— Non, c'est elle qui s'est mise à m'aimer, à s'exagérer mon mérite, à me prendre pour un dieu, à pleurer et à maigrir de mon indifférence. Quand je voulus la confesser, je vis qu'elle était désespérée de ne pas me plaire.

« — Vous me plaisez, lui dis-je ; là n'est pas la question. Si vous étiez une fille légère, je vous aurais fait la cour éperdument ; mais vous méritez mieux que d'être ma maîtresse, et vous ne pouvez pas être ma femme, vous le savez bien.

» — Je le sais trop, répondit-elle ; vous êtes un homme fier et sans tache, vous ne pouvez pas épouser une fille souillée ; mais si j'étais votre maîtresse, vous me mépriseriez donc ?

» — Non certes ; à présent que je vous connais, j'aurais pour vous les plus grands égards et la plus solide amitié.

» — Et cela durerait...

» — Le plus longtemps possible, peut-être toujours.

» — Vous ne promettez rien absolument.

» — Rien absolument, et j'ajoute que votre sort ne serait pas plus brillant qu'il ne l'est à présent. Je n'ai pas de chez moi, je vis de privations, je ne pourrais vous voir de toute la journée. Je vous empêcherais de manquer du nécessaire ; mais je ne pourrais vous procurer ni bien-être, ni loisir, ni toilette.

» — J'accepte cette position-là, me dit-elle ; tant que je pourrai travailler, je ne vous coûterai rien.

Votre amitié, c'est tout ce que je demande. Je sais bien que je ne mérite pas davantage; mais que je vous voie tous les jours, et je serai contente. »

Voilà comment je me suis lié à Marguerite, d'un lien fragile en apparence, sérieux en réalité, car... mais je vous en ai dit assez pour aujourd'hui, ma bonne tante! J'entends la sonnette, qui m'avertit d'une visite d'affaires. Si vous voulez tout savoir,... venez demain chez moi.

— Chez toi? Tu as donc un *chez toi* à présent?

— Oui, j'ai loué rue d'Assas un petit appartement où travaillent toujours ensemble Marguerit et madame Féron, l'ouvrière qui l'a recueillie et qui s'est attachée à elle. J'y vais le soir seulement; mais demain nous aurons congé dès midi, et si vous voulez être chez nous à une heure, vous m'y trouverez.

Le lendemain à l'heure dite, je fus au numéro de la rue d'Assas qu'il m'avait donné par écrit. Je demandai au concierge mademoiselle Féron, raccommodeuse de dentelles, et je montai au troisième. Paul m'attendait sur le palier, portant dans ses bras un gros enfant d'environ un an, frais comme une rose, beau comme sa mère, laquelle se tenait, émue et craintive, sur la porte. Paul mit son fils dans mes bras en me disant:

— Embrassez-le, bénissez-le, ma tante; à présent vous savez toute mon histoire.

J'étais attendrie et pourtant mécontente. La brusque révélation d'un secret si bien gardé remettait en question pour moi l'avenir logique que j'eusse pu rêver pour mon neveu, et qui, dans mes prévisions, n'avait jamais abouti à une maîtresse et à un fils naturel.

L'enfant était si beau et le baiser de l'enfance est si puissant que je pris le petit Pierre sur mes genoux dès que je fus entrée et le tins serré contre mon cœur sans pouvoir dire un mot. Marguerite était à mes pieds et sanglotait.

— Embrasse-la donc aussi ! me dit Paul ; si elle ne le méritait pas, je ne t'aurais pas attirée ici.

J'embrassai Marguerite et je la contemplai. Paul m'avait dit vrai ; elle était plus belle dans sa petite tenue de grisette modeste que Césarine dans tout l'éclat de ses diamants. Les malheurs de sa vie avaient donné à sa figure et à sa taille parfaites une expression pénétrante et une langueur d'attitudes qui intéressaient à elle au premier regard, et qui à chaque instant touchaient davantage. Je m'étonnai qu'elle n'eût pas inspiré à Paul une passion plus vive que l'amitié ; peu à peu je crus en découvrir la cause : Marguerite était une vraie fille du peuple, avec les qualités et les défauts qui signalent une éducation rustique. Elle passait de l'extrême timidité à une confiance trop expansive ; elle n'était pas de ces natures exceptionnelles que le contact d'un esprit élevé transforme rapidement ; elle parlait comme elle avait toujours parlé ; elle n'avait pas la gentillesse intelligente de l'ouvrière parisienne ; elle était contemplative plutôt que réfléchie, et, si elle avait des moments où l'émotion lui faisait trouver l'expression frappante et imagée, la plupart du temps sa parole était vulgaire et comme habituée à traduire des notions erronées ou puériles.

On me présenta aussi madame Féron, veuve d'un sous-officier tué en Crimée et jouissant d'une petite pension qui, jointe à son travail de *repasseuse de fin*, la faisait vivre modestement. Elle aidait Marguerite aux soins de son ménage et promenait l'enfant au Luxembourg, n'acceptant pour compensation à cette perte de temps que la gratuité du loyer. On me montra l'appartement, bien petit, mais prenant beaucoup d'air sur les toits, et tenu avec une exquise propreté. Les deux femmes avaient des chambres séparées, une pièce plus grande leur servait d'atelier et de salon; la salle à manger et la cuisine étaient microscopiques. Je remarquai un cabinet assez spacieux en revanche, où Paul avait transporté quelques livres, un bureau, un canapé-lit et quelques petits objets d'art.

— Tu travailles donc, même ici? lui dis-je.

— Quelquefois, quand monsieur mon fils fait des dents et m'empêche de dormir; mais ce n'est pas pour me donner le luxe d'un cabinet que j'ai loué cette pièce.

— Pourquoi donc?

— Vous ne devinez pas?

— Non.

— Eh bien! c'est pour vous, ma petite tante; c'est notre plus jolie chambre et la mieux meublée; elle est tout au fond, et vous pourriez y dormir et y travailler sans entendre le tapage de M. Pierre.

— Tu désires donc que je vienne demeurer avec toi?

— Non, ma tante, vous êtes mieux à l'hôtel Dietrich ; mais vous n'y êtes pas chez vous, et je vous ai toujours dit qu'un caprice de la belle Césarine pouvait, d'un moment à l'autre, vous le faire sentir. J'ai voulu avoir à vous offrir tout de suite un gîte, ne fût-ce que pour quelques jours. Je ne veux pas qu'il soit dit que ma tante peut partir, dans un fiacre, du palais qu'elle habite, avec l'embarras de savoir où elle déposera ses paquets, et la tristesse de se trouver seule dans une chambre d'hôtel. Voilà votre pied-à-terre, ma tante, et voici vos gens : deux femmes dévouées et un valet de chambre qui, sous prétexte qu'il est votre neveu, vous servira fort bien.

J'embrassai mon cher enfant avec un attendrissement profond. Toute la famille me reconduisit jusqu'en bas, et je ne m'en allai pas sans promettre de revenir bientôt. Il fut convenu que je ne verrais plus Paul que chez lui, les jours où il aurait congé. Si d'une part j'étais effrayée de le voir engagé, à vingt-quatre ans, dans une liaison que sa jeune paternité rendrait difficile à rompre, d'autre part je le voyais à l'abri des fantaisies de Césarine comme des vengeances du marquis, et j'étais soulagée de l'anxiété la plus immédiate, la plus poignante.

Césarine s'aperçut vite de ce rassérénement et de l'émotion qui l'avait précédé.

— Qu'as-tu donc ? me dit-elle dès que je fus rentrée ; tu es restée longtemps, et tu as pleuré.

Je le niai.

— Tu me trompes, dit-elle ; ton neveu doit être

revenu... malade peut-être ? mais il est hors de danger, cela se voit dans tes yeux.

— Si mon neveu était tant soit peu malade, même hors de danger je ne serais pas rentrée du tout. Donc ton roman est invraisemblable.

— J'en chercherai un autre, dix autres s'il le faut, et je finirai par trouver le vrai. Il y a eu ce matin un drame dans ta vie, comme on dit.

— Eh bien ! peut-être, répondis-je, pressée que j'étais de détourner de Paul, une fois pour toutes, ses préoccupations. Mon neveu m'a causé aujourd'hui une grande surprise. Il m'a révélé qu'il était marié.

— Ah ! la bonne plaisanterie ! s'écria Césarine en éclatant de rire, bien qu'elle fût devenue très-pâle ; voilà tout ce que tu as imaginé pour me dégoûter de lui ? Est-ce qu'il aurait pu se marier sans ton consentement ?

— Parfaitement ! Il est majeur, émancipé de ma tutelle.

— Et il ne t'aurait pas seulement fait part de son mariage, ce modèle des neveux ?

— Dans un mariage d'amour, on ne veut consulter personne, si l'on craint d'inquiéter ses amis. Heureusement il a fait un bon choix. J'ai vu sa femme aujourd'hui.

— Elle est jolie ?

— Elle est jolie et elle est belle.

— Plus que moi, j'imagine ?

— Incontestablement.

— Quels contes tu me fais !

— J'ai embrassé leur fils, un enfant adorable.

— Leur fils! le fils de ton neveu? Est-ce que ton neveu est en âge d'avoir un *fils*? C'est un marmot que tu veux dire?

— Un marmot, soit. Il a un an déjà.

— Pauline, jure que tu ne te moques pas de moi!

— Je te le jure.

— Alors c'est fini, dit-elle, voilà ma dernière illusion envolée comme les autres!

Et, se détournant, l'étrange fille mit sa figure dans ses mains et pleura amèrement.

Je la regardais avec stupeur, me demandant si ce n'était pas un jeu pour m'attendrir et m'amener à la rétractation d'un mensonge. Voyant que je ne lui disais rien, elle sortit avec impétuosité. Je la suivis dans sa chambre, où M. Dietrich, étonné de ne pas nous voir descendre pour dîner, vint bientôt nous rejoindre. Césarine ne se fit pas questionner, elle était dans une heure d'expansion et pleurait de vraies larmes.

— Mon père, dit-elle, viens me consoler, si tu peux, car Pauline est très-indifférente à mon chagrin. Son neveu est marié! marié depuis longtemps, car il est déjà père de famille. J'ai fait le roman le plus absurde; mais ne te moque pas de moi, il est si douloureux! Cela t'étonne bien : pourquoi? ne te l'avais-je pas dit, qu'il était le seul homme que je pusse aimer? Il avait tout pour lui, l'intelligence, la fermeté, la dignité du caractère et la pureté des mœurs, cette chose que je chercherais en vain chez les

hommes du monde, à commencer par le marquis !
Je ne m'étais pas dit, sotte fille que je suis, qu'un
jeune homme ne pouvait rester pur qu'à la condition
de se marier tout jeune et de se marier par amour.
Maintenant je peux bien chercher toute ma vie un
homme qui n'ait pas subi la souillure du vice. Je ne
le rencontrerai jamais, à moins que ce ne soit un
enfant idiot, dont je rougirais d'être la compagne,
car je sais le monde et la vie à présent. Il ne s'y
trouve plus de milieu entre la niaiserie et la perversité. Mon père, emmène-moi, allons loin d'ici, bien
loin, en Amérique, chez les sauvages.

— Il ne me manquerait plus que cela ! lui dit en
souriant M. Dietrich ; tu veux que nous nous met-
tions à la recherche du dernier des Mohicans ?

Il ne prenait pas son désespoir au sérieux ; elle le
força d'y croire en se donnant une attaque de nerfs
qu'elle obtint d'elle-même avec effort et qui finit par
être réelle, comme il arrive toujours aux femmes
despotes et aux enfants gâtés. On se crispe, on crie,
on exhale le dépit en convulsions qui ne sont pas
précisément jouées, mais que l'on pourrait étouffer
et contenir, si elles étaient absolument vraies intérieurement. Bientôt la véritable convulsion se mani-
feste et punit la volonté qui l'a provoquée, en se
rendant maîtresse d'elle et en violentant l'orga-
nisme. La nature porte en elle sa justice, le châtiment immédiat du mal que l'individu a voulu se faire
à lui-même.

Il fallut la mettre au lit et dîner sans elle, tard et

tristement. Je racontai toute la vérité à M. Dietrich. Il n'approuva pas le mensonge que j'avais fait à Césarine, et parut étonné de me voir, pour la première fois sans doute de ma vie, disait-il, employer un moyen en dehors de la vérité. Je lui racontai alors les menaces de M. de Rivonnière et lui avouai que j'en étais effrayée au point de tout imaginer pour préserver mon neveu. M. Dietrich n'attacha pas grande importance à la colère du marquis; il m'objecta que M. de Rivonnière était un homme d'honneur et un homme sensé, que dans la colère il pouvait déraisonner un moment, mais qu'il était impossible qu'il ne fût pas rentré en lui-même dès le lendemain de son emportement.

— Et alors, lui dis-je, vous allez dissuader Césarine, lui faire savoir que mon neveu est encore libre ? Vous la tromperiez plus que je ne l'ai trompée : il n'est plus libre.

Il me promit de ne rien dire.

— Je n'ai pas fait le mensonge, dit-il, je feindrai d'être votre dupe, d'autant plus que je n'admettrais pas qu'un jeune homme, lié comme il l'est maintenant, pût songer au mariage.

Césarine fut comme brisée durant quelques jours, puis elle reprit sa vie active et dissipée, et parut même encourager à sa manière quelques prétentions de mariage autour d'elle. Tous les matins il y avait assaut de bouquets à la porte de l'hôtel, tous les jours assaut de visites dès que la porte était ouverte.

Je voyais de temps en temps Paul et Marguerite

rue d'Assas. Je me confirmais dans la certitude que cette association ne les rendait heureux ni l'un ni l'autre, et que l'enfant seul remplissait d'amour et de joie le cœur de Paul. Marguerite était à coup sûr une honnête créature, malgré la faute commise dans son adolescence; mais cette faute n'en était pas moins un obstacle au mariage qu'elle désirait, et que, pas plus que moi, Paul ne pouvait admettre. Un jour, ils se querellèrent devant moi en me prenant pour juge.

— Si je n'avais pas eu un enfant, disait Marguerite, je n'aurais jamais songé au mariage, car je sais bien que je ne le mérite pas; mais depuis que j'ai mon Pierre, je me tourmente de l'avenir et je me dis qu'il méprisera donc sa mère plus tard, quand il comprendra qu'elle n'a pas été jugée digne d'être épousée? Ça me fait tant de mal de songer à ça, qu'il y a des moments où je me retiens d'aimer ce pauvre petit, afin d'avoir le droit de mourir de chagrin. Ah! je ne l'avais pas comprise, cette faute qui me paraît si lourde à présent! Je trouvais ma mère cruelle de me la reprocher, je trouvais Paul bon et juste en ne me la reprochant pas; mais voilà que je suis mère et que je me déteste. Je sais bien que Paul n'abandonnera jamais son fils, il n'y a pas de danger, il est trop honnête homme et il l'aime trop! mais moi, moi, qu'est-ce que je deviendrai, si mon fils se tourne contre moi?

— Il te chérira et te respectera toujours, répondit Paul. Cela, je t'en réponds, à moins que, par tes plaintes imprudentes, tu ne lui apprennes ce qu'il ne doit jamais savoir.

— Comme c'est commode, n'est-ce pas? de cacher aux enfants que leurs parents ne sont pas mariés! Pour cela, il faudrait ne jamais me quitter, et qu'est-ce qui me répond que tu ne te marieras pas avec une autre!

Je crus devoir intervenir.

— Il est du moins certain, dis-je à Marguerite, qu'il est devenu très-difficile à mon neveu de faire le mariage honorable et relativement avantageux auquel un homme dans sa position peut prétendre. L'abandon qu'il vous fait de sa liberté, de son avenir peut-être, devrait vous suffire, ma pauvre enfant! Songez que jusqu'ici tous les sacrifices sont de son côté, et que vous n'auriez pas bonne grâce à lui en demander davantage.

— Vous avez raison, vous! répondit-elle en me baisant les mains; vous êtes sévère, mais vous êtes bonne. Vous me dites la vérité; lui, il me ménage, il est trop fier, trop doux, et j'oublie quelquefois que je lui dois tout, même la vie!

Elle se soumettait. C'était une bonne âme, éprise de justice, mais trop peu développée par le raisonnement pour trouver son chemin sans aide et sans conseil. Quand elle avait compris ses torts, elle les regrettait sincèrement, mais elle y retombait vite, comme les gens qu'une bonne éducation première n'a pas disciplinés. Elle avait des instincts spontanés, égoïstes ou généreux, qu'elle ne distinguait pas les uns des autres et qui l'emportaient toujours au delà du vrai. Paul était un peu fatigué déjà de ses inquiétudes sans issue, de sa jalousie sans objet, en un mot de ce fonds d'injustice et de récrimination dont une femme déchue sait rarement se défendre. Je sortis avec lui ce jour-là, et je lui reprochai de traiter Marguerite un peu trop comme une enfant.

— Puisque ce malheureux lien existe, lui dis-je, et que tu crois ne devoir jamais le rompre, tâche de le rendre moins douloureux. Élève les idées de cette pauvre femme, adoucis les aspérités de son caractère. Il ne me semble pas que tu lui dises ce qu'il faudrait lui dire pour qu'au lieu de déplorer le sort que tu lui as fait, elle le comprenne et le bénisse.

— J'ai dit tout ce qu'on peut dire, répondit-il; mais c'est tous les jours à recommencer. Les vrais enfants s'instruisent et progressent à toute heure, je le vois déjà par mon fils; mais les filles dont le développement a été une chute n'apprennent plus rien. Marguerite ne changera pas, c'est à moi d'apprendre à supporter ses défauts. Ce qu'elle ne peut pas obtenir d'elle-même, il faut que je l'obtienne de moi, et j'y travaille. Je me ferai une patience et une douceur à toute épreuve. Soyez sûre qu'il n'y a pas d'autre remède : c'est pénible et agaçant quelquefois; mais qui peut se vanter d'être parfaitement heureux en ménage? Je pourrais être très-légitimement marié avec une femme jalouse, de même que je pourrais être pour Marguerite un amant soupçonneux et tyrannique. Croyez bien, ma tante, que dans ce mauvais monde où l'on s'agite sous prétexte de vivre, on doit appeler heureuse toute situation tolérable, et qu'il n'y a de vrai malheur que celui qui écrase ou dépasse nos forces. Si je n'avais pas une maîtresse, je serais forcé de supprimer l'affection et de ne chercher que le plaisir. Les femmes qui ne peuvent donner que cela me répugnent. C'est une bonne chance pour moi d'avoir une compagne qui m'aime, qui m'est fidèle et que je puis aimer d'amitié quand, l'effervescence de la jeunesse assouvie, nous nous retrouverons en face l'un de l'autre. Cela mérite bien que je supporte quelques tracasseries, que je pardonne un peu d'ingratitude, que je surmonte quelques impatiences. Et, quand je regarde ce bel enfant qu'elle m'a donné, qui est bien à moi, qu'elle a nourri d'un lait pur et qu'elle berce sur son cœur des nuits entières, je me sens bien marié, bien rivé à la famille et bien content de mon sort.

Paul était libre ce jour-là. Je l'emmenai dîner avec moi chez un restaurateur, et nous causâmes intimement. J'étais libre moi-même, M. Dietrich avait été surveiller de grands travaux à sa terre de Mireval; Césarine avait dû dîner chez ses cousines.

Nous approchions du printemps. Je rentrai à neuf heures et fus fort surpris de la trouver dînant seule dans son appartement.

— Je suis rentrée à huit heures seulement, me dit-elle. Je n'ai pas dîné chez les cousines, je ne me sentais pas en train de babiller. Je me suis attardée à la promenade, et j'ai fait dire à ma tante de ne pas m'attendre. Ne me gronde pas d'être rentrée à la nuit, quoique seule. Il fait si bon et si doux que j'ai pris fantaisie de courir en voiture autour du lac à l'heure où il est désert ; cette heure où tout le monde dîne est décidément la plus agréable pour aller au bois de Boulogne. Où as-tu donc dîné, toi ? J'espérais te trouver ici.

— J'ai dîné avec mon neveu.

— Et avec *sa femme ?* dit-elle en me regardant avec une ironie singulière. Sais-tu qu'il te trompe, ton neveu, et qu'il n'est pas marié du tout ?

— C'est tout comme, répondis-je. Il est peut-être plus enchaîné que s'il était marié.

— Enchaîné est le mot, et je vois que tu y mets de la franchise.

— Je ne sais ce que tu veux dire.

— Ni ce que tu dis, ma bonne Pauline, tu t'embrouilles, tu n'y es plus ; mais moi je sais toute la vérité.

— Quoi ! que sais-tu ?

— Écoute : avant d'aller au bois faire mes réflexions, j'avais été faire connaissance avec la belle Marguerite.

— Tu railles !

— Tu vas voir. Je savais que tous les soirs M. Paul quittait son bureau pour aller passer la nuit rue d'Assas chez une madame Féron qui y louait ou qui était censée y louer un appartement. Je savais encore que ton neveu ne s'y rendait que bien rarement dans le jour ; or, comme il était quatre heures et que j'étais résolue à connaître la vérité aujourd'hui.

— Pourquoi aujourd'hui ?

— Parce que M. Salvioni, ce noble italien qui me suit partout et que ma tante Helmina protége, m'avait fait hier à l'Opéra une déclaration assez pressante pendant le ballet de *la Muette*. Il est très-beau, ce descendant des Strozzi. Il a de l'esprit, de la poésie et un petit accent agréable. Il me plairait, si je pouvais l'aimer ; mais j'ai encore pensé à ton neveu et j'ai promis de répondre clairement le surlendemain, c'est-à-dire demain. Il me fallait donc savoir aujourd'hui si tu ne m'avais pas fait un petit conte pour m'endormir. J'ai donc demandé au portier madame Féron, et on m'a fait monter dans un taudis assez propre, où un gros bébé piaillait sur les genoux d'une assez belle créature. Bertrand était monté avec moi, et, comme il n'y a pas d'antichambre dans ces logements-là, il a dû m'attendre sur le carré. Je suis entrée avec aplomb, j'ai demandé madame Paul Gilbert à madame Féron qui m'ouvrait la porte et qui était trop laide et trop vieille pour me faire supposer que ce fût elle. Elle a paru troublée de cette demande, et comme elle hésitait à répondre, Marguerite s'est levée avec son marmot dans les bras, en me disant assez effrontément :

— Madame Paul Gilbert, c'est moi. *Qu'est-ce qu'il y a pour votre service ?*

» — Je croyais trouver ici, ai-je répondu, la tante de M. Gilbert, mademoiselle de Nermont.

» — Elle est sortie avec Paul il n'y a pas un quart d'heure.

— Tant pis, je venais la prendre pour faire une course dans le quartier ; elle m'avait donné rendez-vous ici.

» — Alors c'est qu'elle va peut-être revenir ? Si vous voulez l'attendre ?

» — Volontiers, si vous voulez bien le permettre.

» Et elle de dire avec toute la courtoisie dont une blanchisseuse est capable :

» — Comment donc, ma petite dame ! mais asseyez-vous. Féron, prends donc le petit, fais-lui manger sa soupe dans la cuisine. Il ne mange pas bien proprement ni bien sagement encore, le pauvre chéri, et madame ne serait pas bien contente de l'entendre faire *son sabbat*. Ferme les portes, qu'on ne l'entende pas trop !

» — Voilà un bel enfant ! lui dis-je en feignant d'admirer le bébé qu'on emportait à ma grande satisfaction. Quel âge a-t-il donc ?

» — Un an et un mois, il est un peu grognon, il *met* ses dents.

» — Il est bien frais, — très-joli !

» — N'est-ce pas qu'il ressemble à son père ?

» — A M. Paul Gilbert ?

» — Dame !

» — Je ne sais pas, je le connais très-peu. Je trouve que c'est à vous que l'enfant ressemble.

» — Oui ? tant pis ! j'aimerais mieux *qu'il ressemble* à Paul.

» — C'est-à-dire que vous aimez votre mari plus que vous-même ?

» — Oh ça, c'est sûr ! il est si bon ! Vous connaissez donc sa tante et *pas lui*?

» — Je l'ai vu une ou deux fois, pas davantage.

» — C'est peut-être vous qui êtes... Eh non ! que je suis bête ! mademoiselle Dietrich ne sortirait pas comme ça toute seule.

» — Vous avez entendu parler de mademoiselle Dietrich ?

» — Oui, c'est la tante à Paul qui est sa... comment dirai-je ? sa première bonne, c'est elle qui l'a élevée. »

Je t'en demande bien pardon, ma Pauline, mais voilà les notions éclairées et délicates de mademoiselle Marguerite sur ton compte. Je suis forcée par mon impitoyable mémoire de te redire mot pour mot ses aimables discours.

— C'est, repris-je, mademoiselle de Nermont qui vous a parlé de mademoiselle Dietrich ?

» — Non, c'est Paul, un jour qu'il avait été au bal la veille *chez son papa*. Il paraît que *c'est des gens très-riches*, et que la demoiselle avait des perles et des diamants peut-être pour des millions.

» — Ce qui était bien ridicule, n'est-ce pas ?

» — Vous dites comme Paul : mais moi, je ne dis pas ça. Chacun se pare de ce qu'il a. Moi, je n'ai rien, je me pare de mon enfant, et, quand on me le ramène du Luxembourg ou du *square*, en me disant que tout le monde l'a trouvé beau, dame ! je suis fière et je me pavane comme si j'avais tous les diamants d'une reine sur le corps. » Cette gentille naïveté me réconcilia bien vite avec Marguerite. Je ne la crois pas mauvaise ni perverse, cette fille, et en la trouvant si commune et si expansive je ne me sentais plus aucune aversion contre elle. C'est une de ces compagnes de rencontre qu'un homme pauvre doit prendre par économie et aussi par sagesse. Quand il arrive un enfant, on s'y attache par bonté; mais on ne les épouse pas, ces demoiselles, et un moment vient où on ne les garde pas.

— Tu parles de tout cela, ma chère, comme un aveugle des couleurs. Tu ne peux pas apprécier...

— Je te demande pardon, ton élève est émancipée, et tout ce que tu as fort bien fait de lui laisser ignorer quand elle était une fillette, — peu curieuse d'ailleurs, — elle a été condamnée à l'apprendre en voyant le monde, en observant ce qui s'y passe, en entendant ce que l'on dit, en devinant ce que l'on tait. Tu sais fort bien que je porte sur la liaison de M. Paul un jugement très-sensé, car cela s'appelle une *liaison*, pas autrement; c'est un terme décent et poli pour ne pas dire une *accointance*. Tu trouves que le vrai mot est grossier dans ma bouche? Je le trouve aussi; mais tu m'as attrapée en appelant cela un mariage, et j'ai été forcée d'entrer dans l'examen des faits grossiers qu'on appelle la réalité. Jusque-là pourtant j'étais assez ingénue pour croire à un lien légitime; mais Marguerite est bavarde et maladroite. Comme je lui témoignais de l'intérêt, elle s'est troublée, et, quand j'ai parlé de lui apporter de vieilles dentelles à remettre à neuf, elle m'a tout avoué avec une sincérité assez touchante.

» — Non, m'a-t-elle dit, ne revenez pas vous-même, car je vois bien que vous êtes une grande dame, et peut-être que vous seriez fâchée d'être si bonne pour moi quand vous saurez que je ne suis pas ce que vous croyez. »

Et, là-dessus, des encouragements de ma part, une ou deux paroles aimables qui ont amené un déluge de pleurs et d'aveux. Je sais donc tout, l'aventure avec M. Jules l'étudiant, la noyade, le sauvetage opéré par ton neveu, l'asile donné par lui chez la Féron, et puis la naissance de l'enfant après des relations avouées assez crûment (elle me prenait pour une femme), enfin l'espérance qui lui était venue d'être épousée en se voyant mère, la résistance invincible de Paul appuyée par toi, les petits chagrins domestiques, ses colères à elle, sa patience à lui. Le tout a fini par un éloge enthousiaste et comique de Paul, de toi et d'elle-même, car elle est très-drôle, cette villageoise. C'est un mélange d'orgueil insensé et d'humilité puérile. Elle se vante de l'emporter sur tout le monde par l'amour et le dévouement dont elle est capable... Elle se résume en disant :

— C'est moi la coupable (*la fautive*); mais j'ai quelque chose pour moi, c'est que j'aime comme les autres n'aiment pas. Paul verra bien! qu'il essaye d'en aimer une autre ! »

C'est après m'avoir ainsi ouvert son cœur qu'elle a commencé à se demander qui je pouvais bien être.

« — Ne vous en inquiétez pas, lui ai-je répondu. Mon nom ne vous apprendrait rien. Je m'intéresse à vous et je vous plains, que cela vous suffise. Votre position ne me scandalise pas. Seulement vous avez tort de prendre le nom de M. Gilbert. Est-ce qu'il vous y a autorisée ?

» — Non, il me l'a défendu au contraire. Comme il ne veut recevoir ici aucun de ses amis, il cache son petit ménage, et l'appartement n'est ni à son nom ni au mien. Je dois me cacher aussi à cause de ma mère, qui me *repincerait*, je suis encore mineure, et je ne sors que le soir au bras de Paul, dans les rues où il ne fait pas bien clair. Quand vous avez demandé madame Paul Gilbert, j'ai eu un moment de bêtise ou de fierté ; mais personne ne me connaît sous ce nom-là. A vrai dire, personne ne me connaît. Je ne me montre pas. C'est madame Féron qui achète tout, qui fait les commissions, qui porte l'ouvrage, qui promène le petit. Moi, je m'ennuie bien un peu d'être enfermée comme ça, mais je travaille de mes mains, et je tâche que ma pauvre tête ne travaille pas trop... »

Je lui ai promis d'aller la voir, et je tiendrai parole, car je veux encore causer avec elle. J'avais peur de te voir revenir, bien que j'eusse un prétexte tout prêt pour motiver devant Marguerite ma présence chez elle. Je lui ai dit que l'heure du rendez-vous que tu m'avais donné était passée, et que j'étais forcée de m'en aller.

« — Tant pis, a-t-elle dit en me baisant les mains ; je vous aime bien, vous, et je voudrais causer avec vous toute la journée. Si, au lieu de me prendre d'amour pour Paul, j'avais rencontré une jolie et bonne dame comme vous, qui m'aurait prise avec elle, je serais plus heureuse, et, sans me vanter, pour coudre, ranger vos affaires, vous blanchir, vous servir et *vous faire la conversation,* j'aurais été bonne fille de chambre.

» — Ça pourra venir, lui ai-je répondu en riant : qui sait? Si M. Gilbert vous renvoyait, je vous prendrais volontiers à mon service. »

Le mot *renvoyer* a frappé un peu plus fort que je ne l'eusse souhaité. Elle s'est récriée, et un instant j'ai cru que notre amitié allait se changer en aversion. Elle est violente, la chère petite ; mais j'ai su étouffer l'explosion en lui disant :

« — Je vois bien que vous n'êtes pas de ces personnes qu'on renvoie ; mais il y a manière d'éloigner les personnes fières : quelquefois un mot blessant suffit.

» — Vous avez raison ; mais jamais Paul ne me dira ce mot-là. Il a le cœur trop grand. Il n'aurait qu'une manière de me renvoyer, comme vous dites : c'est de me faire voir qu'il serait malheureux avec moi ; alors je n'attendrais pas mon congé, je le prendrais.

» — Et l'enfant, qu'en feriez-vous ?

» — Oh ! l'enfant, il ne voudrait pas me le laisser, il l'aime trop !

» — Est-ce qu'il l'a reconnu ?

» — Bien sûr qu'il l'a reconnu, même qu'il l'a fait inscrire fils de mère inconnue, afin que ma famille, qui est mauvaise, n'ait jamais de droits sur lui.

» — Alors vous n'en avez pas non plus sur votre enfant? Vous le perdriez en vous séparant de M. Gilbert?

» — C'est cela qui me retiendrait auprès de lui, si je m'y trouvais malheureuse, mais s'il était malheureux lui, mon pauvre Paul, je lui laisserais son Pierre,... et je n'irais pas vous trouver, ma petite dame, je n'aurais plus besoin de rien. Je m'en irais mourir de chagrin dans un coin... »

Voilà sur quelles conclusions nous nous sommes séparées.

— Fort bien, et après cela tu as été réfléchir au bois de Boulogne ; peut-on savoir ta conclusion, à toi ?

— La voici : Paul me convient tout à fait, je l'aime, et c'est le mari qu'il me faut.

— Sauf à faire mourir de chagrin la pauvre Marguerite ? Cela ne compte pas ?

— Cela compterait, mais cela n'arrivera pas. Je serai très-bonne pour elle, je lui ferai comprendre ce qu'elle est, ce qu'elle vaut, ce qu'elle pèse, ce qu'elle doit accepter pour conserver l'estime de Paul et mes bienfaits, que je ne compte pas lui épargner.

— Et l'enfant ?

— Son père, marié avec moi, aura le moyen de l'élever, et je lui serai très-maternelle ; je n'ai pas de raisons pour le haïr, cet innocent ! Marguerite pourra le voir ; on les enverra à la campagne, ils n'auront jamais été si heureux.

— Avec quelle merveilleuse facilité tu arranges tout cela !

— Il n'y a rien de difficile dans la vie quand on est riche, équitable et d'un caractère décidé. Je suis plus énergique et plus clairvoyante que toi, ma Pauline, parce que je suis plus franche, moins méticuleuse. Ce qu'il t'a fallu des années pour savoir et apprécier, sauf à ne rien conclure pour l'avenir de ton neveu, je l'ai su, je l'ai jugé, j'y ai trouvé remède en deux heures. Tu vas me dire que je ne veux pas tenir compte de l'attachement de Paul pour sa maîtresse et de l'espèce d'aversion qu'il m'a témoignée ; je te répondrai que je ne crois ni à l'aversion pour moi ni à l'attachement pour elle. J'ai vu clair dans la rencontre unique et mémorable qui a décidé du sort de ce jeune homme et du mien ; je vois plus clair encore aujourd'hui. Il se croyait lié à un devoir, et sa défense éperdue était celle d'un homme qui s'arrache le cœur. Aujourd'hui il souffre horriblement, tu ne vois pas cela ; moi, je le sais par les aveux ingénus et les réticences maladroites de sa maîtresse. Il n'espère pas de salut, il accepte la triste destinée qu'il s'est faite. C'est un stoïque, je ne l'oublie pas, et toutes les manifestations de cette force d'âme m'attachent à lui de plus en plus. Oui, cette fille déchue et vulgaire qu'il subit, ce marmot qu'il aime tendrement (les vrais stoïques sont tendres, c'est logique), cet intérieur sans bien-être et sans poésie, ce travail acharné pour nourrir une famille qui le tiraille et qu'il est forcé de cacher comme une honte, cette fierté de feindre le bonheur au milieu de tout cela, c'est très-grand, très-beau, très-chaste en somme et très-noble. Ton neveu est un homme, et c'est une femme comme moi qu'il lui faut pour accepter sa situation et l'en arracher sans déchirement, sans remords et sans crime. Marguerite pleurera et criera peut-être même un peu, cela ne m'effraye pas. Je me charge d'elle ; c'est une enfant un peu sauvage et très-faible. Dans un an d'ici elle me bénira, et Paul, mon mari, sera le plus heureux des hommes.

— De mieux en mieux ! C'est réglé ainsi pour l'année prochaine ? Quel mois, quel jour le mariage ?

— Ris tant que tu voudras, ma Pauline, je suis plus forte que toi, te dis-je ; je n'ai pas les petits scrupules, les inquiétudes puériles. J'ai la patience dans la décision ; tu verras, petite tante ! Et sur ce embrasse-moi ; je suis lasse, mais mon parti est pris, et je vais dormir tranquille comme un enfant de six mois.

Elle me laissa en proie au vertige, comme si, abandonnée par un guide aventureux sur une cime isolée, j'eusse perdu la notion du retour.

N'avait-elle pas raison en effet ? n'était-elle pas plus forte que moi, que Marguerite, que Paul lui-même ? Trop absorbé par l'étude, il ne pouvait pas, comme elle, analyser les faits de la vie pratique et en résoudre les continuelles énigmes. Qui sait si elle n'était pas la femme qu'elle se vantait d'être, la seule qu'il pût aimer, le jour où il verrait la loyauté et la générosité qui étaient toujours au fond de ses calculs les plus personnels ? Une tête si active, une âme tellement au-dessus de la vengeance et des mauvais instincts, une si franche acceptation des choses accomplies, une telle intelligence et tant de courage pour mener ses entreprises les plus invraisemblables à bonne fin, n'était-ce pas assez pour rassurer sur les caprices et pardonner la coquetterie?

Je me trouvais revenue au point où Césarine m'avait amenée lorsque les menaces du marquis de Rivonnière m'avaient fait reculer d'effroi. Où était-il, le marquis? que devenait-il? avait-il oublié? était-il absent? Si l'on eût pu me rassurer à cet égard, le roman de Césarine ne m'eût plus semblé si inquiétant et si invraisemblable.

Je résolus de savoir quelque chose, et en réfléchissant je me dis que Bertrand devait être à même de me renseigner.

C'était un singulier personnage que ce valet de pied, sorte de fonctionnaire mixte entre le groom et le valet de chambre. Valet de chambre, il ne pouvait pas l'être, ne sachant ni lire ni écrire, ce qui, par une bizarrerie de son intelligence, ne l'empêchait pas de s'exprimer aussi bien qu'un homme du monde. C'était un garçon de trente-cinq ans, sérieux, froid, distingué, très-satisfait de sa taille élégante, portant avec aisance et dignité son habit noir rehaussé d'une tresse de soie à l'épaule, avec les aiguillettes ramenées à la boutonnière, toujours rasé et cravaté de blanc irréprochable, discret, sobre, silencieux, ayant l'air de ne rien savoir, de ne rien entendre, comprenant tout et sachant tout, incorruptible d'ailleurs, dévoué à Césarine et à moi à cause d'elle, un peu dédaigneux de tout le reste de la famille et de la maison.

Il n'était que onze heures, et, M. Dietrich n'étant pas rentré, Bertrand devait être dans la galerie des objets d'art, au rez-de-chaussée; c'est là qu'il se plaisait à l'attendre, étudiant avec persévérance la régularité des bouches de chaleur du calorifère, la marche des pendules ou la santé des plantes d'ornement.

Je descendis et le trouvai là en effet. Il vint au-devant de moi.

— Bertrand, j'ai à vous demander un renseignement, mon cher.

— J'avais aussi l'intention d'en donner un à mademoiselle.

— A moi? ce soir?

— A vous, ce soir, quand monsieur serait rentré. Je sais que mademoiselle se couche tard.

— Eh bien! parlez le premier, Bertrand.

— C'est à propos de M. le marquis de Rivonnière.

— Ah! précisément je voulais vous demander si vous aviez de ses nouvelles.

— J'en ai. Mademoiselle Césarine, qui n'a pas de secrets pour mademoiselle, a dû lui dire tout ce qu'elle a fait aujourd'hui?

— Je le sais. Elle a été avec vous rue d'Assas et au bois de Boulogne ensuite.

— Mademoiselle de Nermont sait-elle que M. de Rivonnière prend des déguisements pour épier mademoiselle Césarine?

— Non! Césarine le sait-elle?

— Je ne crois pas.

— Vous eussiez dû l'en avertir.

— Je n'étais pas assez sûr, et puis mademoiselle Césarine, un jour que je lui remettais une lettre de M. le marquis, m'avait dit :

« — Ne me remettez plus rien de lui ; que je n'entende donc plus jamais parler de lui ! » Mais aujourd'hui j'ai si bien reconnu M. de Rivonnière en costume d'ouvrier dans la rue d'Assas, que je me suis promis d'en avertir mademoiselle de Nermont.

— Savez-vous chez qui allait Césarine dans la rue d'Assas?

— Oui, mademoiselle, c'est moi qui ai été chargé par elle de suivre la personne qui y va tous les soirs en sortant de la librairie de M. Latour.

— Avez-vous bien raison, Bertrand, d'épier vous-même?...

— Je crois toujours avoir raison quand j'exécute les ordres de mademoiselle Césarine.

— Même en cachette de son père et de moi?

— M. Dietrich n'a pas de volonté avec elle, et vous, mademoiselle, vous arrivez toujours à vouloir ce qu'elle veut.

— C'est vrai, parce qu'elle veut toujours le bien, et cette fois comme les autres il y avait une bonne action au bout de sa curiosité.

— Je le pense bien. D'ailleurs, comme je suis toujours et partout à deux pas de mademoiselle avec un revolver et un couteau poignard sur moi, je ne crains pas qu'on l'insulte.

— Certes vous la défendriez avec courage

— Avec sang-froid, mademoiselle, beaucoup de sang-froid et de présence d'esprit; c'est mon devoir. Mademoiselle Césarine me l'a expliqué le jour où elle m'a dit : Je veux pouvoir aller partout avec vous.

— C'est bien, mon ami; dites-moi maintenant si M. de Rivonnière a vu Césarine entrer chez la personne que mon neveu fréquente.

— Il l'a vue sortir, il était sur la porte quand elle est remontée dans sa voiture.

— Il aura sans doute questionné le portier de cette maison?

— Bien certainement, car il regardait mademoiselle d'un air moqueur, et on aurait dit qu'il avait envie d'être reconnu; mais mademoiselle était préoccupée et n'a pas fait attention à lui.

— Pourquoi présumez-vous qu'il avait envie de se moquer?

— Parce qu'il est fou de jalousie et qu'il croit que mademoiselle cherche à rencontrer quelqu'un. Certainement il a établi à côté de moi une contre-mine, comme on dit. Il a dû savoir ce que j'étais chargé de découvrir; et sans doute il sait maintenant que monsieur... votre neveu a autre chose en tête que de se trouver avec mademoiselle Césarine. Il est bon que vous sachiez la chose, c'est à vous d'aviser, mademoiselle; c'est à moi d'exécuter vos ordres, si vous en avez à me donner pour demain.

— Je m'entendrai avec mademoiselle Césarine; merci et bonsoir, Bertrand.

Ainsi, malgré le temps écoulé, trois semaines environ depuis ses menaces, le marquis ne s'était pas désisté de ses projets de vengeance. Il m'avait dit la vérité en m'assurant qu'il était capable de garder sa colère jusqu'à ce qu'elle fût assouvie, comme il gardait son amour sans espérance. C'était donc un homme redoutable, ni fou ni méchant peut-être, mais incapable de gouverner ses passions. Il avait parlé de meurtre sans provocation comme d'une chose de droit, et il savait maintenant de qui Césarine était éprise! Je recommençai à maudire le terrible caprice qu'elle avait été près de me faire accepter. Je résolus d'avertir M. Dietrich, et j'attendis qu'il fût rentré pour l'arrêter au passage et lui dire tout ce qui s'était passé, sans oublier le rapport que m'avait fait Bertrand.

— Il faut, lui dis-je en terminant, que vous interveniez dans tout ceci. Moi, je ne peux rien; je ne puis éloigner mon neveu; son travail le cloue à Paris; et d'ailleurs, si je lui disais qu'on le menace, il s'acharnerait d'autant plus à braver une haine qu'il jugerait ridicule, mais que je crois très-sérieuse. Je n'ai plus aucun empire sur Césarine. Vous êtes son père, vous pouvez l'emmener; moi, je vais avertir la police pour qu'on surveille les déguisements et les démarches de M. de Rivonnière.

— Ce serait bien grave, répondit M. Dietrich, et il pourrait en résulter un scandale dont je dois préserver ma fille. Je l'emmènerai s'il le faut; mais d'abord je ferai une démarche auprès du marquis. C'est à moi qu'il aura affaire, s'il compromet Césarine par sa folle jalousie et son espionnage. Rassurez-vous, je surveillerai, je saurai et j'agirai; mais je crois que, pour le moment, nous n'avons point à nous inquiéter de lui. Il croit que Césarine a éprouvé aujourd'hui une déception qui le venge, et qu'elle ne pensera plus au rival dont elle a vu la femme et l'enfant, car il ne doit rien ignorer de ce qui concerne votre neveu.

— C'est fort bien, monsieur Dietrich, mais demain ou dans huit jours au plus il saura que Césarine persiste à aimer Paul, car elle n'est pas femme à cacher ses démarches et à renoncer à ses décisions, vous le savez bien.

— J'agirai demain; dormez en paix.

Dès le lendemain en effet, et de très-bonne heure, il se rendit chez le marquis. Il ne le trouva pas; il était, disait-on, en voyage depuis plusieurs jours, on ne savait quand il comptait revenir. Chercher dans Paris un homme qui se cache n'est possible qu'à la police. J'allais, sans dire ma résolution, écrire pour demander une audience au préfet lorsque Bertrand, de son air impassible et digne, mais avec un regard qui semblait me dire : — Faites attention! annonça le marquis de Rivonnière.

III

Le marquis se présenta aussi aisé, aussi courtois que si l'on se fût quitté la veille dans les meilleurs termes. M. Dietrich lui serra la main comme de coutume, se réservant de l'observer; mais Césarine, dont le sourcil s'était froncé, et qui était vraiment lasse de ses hommages, lui dit d'un ton glacé :

— Je ne m'attendais pas à vous revoir, monsieur de Rivonnière.

— Je ne me croyais pas banni à perpétuité, répondit-il avec ce sourire dont l'ironie avait frappé Bertrand, et qui était comme incrusté sur son visage pâli et fatigué.

— Vous n'avez pas été banni du tout, reprit Césarine. Il se peut que je vous aie témoigné du mécontentement quand vous m'avez semblé manquer de savoir-vivre ; mais on pardonne beaucoup à un vieil ami, et je ne songeais pas à vous éloigner. Vous avez trouvé bon de disparaître. Ce n'est pas la première fois que vous boudez, mais ordinairement vous preniez la peine de motiver votre absence. C'était conserver le droit de revenir. Cette fois vous avez négligé une formalité dont je ne dispense personne ; vous avez cessé de nous voir parce que cela vous plaisait ; vous revenez parce que cela vous plaît. Moi, ces façons-là me déplaisent. J'aime à savoir si les gens que je reçois me sont amis ou ennemis ; s'ils sont dans le dernier cas, je ne les admets qu'en me tenant sur mes gardes ; veuillez donc dire sur quel pied je dois être avec vous ; mettez-y du courage et de la franchise, mais ne comptez en aucun cas que je tolérerais le plus petit manque d'égards.

Étourdi de cette semonce, le marquis essaya de se justifier ; il prétendit qu'il s'était absenté réellement, qu'il avait envoyé une carte *P. P. C.*, ce qui n'était pas vrai, et, comme il ne savait pas mentir, sa raillerie intérieure se changea en confusion et en dépit.

M. Dietrich, qui avait gardé le silence, prit alors la parole.

— Monsieur le marquis, lui dit-il après avoir sonné pour défendre d'introduire d'autres visites, vous êtes venu chercher une explication que j'allais vous demander ce matin. Vous vous êtes fait passer pour absent, et vous n'avez pas quitté Paris. Autant que ma fille, j'ai le droit de trouver étrange que vous n'ayez pas su nous donner un prétexte de votre disparition ; mais mon étonnement est encore plus profond et plus sérieux que le sien, car je sais ce qu'elle ignore : vous vous êtes constitué son surveillant, je ne veux pas me servir d'un mot plus juste peut-être, mais trop cruel. Votre excuse est sans doute dans une passion ou dans un dépit qui légitime votre conduite à vos propres yeux, mais qu'il est temps de surmonter, si vous ne voulez l'avouer franchement.

— Eh bien! je l'avoue franchement, répondit le marquis, poussé à bout par le sang-froid imposant de M. Dietrich. Je me suis conduit comme un espion, comme un misérable. J'ai bu toute la honte de mon rôle, puisque me voici dévoilé; mais ce n'est pas à monsieur Dietrich de me le reprocher si durement. J'ai fait ce qu'il ne faisait pas, j'ai rempli envers sa fille un devoir que me suggérait mon dévouement pour elle, et que lui ne pouvait remplir parce qu'il ignorait le péril.

M. Dietrich l'interrompit.

— Vous vous trompez, monsieur; j'étais mieux renseigné que vous; je savais que dans aucune démarche de ma fille il n'y avait péril pour elle. Je sais maintenant ceci : c'est que vous élevez la prétention de l'empêcher à tout prix de faire choix d'un autre que vous pour son mari ; ce choix, elle ne l'a pas fait, mais elle a le droit de le faire. Me voici pour le maintenir et le faire respecter. Vous savez que j'ai sincèrement regretté de vous voir échouer auprès d'elle ; mais aujourd'hui je ne le regrette plus, voyant que vous manquez de sagesse et de dignité. Je vous le déclare avec l'intention de ne me rétracter en aucune façon, soit que vous me répondiez par des excuses ou par des menaces.

— Vous n'aurez de moi ni l'un ni l'autre, répliqua le marquis ; je sais le respect que je dois à vous et à moi-même. Je me retire pour attendre chez moi les ordres qu'il vous plaira de me donner.

— C'est bien fait! s'écria Césarine dès qu'il fut sorti. Merci, mon père! tu as fait respecter ta fille!

— Malheureuse enfant! lui dis-je avec une vivacité que je ne pus maîtriser, tu ne songes qu'à toi. Tu ne vois pas qu'il y a un duel au bout de cette explication, et que ta folie place ton père en face de l'épée d'un homme exaspéré par toi?

Césarine pâlit, et se jetant au cou de son père:

— Ce n'est pas vrai, cela! s'écria-t-elle; dis que ce n'est pas vrai, ou je meurs!

— Ce n'est pas vrai, répondit M. Dietrich. Notre amie s'exagère mon devoir et mes intentions. Si M. de Rivonnière se le tient pour dit, l'incident est vidé; sinon...

— Ah! oui, voilà! *sinon!* Mon père, tu me mets au désespoir, tu me rends folle!

— Il faut être calme, ma fille; je suis jeune encore et, dans une question d'honneur, un homme en vaut un autre. J'aurais mauvaise grâce à me plaindre de ta conduite, puisque je n'ai pas su faire prévaloir mon autorité et te forcer à la prudence. Je dois accepter les conséquences de ma tendresse pour toi; je les accepte.

Il se dégagea doucement de ses bras et sortit. Elle fut véritablement suffoquée par les pleurs, et me jura qu'elle ne sortirait plus jamais seule pour ne pas exposer son père à porter la peine de ses excentricités.

Elle tint parole pendant quelques jours. Je parlai à Bertrand pour l'engager à ne porter aucune lettre d'elle sans la montrer à M. Dietrich ou à moi. Il hésita beaucoup à prendre cet engagement. Pour lui, Césarine était la meilleure tête de la maison. Si quelqu'un pouvait dissiper l'orage qui s'amassait autour de nous, et dont il comprenait fort bien la gravité, car il devinait ce qu'on ne lui disait pas, c'était Césarine et nul autre. Pourtant il fut vaincu par mon insistance et promit. Trois jours après, il m'apporta une lettre de Césarine adressée à M. de Rivonnière, mais en me priant de demander son compte à M. Dietrich.

— Je n'ai jamais trahi les bons maîtres, disait-il, et vous m'avez forcé de faire une mauvaise promesse. Mademoiselle Césarine n'aura plus de confiance en moi. Je ne peux pas rester dans une maison où je ne serais pas estimé.

Je ne savais plus que faire. Cet homme avait raison. Il était trop tard pour retenir Césarine ; lui ôter son agent le plus fidèle et le plus dévoué, c'était la pousser à commettre plus d'imprudences encore. Je rendis la lettre à Bertrand et j'attendis que Césarine vînt me raconter ce qu'elle contenait, car il était rare qu'elle ne demandât pas conseil aussitôt après avoir agi à sa tête.

Elle ne vint pas, et mes anxiétés recommencèrent. Cette fois je ne craignais plus pour mon neveu. J'étais sûre que Césarine ne l'avait pas revu ; mais je craignais pour M. Dietrich, que la conduite du marquis avait fort irrité, et qui ne paraissait nullement disposé à lui pardonner.

Le lendemain, Césarine entra chez moi en me disant :

— Je sors, veux-tu venir avec moi ?

— Certainement, répondis-je, et je ne comprendrais pas que tu voulusses sortir sans moi dans les circonstances où tu as placé ton père.

— Ne me gronde plus, reprit-elle, j'ai résolu de réparer mes torts, quoi qu'il m'en coûte ; tu vas voir !

— Où allons-nous ?

— Je te le dirai quand nous serons parties.

Les ordres étaient donnés d'avance au cocher par Bertrand, et nous descendîmes les Champs-Élysées sans que Césarine voulût s'expliquer. Enfin, sur la place de la Concorde, elle me dit :

— Nous allons acheter des fleurs, rue des Trois-Couronnes, chez Lemichez.

En effet, nous descendîmes dans les jardins de cet horticulteur et parcourûmes ses serres, où Césarine choisit quelques plantes fort chères ; à 3 heures elle regarda sa montre, et tout aussitôt nous vîmes entrer le marquis de Rivonnière.

— Voici justement un de mes amis, dit Césarine à l'employé qui nous accompagnait. Dans sa voiture et dans la mienne, nous emporterons les plantes. Veuillez faire remplir les voitures sans que rien soit brisé, et faites faire la note, que je veux payer tout de suite.

Nous restâmes donc dans la serre aux camélias, où le marquis vint nous joindre.

— Merci, mon ami, lui dit-elle en lui tendant la main. Vous êtes venu à mon rendez-vous; vous avez compris que je ne pouvais plus, jusqu'à nouvel ordre, vous mettre en présence de mon père. Asseyez-vous sur ce banc, nous sommes très-bien ici pour causer. Monsieur de Rivonnière, j'ai réfléchi, j'ai vu clair dans ma conduite, je l'ai condamnée, et c'est à vous que je veux me confesser. Je ne vous ai pas trahi, puisque je n'ai jamais eu d'amour pour vous, et je ne vous ai pas trompé en mettant mon refus sur le compte d'une aversion prononcée pour le mariage. J'étais sincère, je n'aimais personne, et je croyais que l'amour de ma liberté ne serait jamais assouvi. Il l'a été bien plus vite que je ne pensais. Le monde m'a ennuyé, la liberté m'a épouvantée. J'ai vu quelqu'un qui m'a plu, que je n'épouserai peut-être pas, qui probablement ne saura jamais que je l'aime, mais qu'il m'est impossible de ne pas aimer. Que voulez-vous que je vous dise? Je me croyais une femme très-forte, je ne suis qu'une enfant très-faible, et d'autant plus faible que je ne croyais pas à l'amour et ne m'en méfiais pas. Je lui appartiens maintenant et j'en meurs de honte et de chagrin, puisque ma passion n'est point partagée. Si vous souhaitiez une vengeance, soyez satisfait. Je suis aussi punie qu'on peut l'être d'avoir préféré un inconnu à un ami éprouvé; mais vous n'êtes ni cruel ni égoïste, ni vindicatif, et, si vous avez eu l'apparence contre vous au point de perdre l'affection de mon père, la faute en est à moi, à moi seule. Je ne vous ai pas compris, je vous ai mal jugé. Je me suis méfiée de vous. Vos torts sont mon ouvrage, je vous ai exaspéré, égaré, jeté dans une sorte de délire. J'aurais dû vous dire dès le premier jour ce que je vous dis maintenant : Mon ami, plaignez-moi, je suis malheureuse ; soyez bon, ayez pitié de moi !

En parlant ainsi avec une émotion qui la rendait plus belle que jamais, Césarine se plia et se pencha comme si elle allait s'agenouiller devant M. de Rivonnière. Celui-ci, éperdu et comme désespéré, l'en empêcha en s'écriant :

— Que faites-vous là ? C'est vous qui êtes folle et cruelle ! Vous voulez donc me tuer ? Que me demandez-vous, qu'exigez-vous de moi ? Ai-je compris ? Je croyais à un caprice, vous me dites pour me consoler que c'est une passion ! et vous voulez... Mon Dieu, mon Dieu, qu'est-ce que vous voulez ?

— Ce que votre cœur et votre conscience vous crient, mon ami, répondit-elle, toujours penchée vers lui et retenant ses mains tremblantes dans les siennes ; je veux que vous me pardonniez mon manque d'estime, mon ingratitude, mon silence. Quand vous m'avez dit : « Avouez votre amour pour un autre, je reste votre ami, » — car vous m'avez dit cela ! j'aurais dû vous croire ; c'est votre droiture, c'est votre honneur qui parlait spontanément. J'ai cru à un piége, c'est là mon crime et la cause de votre colère. Ma méfiance vous a trompé. Vous avez cru à un caprice, dites-vous? Cela devait être. Aussi m'a-vez-vous traitée comme une fantasque enfant que l'on veut protéger et sauver en dépit d'elle-même. Vous avez pris cela pour un devoir, et vous avez employé tous les moyens pour vous en acquitter. A présent vous découvrez, vous voyez que c'est une passion et que j'en souffre affreusement; votre devoir change; il faut me soutenir, me plaindre, me consoler, s'il se peut, il faut m'aimer surtout! Il faut m'aimer comme une sœur, vous dévouer à moi comme un tendre frère. Ne me causez pas cette douleur atroce de perdre mon meilleur ami au moment où j'en ai le plus besoin.

Et elle lui jeta ses bras au cou en l'embrassant comme elle embrassait M. Dietrich quand elle voulait le vaincre. Elle ne pouvait pas ne pas réussir avec le marquis : il était déjà vaincu.

— Vous me tuez! lui dit-il, et je baise la main qui me frappe. Ah! que vous connaissez bien votre empire sur moi, et comme vous en abusez! Allons, vous triomphez; que faut-il faire? Allez-vous me demander d'amener à vos genoux l'ingrat qui vous dédaigne?

— Ah! grand Dieu, s'écria-t-elle, il s'agit bien de cela! S'il se doutait de ma passion, je mourrais de douleur et de honte. Non, vous n'avez rien à faire que de m'accepter éprise d'un autre et de m'aimer assez pour demander pardon à mon père des torts qu'il vous attribue. Il a cru que vous vouliez me perdre par un éclat, faire croire que vous aviez des droits sur moi. Dites-lui la vérité, accusez-moi, expliquez-vous. Dites-lui que vous n'avez d'autre ambition que celle de jouer avec moi le rôle d'ange gardien. Justifiez-vous, donnez lui votre parole pour l'avenir et laissez-moi vous réconcilier. Ce ne sera pas difficile; il vous aime tant, mon pauvre père! il est si malheureux d'être brouillé avec vous!

Le marquis hésitait à prendre des engagements avec M. Dietrich. Césarine pleura tant et si bien qu'il promit de venir à l'hôtel le soir même, et qu'il y vint.

Elle avait exigé mon silence sur cette entrevue si habilement amenée, et elle voulait que le marquis vînt chez elle comme de lui-même.

J'hésitais à tromper M. Dietrich.

— Peux-tu me blâmer? s'écria-t-elle. Tout ce que j'ai imaginé pour préserver la vie de mon père devrait te sembler une tâche sacrée, que j'ai combinée avec énergie et menée à bien avec adresse et dévouement. Si j'eusse suivi ton conseil de me tenir tranquille, de me cacher, de ne plus faire ce que tu appelles mes imprudences, le ressentiment de ces deux hommes s'éternisait et amenait tôt ou tard un éclat. Grâce à moi, ils vont s'aimer plus que jamais, et tu seras à jamais tranquille pour ton neveu. M. de Rivonnière n'est pas si chevaleresque et si généreux que je le lui ai dit. Il a les instincts d'un tigre sous son air charmant; mais j'arriverai à le rendre tel qu'il doit être, et je lui aurai rendu un grand service dont il me saura gré plus tard. Quand on ne peut pas combattre une bête féroce, on la séduit et l'apprivoise. J'ai fait une grande faute le jour où j'ai perdu patience avec lui. Je m'y prenais mal, à présent je le tiens!

M. Dietrich, surpris par la visite du marquis, accepta l'expression de son repentir aussi franchement que Césarine l'avait prévu. Le pauvre Rivonnière était d'une pâleur navrante. On voyait qu'il avait souffert autant dans cette terrible journée que s'il eût eu à subir la torture. Son abattement donnait un grand poids au serment qu'il fit de respecter la liberté de Césarine et de rester son ami dévoué. M. Dietrich l'embrassa. Césarine lui tendit ses deux mains à la fois, après quoi elle se mit au piano et lui joua délicieusement les airs qu'il préférait. Ses nerfs se détendirent. Le marquis pleura comme un enfant et s'en alla béni et brisé.

— Eh bien, mademoiselle! me dit Bertrand, que je rencontrai dans la galerie après que les portes se furent refermées sur M. de Rivonnière, vous avez eu raison de me laisser porter la lettre. Je vous le disais bien, qu'il n'y avait que mademoiselle Césarine pour arranger les affaires. Elle y a pensé, elle l'a voulu, elle a écrit, elle a parlé, et *le tour est fait.* Pardon de l'expression! elle est un peu familière, mais je n'en trouve pas d'autre pour le moment.

Il n'y en avait pas d'autre en effet : le tour était joué. Césarine était-elle donc profonde en ruses et en cruautés? Non, elle était féconde en expédients et habile à s'en servir. Elle se pénétrait de ses rôles au point de ressentir toutes les émotions qu'ils comportaient. Elle croyait fermement à son inspiration, à son génie de femme, et se persuadait opérer le sauvetage des autres en les noyant pour se faire place.

Elle était donc maîtresse de la situation comme toujours. Elle avait amené son père à tout accepter, elle avait paralysé la vengeance du marquis, elle m'avait surprise et troublée au point que je ne trouvais plus de bonnes raisons pour la résistance. Il ne lui restait qu'à vaincre celle de Paul, et, comme elle le disait, l'action était simplifiée. Les forces de sa volonté, n'ayant plus que ce but à atteindre, étaient décuplées.

— Que comptes-tu faire? lui disais-je; vas-tu encore le provoquer malgré le mauvais résultat de tes premières avances?

— J'ai fait une école, répondait-elle, je ne la recommencerai pas. Je m'y prendrai autrement; je ne sais pas encore comment. J'observerai et j'attendrai l'occasion; elle se présentera, n'en doute pas. Les choses humaines apportent toujours leur contingent de secours imprévu à la volonté qui guette pour en tirer parti.

Cette fatale occasion vint en effet, mais au milieu de circonstances assez compliquées, qu'il faut reprendre de plus haut.

Marguerite n'avait pas caché à Paul la visite de Césarine, et elle lui avait assez bien décrit la personne pour qu'il lui fût aisé de la reconnaître. Il m'avait fait part de cette démarche bizarre, et je la lui avais expliquée. Il n'était plus possible de lui cacher la vérité. Par le menu, il apprit tout; mais nous eûmes grand soin de n'en pas parler devant Marguerite, dont la jalousie se fût allumée.

Paul se montra, dans cette épreuve délicate, au-dessus de toute atteinte. Comme il avait coutume d'en rire quand je l'interrogeais, je l'adjurai, un soir que je l'avais emmené promener au Luxembourg, de me répondre sincèrement une fois pour toutes.

— Est-ce que ce n'est pas déjà fait? me dit-il avec surprise; pourquoi supposez-vous que je pourrais changer de sentiment et de volonté?

— Parce que les circonstances se modifient à toute heure autour de cette situation, parce que M. Dietrich consentirait, parce que je serais forcée de consentir, parce que M. de Rivonnière se résignerait, parce qu'enfin tu n'es pas bien heureux avec Marguerite, et que tu n'es pas lié à elle par un devoir réel. Son sort et celui de l'enfant assurés, rien ne te condamne à sacrifier à une femme que tu n'aimes pas le sort le plus brillant et la conquête la plus flatteuse.

— Ma tante, répondit-il, vous jouez sur le mot *aimer*. J'aime Marguerite comme j'aime mon enfant, d'abord parce qu'elle m'a donné cet enfant, et puis parce qu'elle est une enfant elle-même. Cette indulgence tendre que la faiblesse inspire naturellement à l'homme est un sentiment très-profond et très-sain. Il ne donne pas les émotions violentes de l'amour romanesque, mais il remplit les cœurs honnêtes, et n'y laisse pas de place pour le besoin des passions excitantes. Je suis une nature sobre et contenue. Ce besoin, impérieux chez d'autres, est très-modéré chez moi. Je ne suis pas attiré par le plaisir fiévreux. Mes nerfs ne sont pas entraînés aux paroxysmes, mon cerveau n'est guère poétique, un idéal n'est pour moi qu'une chimère, c'est-à-dire un monstre à beau visage trompeur. Pour moi, le charme de la femme n'est pas dans le développement extraordinaire de sa volonté, au contraire il est dans l'abandon tendre et généreux de sa force. Le bonheur parfait n'étant nulle part, car je n'appelle pas bonheur l'ivresse passagère de certaines situations enviées, j'ai pris le mien à ma portée, je l'ai fait à ma taille, je tiens à le garder, et je défie mademoiselle Dietrich de me persuader qu'elle en ait un plus désirable à m'offrir. Si elle réussissait à m'ébranler en agissant sur mes sens ou sur mon imagination, sur la partie folle ou brutale de mon être, je saurais résister à la tentation, et, si je sentais le danger d'y succomber, je prendrais un grand parti : j'épouserais Marguerite.

— Épouser Marguerite! ce n'est pas possible, mon enfant!

— Ce n'est pas facile, je le sais, mais ce n'est pas impossible. Cette union blesserait votre juste fierté ; c'est pourquoi je ne m'y résoudrais qu'à la dernière extrémité.

— Qu'appelles-tu la dernière extrémité?

— Le danger de tomber dans une humiliation pire que celle d'endosser le passé d'une fille déchue, le danger de subir la domination d'une femme altière et impérieuse. Marguerite ne se fera jamais un jeu de ma jalousie. Elle a ce grand avantage de ne pouvoir m'en inspirer aucune. Je suis sûr du présent. Le passé ne m'appartenant pas, je n'ai pas à en souffrir ni à le lui reprocher. L'homme qui l'a séduite n'existe plus pour elle ni pour moi : elle l'a anéanti à jamais en refusant ses secours et en voulant ignorer ce qu'il est devenu. Jamais ni elle ni moi n'en avons entendu parler. Il est probablement mort. Je peux donc parfaitement oublier que je ne suis pas son premier amour, puisque je suis certain d'être le dernier.

Quelques jours après cette conversation, je trouvai Marguerite très-joyeuse. Je n'avais pas grand plaisir à causer avec elle ; mais, comme je voyais toutes les semaines une vieille amie dans son voisinage, j'allais m'informer du petit Pierre en passant. Marguerite avait un gros lot de guipures à raccommoder, et je reconnus tout de suite un envoi de Césarine.

— C'est cette jolie dame, votre amie, qui m'a apporté ça, me dit-elle. Elle est venue ce matin, à pied, par le Luxembourg, suivie de son domestique à galons de soie. Elle est restée à causer avec moi pendant plus d'une heure. Elle m'a donné de bons conseils pour la santé du petit, qui souffre un peu de ses dents. Elle s'est informée de tout ce qui me regarde avec une bonté !... Voyez-vous, c'est un ange pour moi, et je l'aime tant que je me jetterais au feu pour elle. Elle n'a pas encore voulu me dire son nom ; est-ce que vous ne me le direz pas ?

— Non, puisqu'elle ne le veut pas.

— Est-ce que Paul le sait ?

— Je l'ignore.

— C'est drôle qu'elle en fasse un mystère ; c'est quelque dame de charité qui cache le bien qu'elle fait.

— Aviez-vous réellement besoin de cet ouvrage, Marguerite ?

— Oui, nous en manquons depuis quelque temps. Madame Féron, qui est fière, en souffre, et fait quelquefois semblant de n'avoir pas faim pour n'être pas à charge à Paul ; mais elle supporte bien des privations, et l'enfant nous dérange beaucoup de notre travail. Paul fait pour nous tout ce qu'il peut, peut-être plus qu'il ne peut, car il use ses vieux habits jusqu'au bout, et quelquefois j'ai du chagrin de voir les économies qu'il fait.

— Acceptez de moi, ma chère enfant, et vous ne lui coûterez plus rien.

— Il me l'a défendu, et j'ai juré de ne pas désobéir. D'ailleurs nous voilà tranquilles ; ma jolie dame nous fournira de l'ouvrage. En voilà pour longtemps, Dieu merci ! Elle nous paye très-cher, le double de ce que nous lui aurions demandé. Voyez comme c'est beau ! toute une garniture de chambre à coucher en vieux point ! Quand ce sera doublé de rose...

— Mais cette quantité d'ouvrage et ce gros prix, cela ressemble bien à une aumône ; ne craignez-vous pas que Paul ne soit mécontent de vous la voir accepter ?

— On ne le lui dira pas. La charité, s'il y en a, est

surtout au profit de madame Féron, qui en a bien besoin, et c'est pour elle que j'ai accepté. Vous ne voudriez pas empêcher cette brave femme de gagner sa vie ? Paul n'en aurait pas le droit, d'ailleurs !

Je crus devoir me taire ; mais je vis bien que le feu était ouvert et que Césarine s'emparait de Marguerite pour aplanir son chemin mystérieux.

Le lendemain, je fus frappée d'une nouvelle surprise. Je trouvai Marguerite dans l'antichambre de Césarine. Elle avait reçu d'elle ce billet qu'elle me montra :

« Ma chère enfant, j'ai oublié un détail important pour la coupe des dentelles. Il faut que vous preniez vous-même la mesure de la toilette. Je vous envoie ma voiture, montez-y et venez.

» *La dame aux guipures.* »

— Est-ce que Paul a consenti ? lui demandai-je.

— Paul était parti pour son bureau. Dame ! il n'y avait pas à réfléchir, et puis j'étais si contente de monter dans la belle voiture, toute doublée de satin comme une robe de princesse ! et des chevaux ! domestiques devant, derrière ! ça allait si vite que j'avais peur d'écraser les passants. J'avais envie de leur crier : — Rangez-vous donc ! Ah ! je peux dire que je n'ai jamais été à pareille fête !

Césarine, qui s'habillait, fit prier Marguerite d'entrer. Je la suivis.

— Ah ! tu t'intéresses à nos petites affaires ? me

dit-elle avec un malicieux sourire. Il n'y a pas moyen de te rien cacher ! Moi qui voulais te surprendre en renouvelant mon appartement d'après tes idées ! Chère petite, dit-elle à Marguerite, voyez bien la forme de cette toilette pour rabattre les angles sans coutures apparentes ; voici du papier, des ciseaux. Taillez un patron bien exact.

— Mais enfin, madame, s'écria Marguerite en recevant les ciseaux d'or et en jetant un regard ébloui sur la toilette chargée de bijoux, dites-moi donc où je suis, et si vous êtes reine ou princesse !

— Ni l'une, ni l'autre, répondit Césarine. Je ne suis guère plus noble que vous, mon enfant. Mes parents ont gagné de la fortune en travaillant : c'est pourquoi je m'intéresse aux personnes qui vivent de leur travail ; mais il est bien inutile que je vous fasse un mystère que mademoiselle de Nermont trahira. Je me nomme Césarine Dietrich, une personne que M. Paul n'aime guère.

— Il a tort, bien tort, vous êtes si aimable et si bonne !

— Il vous avait dit le contraire, n'est-il pas vrai ?

— Mais non, il ne m'avait rien dit. Ah si ! il vous trouvait trop parée au bal, voilà tout ; mais il vous connaît si peu, il faut lui pardonner.

— Il ne vous a pas chargée, dis-je à Marguerite un peu sévèrement, de demander pardon pour lui.

Elle me regarda avec étonnement. Césarine la prit par le bras et lui fit voir tout son appartement et toute la partie de l'hôtel qu'elle habitait. Elle s'amusait de son vertige, de ses questions naïves, de ses notions quelquefois justes, quelquefois folles sur toutes choses. En la promenant ainsi, elle échappait à mon contrôle, elle l'accaparait, elle la grisait, elle faisait reluire l'or et les joyaux devant elle, elle jouait le rôle de Méphisto auprès de cette Marguerite, aussi femme que celle de la légende.

Voyant que Césarine était résolue à me mettre de côté pour le moment, je quittai sa chambre, où elle ramena Marguerite et l'y garda assez longtemps; puis elle voulut la reconduire jusqu'à sa voiture, qui devait la remmener, et en traversant le salon elle m'y trouva avec le marquis de Rivonnière; c'est là qu'eut lieu une scène inattendue qui devait avoir des suites bien graves.

— Bonjour, marquis, dit Césarine, qui entrait la première, je vous attendais. Vous venez déjeuner avec nous?

En ce moment, et comme M. de Rivonnière s'avançait pour baiser la main de sa souveraine, il se trouva vis-à-vis de Marguerite, qui la suivait. Il resta une seconde comme paralysé, et Marguerite, qui ne savait rien cacher, rien contenir, fit un grand cri et recula.

— Qu'est-ce donc? dit Césarine.

— Jules! s'écria Marguerite en montrant le marquis d'un air effaré, comme si elle eût vu un spectre.

M. de Rivonnière avait pris possession de lui-même, il dit en souriant:

— Qui, Jules? que veut dire cette jolie personne?

— Vous ne vous appelez pas Jules ? reprit-elle toute confuse.

— Non, dit Césarine, vous êtes trompée par quelque ressemblance, il s'appelle Jacques de Rivonnière. Venez, mon enfant. Marquis, je reviens.

Elle l'emmena.

— C'est là votre pauvre abandonnée ! dis-je à M. de Rivonnière, convenez-en.

— Oui, c'est-elle. Vous la connaissez ?

— Sans doute, c'est la maîtresse de mon neveu. Comment ne le saviez-vous pas, vous qui avez tant rôdé autour de son domicile ?

— Je le savais depuis peu ; mais comment pouvais-je m'attendre à la rencontrer ici ? Au nom du ciel, ne dites pas à Césarine que je suis ce Jules...

— Si vous espérez la tromper...

Césarine rentrait. Son premier mot fut :

— Ah çà ! dites-moi donc, marquis, pourquoi elle vous appelle Jules ? Elle n'a donc jamais su qui vous étiez ? Elle jure que c'était un étudiant, qu'il se nommait Morin, et qu'à présent, malgré votre grand air et votre belle tenue, vous êtes un faux marquis. Il y a là-dessous un roman qui va nous divertir. Voyons, contez-nous ça bien vite avant déjeuner.

— Vous voulez vous moquer de moi ?

— Non, car je crains d'avoir à vous trouver très-coupable et à vous blâmer.

— Alors permettez-moi de me taire.

— Non, lui dis-je, il faut vous confesser tout à fait. Mon neveu songe à l'épouser, cette Marguerite. Je dois savoir si elle est pardonnable, et si elle ne s'est pas vantée en prétendant avoir refusé vos dons. Confessez-vous, il y va de l'honneur.

— Alors j'avouerai, puisqu'elle a eu l'imprudence de parler.

Et il raconta comme quoi, dans un moment où il voulait guérir de son amour pour mademoiselle Dietrich, il avait erré comme un fou, au hasard, aux environs de Paris, sur les bords de la Seine, avec de grandes velléités de suicide. Là, il avait rencontré cette fille, dont la beauté l'avait frappé, et qui, maltraitée chez sa mère, s'était laissée enlever. Pour ne pas se compromettre, il s'était donné le premier nom venu, et, pour lui inspirer de la confiance, il s'était fait passer pour un pauvre étudiant en situation de l'épouser. Il l'avait logée dans une petite maison de campagne de la banlieue où il allait la voir en secret, dans une tenue appropriée à son mensonge, et où elle ne se montrait à personne. Elle était modeste, et sans autre ambition que celle de se marier avec lui, quelque pauvre qu'il pût être. Ce commerce avait duré quelques semaines. Une affaire ayant appelé le marquis dans ses terres de Normandie, il avait appris que Césarine était à Trouville. Il s'était repris de passion pour elle en la revoyant. Il avait envoyé Dubois, son homme de confiance, à Marguerite, pour lui annoncer le mariage de Jules Morin, et lui remettre un portefeuille de cinquante mille francs qu'elle avait jeté au nez du porteur en disant :

— Il m'a trompée, puisqu'il est riche. Je le méprise,

dites-lui que je ne l'aime plus et ne le reverrai jamais. Dubois avait cru ne pas devoir se hâter de transmettre la réponse à son maître, d'autant plus que celui-ci avait suivi Césarine à Dieppe. C'est au bout de trois mois seulement que, de retour à Paris, il avait appris le refus et la disparition de Marguerite. Il avait envoyé chez sa mère, elle y était retournée en effet; mais, après une tentative de suicide, elle avait disparu de nouveau, et personne ne doutait dans le village qu'elle ne se fût noyée, puisque, disait-on, *c'était son idée*. Le marquis ajouta :

— Je ne dissimule pas ma faute et j'en rougis. C'est ce remords qui m'a rendu furieux naguère...

— Ne parlons plus de cela, dit Césarine. J'ai eu envers vous des torts qui ne me permettent pas d'être trop sévère aujourd'hui.

— D'autant plus, reprit-il, que vous êtes la cause... involontaire...

— Et très-innocente de votre mauvaise action; je n'accepterais pas cette constatation comme un reproche mérité, mon cher ami. Si toutes les femmes dont le refus d'aimer a eu pour conséquence des aventures de ce genre devaient se les reprocher, la moitié de mon sexe prendrait le deuil; mais tout cela n'est pas si grave, puisque Marguerite s'est consolée.

— Et puisqu'elle a réparé son égarement, ajoutai-je, par une conduite sage et digne; je suis bien aise de savoir que le récit de M. de Rivonnière est exactement conforme au sien, et que mon neveu peut estimer sa compagne et lui pardonner.

— Et même il le doit, répliqua vivement Césarine ; mais lui donner son nom, comme cela, sous les yeux du marquis, tu n'y songes pas, Pauline ! Je voudrais voir la figure que tu ferais, s'il arrivait que madame Paul Gilbert, au bras de son mari, s'écriât encore en rencontrant M. de Rivonnière :

— Voilà Jules !

— Certes elle ne le fera plus, dit le marquis. Pourquoi M. Paul Gilbert serait-il informé ?

— Il le sera ! répondit Césarine.

— Par toi ? m'écriai-je.

— Oui, par elle, reprit le marquis avec douleur ; vous savez bien qu'elle veut empêcher ce mariage !

— Vous rêvez tous deux, dit Césarine, qui n'avait jamais avoué au marquis que Paul fût l'objet de sa préférence, et qui détournait ses soupçons quand elle voyait reparaître sa jalousie ; que m'importe à moi ?... Si j'avais l'inclination que vous me supposez, comment supporterais-je la présence de cette Marguerite autour de moi ? C'est moi qui l'ai mandée aujourd'hui. Je la fais travailler, je m'occupe d'elle je m'intéresse à son enfant, qui est malade par parenthèse. J'irai peut-être le voir demain. Vous trouvez cela surprenant et merveilleux, vous autres ? Pourquoi ? Je peux juger cette pauvre fille très-digne d'être aimée par un galant homme, mais je ne suis pas forcée de voir en elle la nièce bien convenable de mademoiselle de Nermont. Je dis même que c'est un devoir pour Pauline de ne pas laisser ignorer à son neveu la rencontre d'aujourd'hui et le vrai nom du séducteur de Marguerite.

— Soit! s'écria le marquis en se levant comme frappé d'une idée nouvelle. Si M. Paul Gilbert aime réellement sa compagne, il reconnaîtra qu'il a un compte à régler avec moi, il me cherchera querelle, et...

— Et vous vous battrez? dit Césarine en se levant aussi, mais en affectant un air dégagé. Vous en mourez d'envie, marquis, et voilà votre férocité qui reparaît; mais, moi, je n'aime pas les duels qui n'ont pas le sens commun, et je jure que M. Gilbert ne saura rien. Ce n'est pas Marguerite qui ira se vanter à lui d'avoir retrouvé son amant. Ce n'est pas Pauline qui exposera son neveu chéri à une sotte et mauvaise affaire. Ce n'est pas vous qui le provoquerez par une déclaration d'identité qui ne vous fait pas jouer le beau rôle. A moins qu'il ne vous passe par la tête de lui disputer Marguerite, je ne vois pas pourquoi vous auriez la cruauté d'enlever à votre victime son protecteur nécessaire. Voyons, assez de drame, allons déjeuner et ne parlons plus de ces commérages qu'il ne faut pas faire tourner au tragique.

Si Césarine avait des expédients prodigieux au service de son obstination, elle avait aussi les aveuglements de l'orgueil et une confiance exagérée dans son pouvoir de fascination. C'est là l'écueil de ces sortes de caractères. Une foi profonde, une passion vraie, ne sont pas les mobiles de leur ambition. S'ils s'attachent à la poursuite d'un idéal, ce n'est pas l'idéal par lui-même qui les enflamme, c'est surtout l'amour de la lutte et l'enivrement du combat. Si mon neveu eût été facile à persuader et à vaincre, elle l'eût dédaigné; elle n'y eût jamais fait attention.

Elle croyait avoir trouvé dans le marquis l'esclave rebelle, mais faible, qu'en un tour de main elle devait à jamais dompter; elle se trompait. Elle avait, sans le savoir, altéré la droiture de cet homme d'un cœur généreux, mais d'une raison médiocre. Depuis plusieurs années, elle le traînait à sa suite, l'honorant du titre d'ami, abusant de sa soumission, et lui confiant, dans ses heures de vanité, les théories de haute diplomatie qui lui avaient réussi pour gouverner ses proches, ses amis et lui-même. D'abord le marquis avait été épouvanté de ce qui lui semblait une perversité précoce, et il avait voulu s'y soustraire; ensuite il avait vu Césarine n'employer que des moyens avouables et ne travailler à dompter les autres qu'en les rendant heureux. Telle était du moins sa prétention, son illusion, la sanction qu'elle prétendait donner, comme font tous les despotes, à ses envahissements, et dont elle était la première dupe. Le marquis s'était payé de ses sophismes, il était revenu à elle avec enthousiasme; mais il recommençait à souffrir, à se méfier et à retomber dans son idée fixe, qui était de lutter contre elle et contre le rival préféré, quel qu'il fût.

Elle ne le tenait donc pas si bien attaché qu'elle croyait. Il avait étudié à son école l'art de ne pas céder, et il n'avait pas, comme elle, la délicatesse féminine dans le choix des moyens. Il lui passa donc par la tête, à la suite de l'explication que je viens de rapporter, d'éveiller la jalousie de Paul et de l'amener sur le terrain du duel en dépit des prévisions de Césarine. Il avait donné sa parole, il ne pouvait plus la tenir, et il s'en croyait dispensé parce que Césarine manquait à la sienne en lui cachant le nom de son rival au mépris de la confiance absolue qu'elle lui avait promise. C'est du moins ce qu'il m'expliqua par la suite après avoir agi comme je vais le dire.

Il nous quitta aussitôt après le déjeuner pour écrire à Marguerite la lettre suivante, qu'il lui fit tenir par Dubois :

« Si j'ai fait semblant ce matin de ne pas vous reconnaître, c'est pour ne pas vous compromettre ; mais les personnes chez qui nous nous sommes rencontrés étaient au courant de tout, et j'ai appris d'elles que vous n'aviez pas l'espérance d'épouser votre nouveau protecteur. La faute en est à moi, et votre malheur est mon ouvrage. Je veux réparer autant que possible le mal que je vous ai fait. J'ai compris et admiré votre fierté à mon égard ; mais à présent vous êtes mère, vous n'avez pas le droit de refuser le sort que je vous offre. Acceptez une jolie maison de campagne et une petite propriété qui vous mettront pour toujours à l'abri du besoin. Vous ne me reverrez jamais, et vous garderez vos relations avec le père de votre enfant tant qu'elles vous seront douces. Le jour où elles deviendraient pénibles, vous serez libre de les rompre sans danger pour l'avenir de votre fils et sans crainte pour vous-même. Peut-être aussi, en vous voyant dans l'aisance, M. Paul Gilbert se décidera-t-il à vous épouser. Acceptez, Marguerite, acceptez la réparation désintéressée que je vous offre. C'est votre droit, c'est votre devoir de mère.

» Si vous voulez de plus amples renseignements, écrivez-moi.

» Marquis de Rivonnière. »

Marguerite froissa d'abord la lettre avec mépris sans la bien comprendre mais madame Féron, qui savait mieux lire et qui était plus pratique, la relut et lui en expliqua tous les termes. Madame Féron était très-honnête, très-dévouée à Paul et à son amie, mais elle voyait de près les déchirements de leur intimité et les difficultés de leur existence. Il lui sembla que le devoir de Marguerite envers son fils était d'accepter des moyens d'existence et des gages de liberté. Marguerite, qui voulait être épousée pour garder la dignité de son rôle de mère, tomba dans cette monstrueuse inconséquence de vouloir accepter, pour l'enfant de Paul, le prix de sa première chute. Elle envoya sur l'heure madame Féron chez le marquis. Il s'expliqua en rédigeant une donation dont le chiffre dépassait les espérances des deux femmes. Marguerite n'avait plus qu'à la signer. Il lui donnait quittance d'une petite ferme en Normandie, qu'elle était censée lui acheter, et dont elle pouvait prendre possession sur-le-champ.

Quand Marguerite vit ce papier devant elle, elle l'épela avec attention pour s'assurer de la validité de l'acte et de la forme respectueuse et délicate dans laquelle il était conçu. A mesure que la Féron lui en lisait toutes les expressions, elle suivait du doigt et de l'œil, le cœur palpitant et la sueur au front.

— Allons, lui dit sa compagne, signe vite et tout sera dit. Voici deux copies semblables, gardes-en une; je reporte moi-même l'autre au marquis. Je serai rentrée avant Paul; j'ai deux heures devant moi. Il ne se doutera de rien, pourvu que tu n'en parles ni à sa tante, ni à mademoiselle Dietrich, ni à personne au monde. J'ai dit au marquis que tu n'accepterais qu'à la condition d'un secret absolu.

Marguerite tremblait de tous ses membres.

— Mon Dieu! disait-elle, je ne sais pas pourquoi je me figure signer ma honte. Je donne ma démission de femme honnête.

— Tu auras beau faire, ma pauvre Marguerite, reprit la Féron, tu ne seras jamais regardée comme une femme honnête puisqu'on ne t'épouse pas, et pourtant Paul t'aime beaucoup, j'en suis sûre; mais sa tante ne consentira jamais à votre mariage. Dans le monde de ces gens-là, on ne pardonne pas au malheur. D'ailleurs cette signature ne t'engage à rien. Tu n'es pas forcée d'aller demeurer en Normandie et de dire à Paul que tu y es propriétaire. J'irai toucher tes revenus sans qu'il le sache. En une petite journée, le chemin de fer vous mène et vous ramène, le marquis me l'a dit. Si quelque jour Paul se brouille avec toi, — ça peut arriver, tu le tracasses beaucoup quelquefois, — eh bien ! tu iras vivre en bonne fermière à la campagne avec ton fils, qu'il te laissera emmener pour son bonheur et sa santé. Je suppose d'ailleurs que ce pauvre Paul, qui se fatigue et se prive pour nous donner le nécessaire, meure à la peine : que deviendras-tu avec ton enfant? Vivras-tu des aumônes de sa tante et de mademoiselle Dietrich? Ces bontés-là n'ont qu'un temps. Tu sais bien que le travail de deux femmes ne nous suffit pas pour élever un jeune homme de famille. Ton Pierre sera donc un ouvrier, sachant à peine lire et écrire? Avec ça qu'ils sont heureux, les ouvriers, avec leurs grèves, leurs patrons et les soldats ! Pierre est un enfant bien né; il est petit-fils d'un médecin et noble par sa grand'mère. Tu lui dois d'en faire un bourgeois et de pouvoir lui payer le collége ; autrement il te reprocherait son malheur.

— Mais s'il me reproche son bonheur?...

— Est-ce qu'il saura d'où il vient? les enfants ne fouillent jamais ces choses-là. Ils prennent le bonheur où ils le trouvent, et on doit sacrifier sa fierté à leurs intérêts.

Marguerite signa ; la Féron s'enfuit sans lui donner le temps de la réflexion.

Le marquis n'avait pas compté que Paul pourrait ignorer longtemps ce contrat, qu'il courut déposer chez son notaire, et qu'il lui recommanda de régulariser au plus vite. Il connaissait Marguerite, il la savait incapable de garder un secret. Une petite circonstance, qui ne fut peut-être pas préméditée, devait amener vite ce résultat. En prenant congé de madame Féron, il lui remit pour Marguerite un petit écrin, en lui disant que c'était le pot-de-vin d'usage. A ce mot de pot-de-vin qu'elle ne comprenait pas, Marguerite, que madame Féron retrouva tout en pleurs, se prit à rire avec la facilité qu'ont les enfants de passer d'une crise à la crise contraire.

— Il est donc bien bon, *son vin*, dit-elle, qu'il en donne si peu à la fois ?

Elle ouvrit l'écrin et y trouva une bague de diamants d'un prix assez notable. La veille encore, elle l'eût peut-être repoussée ; mais elle avait vu, le matin même, les bijoux de Césarine, et, bien qu'elle eût affecté de ne pas les envier, elle en avait gardé l'éblouissement. Elle passa la bague à son doigt, jurant à la Féron qu'elle allait la remettre dans l'écrin et la cacher.

— Non, lui dit l'autre, il faut la vendre, cela te trahirait. Donne-moi ça tout de suite, je te rapporterai de l'argent. L'argent n'est pas signé, et Paul ne regarde pas où nous mettons le nôtre. Il ne sait jamais ce que nous avons ; il se contente de nous demander de quoi nous avons besoin. A présent nous lui dirons qu'il ne nous faut rien, et, s'il est étonné, nous lui montrerons nos guipures. Il ne peut pas trouver mauvais que mademoiselle Dietrich nous fasse travailler.

Marguerite cacha la bague ; il était trop tard pour

la faire évaluer, Paul allait rentrer. Il rentra en effet; il rentra avec moi. J'avais dîné seule, de bonne heure, pour aller le prendre à son bureau. Il m'avait écrit qu'il était un peu inquiet de l'indisposition de son fils.

L'enfant n'avait rien de grave. J'avais raconté à Paul, chemin faisant, la visite de Marguerite à Césarine, l'engageant à ne pas blâmer Marguerite de sa confiance, de crainte d'éveiller ses soupçons. Il était fort mécontent de voir les bienfaits de mademoiselle Dietrich se glisser dans son petit ménage.

— Si c'est par là qu'elle prétend me prendre, elle s'y prend mal, disait-il; elle est lourdement maladroite, la grande diplomate!

Je lui répondis que jusqu'à nouvel ordre le mieux était de ne pas paraître s'apercevoir de ce qui se passait chez lui. Il me le promit. Nous ne nous doutions guère des choses plus graves qui venaient de s'y passer.

Rassurée sur la santé de l'enfant, j'allais me retirer lorsque Paul me dit qu'il se passait chez lui des choses insolites. Ni Marguerite, ni madame Féron n'avaient dîné, elles mangeaient en cachette dans la cuisine et se parlaient à voix basse, se taisant ou feignant de chanter quand elles l'entendaient marcher dans l'appartement.

— Elles me semblent un peu folles, lui dis-je, je l'ai remarqué. C'est l'effet de la course de Marguerite en voiture de *maître* et la vue des merveilles de l'hôtel Dietrich qu'elle aura racontées à sa compagne, ou bien encore c'est la joie d'avoir un bel ouvrage à entreprendre.

Paul feignit de me croire, mais son attention était éveillée. Il me reconduisit en bas en me disant :

— Mademoiselle Dietrich commence à m'ennuyer, ma tante ! Elle introduit son esprit de folie et d'agitation dans mon intérieur; elle me force à m'occuper d'elle, à me méfier de tout, à surveiller ma pauvre Marguerite, qui n'était encore jamais sortie sans ma permission, et que je vais être forcé de gronder ce soir.

— Ne la gronde pas, accepte quelques centaines de francs qui te manquent et emmène-la tout de suite à la campagne.

— Bah! mademoiselle Dietrich, grâce à M. Bertrand, nous aura dépistés dans deux jours; il faudra que je reste aux environs de Paris ou que je perde de vue mon fils, que ces deux femmes ne savent pas soigner. Je ne vois qu'un remède, c'est de faire savoir très-brutalement à mademoiselle Dietrich que je ne veux pas plus de ses secours à ma famille que je n'ai voulu de la protection de son père pour moi.

Paul était agité en me quittant. Le nom de Césarine l'irritait; son image l'obsédait; je le voyais avec effroi arriver à la haine, l'amour est si près ! et je ne pouvais rien pour conjurer le danger.

Paul, se sentant pris de colère, voulut attendre au lendemain pour notifier à Marguerite de ne plus sortir sans sa permission. Il se retira de bonne heure dans son cabinet de travail, mais il ne put travailler, un vague effroi le tiraillait. Il se jeta sur son lit de repos et ne put dormir. Vers minuit, il entendit remuer dans la chambre à coucher, et, pour savoir si l'enfant dormait, il approcha sans bruit de la porte entr'ouverte. Il vit Marguerite assise devant une table et faisant briller quelque chose d'étincelant à la lueur de sa petite lampe. La pauvre enfant n'avait pu dormir non plus, le feu des diamants brûlait son cerveau. Elle avait voulu savourer l'éclat de sa bague avant de s'en séparer, elle lui disait naïvement adieu, au moment de la renfermer dans l'écrin, quand Paul, qui était arrivé auprès d'elle sans qu'elle l'entendît, la lui arracha des mains pour la regarder.

Elle jeta un cri d'épouvante.

— Tais-toi, lui dit Paul à voix basse, ne réveille pas l'enfant! Suis-moi dans le cabinet; s'il remue, nous l'entendrons. Écoute, lui dit-il quand il l'eut amenée, stupéfaite et glacée, dans la pièce voisine, je ne veux pas te gronder. Tu es aussi niaise qu'une petite fille de sept ans. Ne me réponds pas, n'élève pas la voix. Il faut avant tout que notre enfant dorme. Pourquoi es-tu si consternée? Ce que tu as fait n'est pas si grave, je me charge de renvoyer ce bibelot à la personne qui te l'a donné. Tu savais fort bien que tu ne dois rien recevoir que de moi, et tu ne le feras plus, à moins que tu ne veuilles me quitter.

— Te quitter, moi? dit-elle en sanglotant, jamais! C'est donc toi qui veux me chasser? Alors rends-moi ma bague; tu ne veux pas que je meure de faim?

— Marguerite, tu es folle. Je ne veux pas te quitter,

mais je veux que tu fasses respecter la protection que je t'assure. Je ne veux pas que tu reçoives de présents ; je ne veux pas surtout que tu en ailles chercher.

— Je n'ai pas été chez *lui*, je te le jure ! s'écria Marguerite, qui avait perdu la tête et ne s'apercevait pas de la méprise de Paul.

— *Chez lui ?* dit-il avec surprise ; qui, *lui ?*

— Mademoiselle Dietrich ! répondit-elle, s'avisant trop tard du mensonge qui pouvait la sauver.

— Pourquoi as-tu dit *lui ?* je veux le savoir.

— Je n'ai pas dit *lui*... ou c'est que tu me rends folle avec ton air fâché.

— Marguerite, tu ne sais pas mentir, tu n'as jamais menti ; une seule chose, une chose immense, m'a lié à toi pour la vie, ta sincérité. Ne joue pas avec cela, ou nous sommes perdus tous deux. Pourquoi as-tu dit *lui* au lieu d'*elle ?* réponds, je le veux.

Marguerite ne sut pas résister à cet appel suprême. Elle tomba aux pieds de Paul ; elle confessa tout, elle raconta tous les détails, elle montra la lettre du marquis, l'acte de vente simulée, c'est-à-dire de donation ; elle voulut le déchirer. Paul l'en empêcha. Il s'empara des papiers et de l'écrin, et, voyant qu'elle se tordait dans des convulsions de douleur, il la releva et lui parla doucement.

— Calme-toi, lui dit-il, et console-toi. Je te pardonne. Tu as mal raisonné l'amour maternel ; tu n'as pas compris l'injure que tu me faisais. C'est la première fois que j'ai un reproche à te faire; ce sera la dernière, n'est-ce pas?

— Oh oui! par exemple, j'aimerais mieux mourir...

— Ne me parle pas de mourir, tu ne t'appartiens pas; va dormir, demain nous causerons plus tranquillement.

Paul se remit à son bureau, et il m'écrivit la lettre suivante :

« Demain, quand tu recevras cette lettre, ma tante chérie, j'aurai tué le prétendu Jules Morin ou il m'aura tué, — tu sais qui il est et où Marguerite l'a rencontré ce matin; mais ce que tu ignores, c'est qu'il avait fait accepter tantôt à Marguerite des moyens d'existence, avec la prévision, énoncée par écrit, que cette considération me déciderait à l'épouser. J'ignore si c'est une provocation ou une impertinence bête, et si mademoiselle Dietrich est pour quelque chose dans cette intrigue. Je croirais volontiers qu'elle a, je ne sais dans quel dessein, provoqué la rencontre de Marguerite avec son séducteur. Quoi qu'il en soit, si Dieu me vient en aide, car ma cause est juste, j'aurai bientôt privé mademoiselle Dietrich de son cavalier servant, et j'aurai lavé la tache qu'il a imprimée à ma pauvre compagne. Lui vivant, je ne pouvais l'adopter légalement sans te faire rougir devant lui; mort, il te semblera, comme à moi, qu'il n'a jamais existé, et j'aurai purgé l'hypothèque qu'il avait prise sur mon honneur. Si la chance est contre moi, tu recevras cette lettre qui est mon testament. Je te lègue et te confie mon fils; remets-lui le peu que je possède. Laisse-le à sa mère sans permettre qu'elle s'éloigne de toi de manière à échapper à ta surveillance. Elle est bonne et dévouée, mais elle est faible. Quand il sera en âge de raison, mets-le au collége. Je n'ai pas dissipé le mince héritage de mon père. Je sais qu'il ne suffira pas ; mais toi, ma providence, tu feras pour lui ce que tu as fait pour moi. Tu vois, j'ai bien fait de refuser le superflu que tu voulais me procurer ; il sera le nécessaire pour mon enfant. — J'espérais faire une petite fortune avant cette époque et te rendre, au lieu de te prendre encore ; mais la vie a ses accidents qu'il faut toujours être prêt à recevoir. Je n'ai du reste aucun mauvais pressentiment, la vie est pour moi un devoir bien plutôt qu'un plaisir. Je vais avec confiance où je dois aller. Tu ne recevras cette lettre qu'en cas de malheur, sinon je te la remettrai moi-même pour te montrer qu'à l'heure du danger ma plus chère pensée a été pour toi. »

Il écrivit à Marguerite une lettre encore plus touchante pour lui pardonner sa faiblesse et la remercier du bonheur intime qu'elle lui avait donné.

« Un jour d'entraînement, lui disait-il, ne doit pas me faire oublier tant de jours de courage et de dévouement que tu as mis dans notre vie commune. Parle de moi à mon Pierre, conserve-toi pour lui. Ne t'accuse pas de ma mort, tu n'avais pas prévu les conséquences de ta faiblesse ; c'est pour les détourner que je vais me battre, c'est pour préserver à jamais mon fils et toi de l'outrage de certains bienfaits. Le père s'expose pour que la mère soit vengée et respectée. Je vous bénis tous deux. »

Il pensa aussi à la Féron et lui légua ce qu'il put. Il s'habilla, mit sur lui ces deux lettres et sortit avec le jour sans éveiller personne. Il alla prendre pour témoins son ami, le fils du libraire, et un autre jeune homme d'un esprit sérieux. A sept heures du matin, il faisait réveiller M. de Rivonnière et l'attendait dans son fumoir.

Il n'avait pas laissé soupçonner à ses deux compagnons qu'il s'agissait d'un duel immédiat. Il avait une explication à demander, il voulait qu'elle fût entendue et répétée au besoin par des personnes sûres.

Il s'était nommé en demandant audience. Le marquis se hâta de s'habiller et se présenta, presque joyeux de tenir enfin sa vengeance et de pouvoir dire à Césarine qu'il avait été provoqué. Il alla même au-devant de l'explication en disant à Paul :

— Vous venez ici avec vos témoins, monsieur, ce n'est pas l'usage ; mais vous ne connaissez pas les règles, et cela m'est tout à fait indifférent. Je sais pourquoi vous venez ; il n'est pas nécessaire d'initier à nos affaires les personnes que je vois ici. Vous croyez avoir à vous plaindre de moi. Je ne compte pas me justifier. Mon jour et mon heure seront les vôtres.

— Pardonnez-moi, monsieur, répondit Paul ; je ne compte pas procéder selon les règles, et il faut que vous acceptiez ma manière. Je veux que mes amis sachent pourquoi j'expose ma vie ou la vôtre. Je ne suis pas dans une position à m'entourer de mystère.

Les personnes qui veulent bien m'estimer savent que j'ai pris pour femme, pour maîtresse, je ne parlerai point à mots couverts, une jeune fille séduite à quinze ans par un homme qui n'avait nullement l'intention de l'épouser. Je m'abstiens de qualifier la conduite de cet homme. Je ne le connaissais pas, elle l'avait oublié. Je n'étais pas jaloux du passé, j'étais heureux, car j'étais père, et, quel que fût le lien qui devait nous unir pour toujours, fidélité jurée ou volontairement gardée, je considérais notre union comme mon bien, comme mon devoir, comme mon droit. Je suis pauvre, je vis de mon travail; elle acceptait ma peine et ma pauvreté. Hier, cet homme a écrit à ma compagne la lettre que voici :

Et Paul lut tout haut la lettre du marquis à Marguerite; puis il montra la bague et la posa, ainsi que l'acte de donation, sur la table, avec le plus grand calme, après quoi, et sans permettre au marquis de l'interrompre, il reprit :

— Cet homme qui m'a fait l'outrage de supposer, et d'écrire à ma maîtresse que ses présents me décideraient sans doute au mariage, c'est vous, monsieur le marquis de Rivonnière, j'imagine que vous reconnaissez votre signature ?

— Parfaitement, monsieur.

— Pour cette insulte gratuite, vous reconnaissez aussi que vous me devez une réparation ?

— Oui, monsieur, je le reconnais et suis prêt à vous la donner.

— Prêt ?

— Je ne vous demande qu'une heure pour avertir mes témoins.

— Faites, monsieur.

Le marquis sonna, demanda ses chevaux, acheva sa toilette, et revint dire à Paul qu'il le priait de fumer ses cigares avec ses amis en l'attendant. Il y avait tant de courtoisie et de dignité dans ses manières qu'aussitôt son départ le jeune Latour essaya de parler en sa faveur. Il trouvait très-justes le ressentiment et la démarche de Paul; mais il pensait que les choses eussent pu se passer autrement. Si Paul eût engagé le marquis à expliquer le passage de sa lettre, peut-être celui-ci se fût-il défendu d'avoir eu une intention blessante contre lui. L'autre ami, plus réfléchi et plus sévère, jugea que la tentative de générosité envers Marguerite et l'appel à ses sentiments maternels étaient tout aussi blessants pour Paul que l'allusion maladroite et peut-être irréfléchie sur laquelle il motivait sa provocation.

— J'ai saisi cette allusion, répondit Paul, pour abréger et pour fixer les conditions du duel d'une manière précise. Je crois avoir fait comprendre à M. de Rivonnière que son action m'offensait autant que ses paroles.

Le jeune Latour se rendit, mais avec l'espérance que les témoins du marquis l'aideraient à provoquer un arrangement.

Ceux-ci ne se firent pas attendre. Il est à croire que le marquis les avait prévenus la veille qu'il comptait sur une affaire d'honneur au premier jour. L'heure n'était pas écoulée que ces six personnes se trouvèrent en présence.

M. de Rivonnière avait tout expliqué à ses deux amis. Ils connaissaient ses intentions. Il se retira dans son appartement, et Paul passa dans une autre pièce. Les quatre témoins s'entendirent en dix minutes. Ceux de Paul maintenaient son droit, qui ne fut pas discuté. Le vicomte de Valbonne, qui aimait le marquis autant que le point d'honneur, eut un instant l'air d'acquiescer au désir du jeune Latour en parlant d'engager l'auteur de la lettre à préciser la valeur d'une certaine phrase; mais l'autre témoin, M. Campbel, lui fit observer avec une sorte de sécheresse que le marquis s'était prononcé devant eux très-énergiquement sur la volonté de ne rien expliquer et de ne pas retirer la valeur d'un seul mot écrit et signé de sa main.

Une heure après, les deux adversaires étaient en face l'un de l'autre. Une heure encore et Césarine recevait le billet suivant, de l'homme de confiance du marquis.

« M. le marquis est frappé à mort; mademoiselle Dietrich et mademoiselle de Nermont refuseront-elles de recevoir son dernier soupir? Il a encore la force de me donner l'ordre de leur exprimer ce dernier vœu.

» P. S. M. Paul Gilbert est près de lui, sain et sauf.

» Dubois. »

Frappées comme de la foudre et ne comprenant rien, nous nous regardions sans pouvoir parler. Césarine courut à la sonnette, demanda sa voiture, et nous partîmes sans échanger une parole.

Le marquis était, quand nous arrivâmes, entre les mains du chirurgien, qui, assisté de Paul et du vicomte de Valbonne, opérait l'extraction de la balle. Dubois, qui nous attendait à la porte de l'hôtel, nous fit entrer dans un salon, où le jeune Latour me raconta tout ce qui avait amené et précédé le duel.

— J'étais fort inquiet, me dit-il, bien que Paul se fût exercé depuis longtemps à se servir du pistolet et de l'épée. Il m'avait dit souvent :

» — J'aurai probablement un homme à tuer dans ma vie, s'il n'est pas déjà mort.

» Je savais qu'il faisait allusion au premier amant de sa maîtresse, car j'avais été son confident dès le début de leur liaison. Je lui avais mainte fois conseillé de l'épouser quand même, à cause de l'enfant, qu'il aime avec passion. C'est du reste la seule passion que je lui aie jamais connue. Aussi c'est pour son fils, bien plus que pour la mère et pour lui-même, qu'il s'est battu. Il avait été réglé qu'il tirerait le premier. Il a visé vite et bien. Il ne prend jamais de demi-mesure quand il a résolu d'agir : mais, quand il a vu son adversaire étendu par terre et lui tendant la main, il est redevenu homme et s'est élancé vers lui les bras ouverts.

— » Vous m'avez tué, lui a dit le blessé, vous avez fait votre devoir. Vous êtes un galant homme, je suis le coupable, j'expie !

» Depuis ce moment, Paul ne l'a pas quitté. Il m'a

défendu d'avertir Marguerite, qui ne se doute de rien et ne peut rien apprendre; mais il m'avait remis conditionnellement une lettre d'adieux pour vous, écrite la nuit dernière. Comme il n'a même pas eu à essuyer le feu de son adversaire, cette lettre ne peut plus vous alarmer. Pendant que vous la lirez, je vais chercher des nouvelles du pauvre marquis. On n'espérait pas tout à l'heure, peut-être tout est-il fini!

— Je veux le voir, s'écria Césarine.

Dubois qui était debout, allant avec égarement d'une porte à l'autre, l'arrêta. M. Nélaton ne veut pas, lui dit-il; c'est impossible à présent! restez-là, ne vous en allez pas, mademoiselle Dietrich! Il m'a dit tout bas :

— La voir et mourir!

— Pauvre homme! pauvre ami! dit Césarine, revenant étouffée par les sanglots. Il meurt de ma main, on peut dire! Certes il n'a pas eu l'intention de provoquer ton neveu, il ne m'aurait pas manqué de parole. Il a été sincère en voulant réparer le tort qu'il avait fait à Marguerite... Il s'y est mal pris, voilà tout. C'est mon blâme qui l'aura poussé à cette réparation qu'il paye de sa vie...

— Dis-moi, Césarine, est-ce par l'effet du hasard qu'il a rencontré hier Marguerite chez toi?

— Qu'est-ce que cela te fait? Vas-tu me gronder? ne suis-je pas assez malheureuse, assez punie?

— Je veux tout savoir, repris-je avec fermeté. Mon neveu pourrait être le blessé, le mourant, à l'heure qu'il est, et j'ai le droit de t'interroger. Ta conscience te crie que tu as provoqué le désastre. Tu savais la vérité, avoue-le ; tu as voulu en tirer parti pour rompre le lien entre Paul et Marguerite.

— Pour empêcher ton neveu de l'épouser, oui, j'en conviens, pour le préserver d'une folie, pour te la faire juger inadmissible ; mais qui pouvait prévoir les conséquences de la rencontre d'hier ? N'étais-je pas d'avis de la cacher à M. Gilbert ? N'ai-je pas donné toutes les raisons qui nous commandaient le silence ? Pouvais-je admettre que le marquis ferait de si déplorables maladresses ?

— Ainsi tu as prémédité la rencontre, tu l'avoues ?

— Je ne savais vraiment rien, je me doutais seulement. Le marquis s'était confessé à moi, il y a longtemps, d'une mauvaise action. Le nom de Marguerite lui était échappé et n'était pas sorti de ma mémoire. J'ai voulu tenter l'aventure ;... mais lis donc la lettre qu'on vient de te donner ; tu sauras ce qu'il faut penser de ce désastre.

Je lus la lettre de Paul et la lui laissai lire, espérant que la dureté avec laquelle il s'exprimait sur son compte la refroidirait définitivement. Il n'en fut rien. Elle parut ne pas prendre garde à ce qui la concernait, et loua avec chaleur la forme, les idées et les sentiments de cette lettre.

— C'est un homme, celui-là, disait-elle à chaque phrase en essuyant ses yeux humides, c'est vraiment un grand cœur, un héros doublé d'un saint !

L'arrivée de Dubois mit fin à cet enthousiasme. Le blessé avait supporté l'opération. Nélaton était parti content de son succès; mais le médecin ne répondait pas que le blessé vécût vingt-quatre heures. M. de Valbonne vint nous chercher un instant après.

— On doit consentir, nous dit-il, à ce qu'il vous voie toutes deux. Il s'agite parce que je n'obéis pas aux ordres qu'il m'avait donnés avant le duel. Il a toute sa tête, son médecin a compris qu'il ne fallait pas contrarier la volonté d'un homme qui, dans un instant peut-être, n'aura plus de volonté.

Nous suivîmes le vicomte dans la chambre du marquis. A travers la pâleur de la mort, il sourit faiblement à Césarine, et son regard éteint exprima la reconnaissance. Paul, qui était assis au chevet du moribond, s'en éloigna sans paraître voir Césarine.

Je compris que m'occuper de mon neveu en cet instant, c'eût été le féliciter d'avoir échappé au sort cruel que subissait son adversaire. Césarine s'approcha du lit et baisa le front glacé de son malheureux vassal. Le médecin, voyant qu'il s'agissait de choses intimes, passa dans une autre pièce, et M. de Valbonne fit entrer dans celle où nous étions l'autre témoin du marquis et les deux témoins de Paul, qu'il avait priés de rester. Alors, nous invitant à nous rapprocher du lit du blessé, M. de Valbonne nous parla ainsi à voix basse, mais distincte :

— Avant de me mettre, avec M. Campbel, en présence des témoins de M. Gilbert, Jacques de Rivonnière m'avait dit :

« Je ne veux pas d'arrangement, car je ne puis assurer que je n'aie pas eu d'intentions hostiles et malveillantes à l'égard de M. Gilbert. J'avais contre lui de fortes préventions et une sorte de haine personnelle. La démarche qu'il a faite en venant me demander raison et la manière dont il l'a faite m'ont prouvé qu'il était homme de cœur, homme d'honneur et même homme de bonne compagnie, car jamais on n'a repoussé une injure avec plus de fermeté et de modération. Aucune parole blessante n'a été échangée entre nous dans cette entrevue. J'ai senti qu'il ne méritait pas mon aversion et que j'avais tous les torts. Je ne sais pas si j'ai affaire à un homme qui sache tenir autre chose qu'une plume, mais j'ai le pressentiment qu'il aura la chance pour lui. Je serais donc un lâche si je reculais d'une semelle. Vous réglerez tout sans discussion, et, si le sort m'est sérieusement contraire, vous ferez mes excuses à M. Paul Gilbert. Vous lui direz qu'après avoir essuyé son feu, je ne l'aurais pas visé, ayant, pour respecter sa vie, des raisons particulières qu'il comprendra fort bien. Vous lui direz ces choses en mon nom, si je suis mort ou hors d'état de parler; vous les lui direz en présence de ses témoins et de toutes les personnes amies qui se trouveraient autour de moi à mon heure dernière.

Espérons, ajouta M. de Valbonne, que cette heure n'est pas venue, et que Jacques de Rivonnière vivra; mais j'ai cru devoir remplir ses intentions pour lui rendre la tranquillité, et je crois voir qu'il approuve l'exactitude des termes dont je me suis servi.

Tous les regards se tournèrent vers le marquis,

dont les yeux étaient ouverts, et qui fit un faible mouvement pour approuver et remercier. Nous comprîmes tous que nous devions lui laisser un repos absolu, et nous sortîmes de la chambre, où Paul resta avec M. de Valbonne et le médecin. Tel était le désir du marquis, qui s'exprimait par des signes imperceptibles.

Césarine ne voulait pas quitter la maison; elle écrivit à son père pour lui annoncer cette malheureuse affaire et le prier de venir la rejoindre. Dès qu'il fût arrivé, je courus chez Marguerite afin de la préparer à ce qui venait de se passer. Paul m'avait fait dire par le jeune Latour de vouloir bien prendre ce soin moi-même et de remettre en même temps à Marguerite, lorsqu'elle serait bien rassurée sur son compte, la lettre de pardon et d'amitié qu'il lui avait écrite durant la nuit.

Pour la première fois, je vis Marguerite comprendre la grandeur du caractère de Paul et se rendre compte de toute sa conduite envers elle. La vérité entra dans son esprit en même temps que le repentir et la douleur s'exhalaient de son âme. Je lui dissimulai la gravité de la blessure du marquis. Je la trouvais bien assez punie, bien assez épouvantée. La lettre de Paul acheva cette initiation d'une nature d'enfant aux vrais devoirs de la femme. Elle me la fit lire trois ou quatre fois, puis elle la prit, et, à genoux contre mon fauteuil, elle la couvrit de baisers en l'arrosant de larmes. Je dus rester deux heures auprès d'elle pour l'apaiser, pour la confesser et aussi pour l'enseigner, car elle m'accablait de questions sur sa conduite future.

— Dites-moi bien tout, s'écriait-elle. Je ne dois plus recevoir de lettres, je ne dois plus voir personne sans que Paul le sache et y consente, même s'il s'agissait de mademoiselle Dietrich?

— C'est surtout avec mademoiselle Dietrich que vous devez rompre dès aujourd'hui d'une manière absolue. Renvoyez-lui ses dentelles. Je me charge de vous procurer un ouvrage aussi important et aussi lucratif. D'ailleurs il faut que Paul sache que votre travail ne vous suffit pas. Pourquoi le lui cacher?

— Pour qu'il ne se tue pas à force de travailler lui-même.

— Je ne le laisserai pas se tuer. Il reconnaîtra que, dans certaines circonstances comme celle-ci, il doit me laisser contribuer aux dépenses de son ménage.

— Non, il ne veut pas; il a raison. Je ne veux pas non plus. C'est lâche à moi de vouloir être bien quand il se soucie si peu d'être mal. J'avais accepté sa pauvreté avec joie, mon honneur est de me trouver heureuse comme cela. Il m'a gâtée; je suis cent fois mieux avec lui, même dans mes moments de gêne, que je ne l'aurais été sans lui, à moins de m'avilir. Je n'écouterai plus les plaintes de la Féron. Si elle ne se trouve plus heureuse avec nous, qu'elle s'en aille! Je suffirai à tout. Qu'est-ce que de souffrir un peu quand on est ce que je suis? Mais dites-moi donc pourquoi Paul est mécontent des bontés que mademoiselle Dietrich avait pour moi? Voilà une chose que je ne comprends pas, et que je ne pouvais pas deviner, moi.

Je fus bien tentée d'éclairer Marguerite sur les dangers personnels que lui faisait courir la protection de Césarine; cependant pouvait-on se fier à la discrétion et à la prudence d'une personne si spontanée et si sauvage encore? Sa jalousie éveillée pouvait amener des complications imprévues. Elle haïssait en imagination les rivales que son imagination lui créait. En apprenant le nom de la seule qui songeât à lui disputer son amant, elle ne se fût peut-être pas défendue de lui exprimer sa colère. Il fallait se taire, et je me tus. Je lui rappelai que Paul ne voulait l'intervention de qui que ce soit dans ses moyens d'existence, puisqu'il refusait même la mienne. Mademoiselle Dietrich était une étrangère pour lui; il ne pouvait souffrir qu'une étrangère pénétrât dans son intérieur et fit comparaître Marguerite dans le sien pour lui dicter ses ordres.

— Donnez-moi les guipures, ajoutai-je, et l'argent que vous avez reçu d'avance; je me charge de les reporter. Demain vous aurez la commande que je vous ai promise, et qui passera par mes mains sans qu'on vienne chez vous.

Elle fit résolûment le sacrifice que j'exigeais. Je dois dire que, pour le reste, elle était vraiment heureuse et comme soulagée de ne rien devoir au marquis; elle approuvait la sévérité de Paul, et, si elle regrettait en secret quelque chose, car il fallait bien que l'enfant reparût en elle, c'était plutôt la vue de la bague que la propriété de la terre.

En redescendant l'escalier, je rencontrai Paul, qui rentrait pour voir un instant sa famille, se promettant de retourner vite auprès du marquis. Césarine était rentrée chez elle avec son père. M. de Rivonnière n'allait pas mieux. A chaque instant, on craignait de le voir s'éteindre. M. Dietrich ne voulait pas laisser sa fille assister à cette agonie.

Je retrouvai Césarine fort agitée. Opiniâtre dans ses desseins (parfois en dépit d'elle-même), elle s'était arrangé une nuit d'émotions avec Paul au chevet du mourant. Rien ne la détournait de son but, et cependant elle pleurait sincèrement le marquis. Elle lui devait ses soins, disait-elle, jusqu'à la dernière heure. Elle ne pouvait pas être compromise par cette sollicitude. Les amis et les parents qui à cette heure entouraient le blessé savaient tous la pureté de son amitié pour lui, et ne pouvaient trouver étrange qu'elle mît à leur service son activité, sa présence d'esprit, son habileté reconnue à soigner les malades.

— Et quand même on en gloserait, disait-elle, c'est en présence d'un devoir à remplir qu'il ne faut pas se soucier de l'opinion, à moins qu'on ne soit égoïste et lâche. Je ne comprends pas que mon père ne m'ait pas permis de rester, sauf à rester avec moi, ce qui eût écarté toute présomption malveillante. On sait bien qu'il chérissait M. de Rivonnière ; on n'a pas su leur différend de quelques jours. Je le guetterai, et si, comme je le pense, il y retourne, il faudra bien qu'il me laisse l'accompagner ou le rejoindre à quelque heure que ce soit.

Elle l'eût fait, si Dubois ne fût venu nous dire dans la soirée que le blessé avait éprouvé un mieux sensible. Il avait dormi, le pouls n'était plus si faible, et, s'il ne survenait pas un trop fort accès de fièvre, il pouvait être sauvé. Après avoir retenu M. de Valbonne et M. Gilbert jusqu'à huit heures, il les avait priés de le laisser seul avec son médecin et sa famille, qui se composait d'une tante, d'une sœur et d'un beau-frère, avertis par télégramme et arrivés aussitôt de la campagne. Le médecin avait quelque espoir, mais à la condition d'un repos long et absolu. Le marquis remerciait tous ceux qui l'avaient assisté et visité, mais il sentait le besoin de ne plus voir personne. Dubois nous promit des nouvelles trois fois par jour, et prit l'engagement de nous avertir, si quelque accident survenait durant la nuit.

Le mieux se soutint, mais tout annonçait que la guérison serait très-lente. Le poumon avait été lésé, et le malade devait rester immobile, absolument muet, préservé de la plus légère émotion durant plusieurs semaines, durant plusieurs mois peut-être.

Césarine, voyant que la destinée se chargeait d'écarter indéfiniment un des principaux obstacles à sa volonté, reprit son œuvre impitoyable, et tomba un jour à l'improviste dans le ménage de Paul. Il y était, elle le savait. Elle entra résolûment sans se faire pressentir.

— A présent que notre malade est presque sauvé, dit-elle en s'adressant à Paul sans autre préambule que celui de s'asseoir après avoir pressé la main de Marguerite, il m'est permis de songer à moi-même et de venir trouver mon ennemi personnel pour avoir raison de sa haine ou pour en savoir au moins la raison. Cet ennemi, c'est vous, monsieur Gilbert, et votre hostilité ne m'est pas nouvelle ; mais elle a pris dans ces derniers temps des proportions effrayantes, et si vous vous rappelez les termes d'une lettre écrite à votre tante la veille du duel, vous devez comprendre que je ne les accepte pas sans discussion.

— Si vous me permettez de placer un mot, répondit Paul avec une douceur ironique, vous m'accorderez aussi que je ne veuille pas réveiller devant ma compagne des souvenirs qui lui sont pénibles et des faits dont elle ne doit compte qu'à moi. Vous trouverez bon qu'elle aille bercer son enfant, et que je supporte seul le poids de votre courroux.

C'était tout ce que désirait Césarine, et Marguerite ne se méfiait pas ; au contraire, elle souhaitait que la belle Dietrich, comme elle l'appelait, dissipât les préventions de Paul, afin de pouvoir l'aimer et la voir sans désobéissance.

— Puisque vous rendez notre explication plus facile, dit Césarine dès qu'elle fut seule avec Paul, elle sera plus nette et plus courte. Je sais quelle inconcevable folie s'est emparée de l'esprit de ma chère Pauline, et il est probable qu'elle vous l'a inoculée.

— Je ne sais ce que vous voulez dire, mademoiselle Dietrich.

— Si fait! il est convenable que vous ne m'en fassiez pas l'aveu, mais moi je vous épargnerai cette confusion, car je ne puis supporter longtemps l'horrible méprise dont je suis la victime. Mademoiselle de Nermont, qui est un ange pour vous et pour moi, n'en est pas moins, — vous devez vous en être souvent aperçu, vous en avez peut-être quelquefois souffert, — une personne exaltée, inquiète, d'une sollicitude maladive pour ceux qu'elle aime, et plus elle les aime, plus elle les tourmente, ceci est dans l'ordre. Elle s'agite et se ronge autour de moi depuis bientôt sept ans, désespérée de voir que je n'aime personne et ne veux pas me marier. Il n'a pas tenu à elle que mon père ne partageât ses anxiétés à cet égard. Si je n'eusse eu plus d'ascendant qu'elle sur son esprit, j'aurais été véritablement persécutée. Comme il n'y a pas de perfections sans un léger inconvénient, j'ai aimé, j'aime ma Pauline avec son petit défaut, et jusqu'à ces derniers temps il n'avait point altéré ma quiétude; mais, je vous l'ai dit, c'est un peu trop maintenant, et je commence à en être blessée, je l'ai même été tout à fait en découvrant qu'elle vous avait communiqué sa chimère. A présent me comprenez-vous?

— Pas encore.

— Pardon, monsieur Gilbert, vous me comprenez, mais vous voulez que je vous dise avec audace le motif de mon déplaisir. Ce n'est pas généreux de votre part. Je vous le dirai donc, bien que cela paraisse une énormité dans la bouche d'une femme parlant à l'homme qui se méfie d'elle. Pourtant il est fort possible que, quand j'aurai parlé, je ne sois pas la plus confuse de nous deux. Monsieur Gilbert, votre tante croit que j'ai pour vous une passion malheureuse, et vous le croyez aussi. Ah ! je ne rougis pas, moi, en vous le disant, et vous, vous perdez contenance ! J'étais fort ridicule à vos yeux tout à l'heure : si j'étais méchante, je me permettrais peut-être en ce moment de vous trouver ridicule tout seul.

Paul s'attendait si peu à ce nouveau genre d'assaut qu'il fut réellement troublé; mais il se remit très-vite et lui dit :

— Il me semble, mademoiselle Dietrich, que vous venez de plaider le faux pour savoir le vrai. Si ma tante avait commis l'erreur dont vous parlez et qu'elle me l'eût fait partager, je ne serais ridicule que dans le cas où j'en eusse tiré vanité. Si au contraire j'en avais été contrarié et mortifié, je ne serais que sage; mais tranquillisez-vous, ni ma tante ni moi n'avons jamais cru que vous fussiez atteinte d'une passion autre que celle de railler et de dédaigner les hommes assez simples pour prétendre à votre attention.

— Ceci est déjà un aveu des commentaires auxquels vous vous livrez ici sur mon compte !

— Ici ? Mettez tout à fait Marguerite de côté dans cette supposition : vous l'avez fascinée. La pauvre enfant fait peut-être sa prière en ce moment pour que le ciel nous réconcilie. Quant à moi, je ne me défendrai en aucune façon d'avoir été fort irrité contre vous, et il n'est pas nécessaire de me supposer une fatuité stupide pour découvrir la cause de mon mécontement. Je crois, d'après ma tante, que vous êtes serviable et libérale pour le plaisir de l'être ; mais ceci ne vous justifie pas à mes yeux d'un défaut que, pour ma part, je trouve insupportable : ce besoin de servir les gens malgré eux et de leur imposer des obligations envers vous. Vous avez été élevée dans une atmosphère de bienfaisance facile et de bénédictions intéressées qui vous a enivrée. C'est peut-être l'erreur d'une âme portée au dévouement; mais quand ce dévouement veut s'imposer, la bonté devient une offense. Depuis que ma tante vit près de vous, vous avez sans cesse tenté de m'amener à vous devoir de la reconnaissance, et mon refus vous a surprise comme un acte de révolte. Vous me l'avez fait sentir en me raillant très-amèrement la seule fois que je me suis présenté chez vous, et c'est dans cette entrevue que je vous ai connue et jugée beaucoup plus et beaucoup mieux que ma tante ne vous juge et ne vous connaît. Vous avez tenté de me persuader que ma fierté vous causait un grand chagrin, vous avez joué une petite comédie d'un goût douteux, et vous avez même un peu souffert dans votre orgueil en voyant que je ne la prenais pas au sérieux. Vous avez oublié cette légère contrariété à la première contredanse, j'en suis bien certain; mais vos caprices de reine ne vous quittent jamais tout à fait.

Vous avez voulu me forcer à me prosterner comme les autres, et vous avez travaillé à vous emparer de ma pauvre compagne. Vous eussiez réussi, si de mon côté je n'eusse fait bonne garde, et maintenant je vous dis ceci, mademoiselle Dietrich :

« Je ne vous devrai jamais rien ; vous n'allégerez pas mon travail, vous ne donnerez pas à manger à mon enfant, vous ne serez pas son médecin, vous ne vous emparerez pas de mon domicile, de mes secrets, de ma confiance, de mes affections. Je ne cacherai pas mon nid sur une autre branche pour le préserver de vos aumônes ; je vous les renverrai avec persistance, et, quand vous les apporterez en personne, je vous dirai ce que je vous dis maintenant :

» Si vous ne respectez pas les autres, respectez-vous au moins vous-même, et ne revenez plus. »

Toute autre que Césarine eût été terrassée ; mais elle avait mis tout au pire dans ses prévisions. Elle était préparée au combat avec une vaillance extraordinaire. Au lieu de paraître humiliée, elle prit son air de surprise ingénue ; elle garda le silence un instant, sans faire mine de s'en aller.

— Vous venez de me parler bien sévèrement, dit-elle avec cette merveilleuse douceur d'accent et de regard qui était son arme la plus puissante ; mais je ne peux pas vous en vouloir, car vous m'avez rendu service. J'étais venue ici par dépit et très en colère. Je m'en irai très-rêveuse et très-troublée. Voyons, est-ce bien vrai, tout cela ? Suis-je une enfant gâtée par le bonheur de faire le bien ? Le dévouement peut-il être en nous un élément de corruption? On a dit, il y a longtemps, que l'orgueil était la vertu des saints. Est-ce qu'en cherchant à sanctifier ma vie par la charité j'aurais perdu la modestie et la délicatesse? Il faut qu'il y ait quelque chose comme cela, puisque je vous ai cruellement blessé. Entre l'orgueil qui offre et l'orgueil qui refuse, y a-t-il un milieu que ni vous ni moi n'avons su garder? C'est possible, j'y songerai, monsieur Gilbert. Je vous sais gré de m'avoir fait cette lumière. Que voulez-vous? on ne nous dit jamais la vérité à nous autres, les heureux du monde. Je comprends maintenant que j'ai dépassé mon droit en voulant m'intéresser au fils de mon amie malgré lui. J'ai cru que c'était par méfiance personnelle contre moi, et il est possible que j'aie pris ma vanité froissée pour un sentiment généreux. Soyez tranquille à présent sur mon compte, je n'agirai plus sans m'interroger sévèrement. Je n'aurai plus la coquetterie de ma vertu, je refoulerai mes sympathies, j'apprendrai la discrétion. Pardonnez-moi les soucis que je vous ai causés, monsieur Gilbert; chargez-vous d'apaiser Pauline, qui m'en veut depuis qu'elle s'imagine.... Oh! sur ce dernier point, défendez-moi un peu, je vous prie! Dites-lui de ne pas prendre ses songes pour des réalités. Dites à Marguerite que je désire sincèrement le succès de ses vœux les plus chers, car... vous m'avez donné une bonne et utile leçon, monsieur Paul; mais vous devez reconnaître que vous pouvez aussi, à l'occasion, recevoir un bon conseil. Voici le mien : épousez Marguerite, légitimez votre enfant; vous en avez conquis le droit les armes à la main, et tout droit implique un devoir.

— Et vous, mademoiselle Dietrich, répondit Paul, recevez aussi, pour que nous soyons quittes, un conseil qui vaut le vôtre. Je sais par les amis de M. de Rivonnière que vous l'avez rendu très-malheureux. Réparez tout en l'épousant, puisqu'on espère le sauver.

— J'y songerai; merci encore, — répondit-elle avec grâce et cordialité.

Elle sortit et referma la porte sur elle, défendant à Paul de la reconduire, avec tant d'aisance et une si suave dignité qu'il resta frappé de surprise et d'hésitation. Il n'était pas vaincu, il était apprivoisé. Il croyait ne devoir plus la craindre et n'eût pas été fâché de l'observer davantage sous cette face nouvelle qu'elle venait de prendre.

Il parla d'elle avec douceur à Marguerite, et, sans lever la consigne qu'il lui avait imposée, il lui laissa espérer qu'elle reverrait dans l'occasion *sa belle Dietrich*. Il mit peut-être une certaine complaisance à prononcer ce mot, car pour la première fois Césarine, sage et douce, lui avait paru réellement bel*le*.

Ce jour-là, Césarine avait frappé juste, elle s'était purgée du ridicule attaché à l'amour non partagé. Elle s'était relevée de cette humiliation qui donnait trop de force à la révolte de son antagoniste; elle avait diminué sa confiance en moi. Gilbert avait maintenant des doutes sur la lucidité de mon jugement. Il m'en voulait peut-être un peu d'avoir essayé de le mettre en garde contre un péril imaginaire. Il se méfiait de ma sollicitude maternelle et croyait y reconnaître une certaine exagération qui n'était pas sans danger pour lui. Aussi défendit-il à Marguerite de me parler de la visite de Césarine, afin de ne pas m'alarmer de nouveau.

M. de Rivonnière semblait entrer en convalescence quand un grave accident se produisit et mit encore sa vie en danger. C'est alors que Césarine conçut un projet tout à fait inattendu, dont elle me fit part quand la chose fut à peu près résolue.

— Tu sauras, me dit-elle, qu'avant deux semaines je serai probablement marquise de Rivonnière. Allons, n'aie pas d'attaque de nerfs! Ce n'est pas si surprenant que cela! C'est très-logique au contraire. Apprends ce qui s'est passé il y a trois jours.

M. de Valbonne, qui est le meilleur ami du marquis, est venu me voir de sa part, et il m'a dit ceci :

« Il n'y a plus d'illusions à entretenir; une consultation des premiers chirurgiens et des premiers médecins de France a décrété ce matin que le mal était incurable. Jacques peut vivre trois mois au plus. On a caché l'arrêt à sa famille, on ne l'a communiqué qu'à moi et à Dubois, en nous conseillant, si le malade avait des affaires à régler, de l'y décider avec précaution.

» Les précautions étaient inutiles : Jacques s'est senti frappé à mort dès le premier jour, et il a dès lors envisagé sa fin prochaine avec un courage stoïque. Aux premiers mots que j'ai hasardés, il m'a pris la main et me l'a serrée d'une certaine manière qui signifiait : *Oui, je suis prêt,* car il faut dire que, sur des signes fort légers et un simple mouvement de ses lèvres ou de ses paupières, je suis arrivé à deviner toutes ses volontés et même à lire clairement dans sa pensée. Je lui ai demandé s'il avait des intentions particulières : il a dit *oui* avec les doigts, appuyant sur les miens, et il a prononcé sans émission de voix :

» — Héri... Césa...

» — Vous voulez, lui ai-je dit, instituer pour votre héritière Césarine Dietrich ?

» Signe affirmatif très-accusé.

» — Elle n'a pas besoin de votre fortune, elle n'acceptera pas.

» — *Si; mariage in extremis.*

» Je lui ai fait préciser sa résolution en la traduisant ainsi :

» — Vous pensez qu'elle acceptera votre nom et votre titre à votre heure dernière ?

» — Oui.

» — Nulle science humaine ne peut affirmer que l'heure réputée la dernière pour un malade ne soit pas la première de son rétablissement. Mademoiselle Dietrich n'a pas voulu être votre compagne dans la vie : risquera-t-elle de s'engager à vous dans le cas éventuel d'une mort toujours incertaine ?

» Je parlais ainsi pour lui donner une espérance dont il ne voulait pas et que je n'ai pas. Il m'a montré des yeux mon chapeau et la porte.

» — Vous voulez que j'aille le lui demander tout de suite?

» Il a fait de la main un *oui* impatient, et me voici ; mais, pour fixer votre esprit dans cette situation difficile, je vous ai apporté la consultation signée des autorités de la science. Vous voyez que le malheureux est condamné, et qu'en acceptant l'offre suprême du pauvre Jacques, vous ne risquez pas de devenir sa femme autrement que devant la loi.

» J'ai demandé à M. de Valbonne pourquoi Jacques avait ce désir étrange de me donner son nom. Quant à sa fortune, ajoutai-je, je n'en voulais pas frustrer sa famille, étant bien assez riche par moi-même, et le titre de madame et de marquise n'avait aucun lustre à mes yeux de fille émancipée, de bourgeoise satisfaite de ses origines.

« — Vous avez tort de dédaigner les avantages que le monde prise au premier chef, a repris l'ami de Jacques, vous aimez l'indépendance, l'éclat et le pouvoir. Votre importance actuelle, qui est considérable, sera décuplée par la position qui vous est offerte.

» — Ce n'est pas de cela qu'il faut me parler ; c'est du bien que je peux faire à notre pauvre ami. Vous connaissez toutes ses pensées. Il prétendait devant moi n'être pas sensible au ridicule de sa position d'aspirant perpétuel ; il me trompait peut-être?

» — Il y était cruellement sensible. La vivacité de sa souffrance vous montre la persistance de sa passion. J'ai la certitude que sa mort serait adoucie par la réparation qu'il est en votre pouvoir de lui donner devant le monde.

» — En ce cas, j'accepte.

» — Cela est beau et grand de votre part! Irai-je trouver monsieur votre père ?

» — Allons-y ensemble, je suis sûre de son consentement.

» Nous avons parlé à mon père. Il a cédé pour d'autres motifs que les miens. Il croit que ma réputation a souffert des assiduités trop évidentes du marquis, et que ma complaisance à les supporter de préférence à celles de beaucoup d'autres a fait dire de moi que je voulais garder mon indépendance au prix de ma vertu. Ceci n'a rien de sérieux pour moi. Il n'est personne que la calomnie des bas-fonds ne veuille atteindre. Quand on est pure, on danse sur ces volcans de boue; mais mon père s'en tourmente : raison de plus pour que je cède. Voilà, ma Pauline; puisque c'est une bonne action à faire, il ne faut pas hésiter, n'est-ce pas ton avis ?

Ce n'était pas beaucoup mon avis. Je trouvais dans cette bonne action quelque chose de féroce, la nécessité pour Césarine de trembler au moindre mieux qui se manifesterait dans l'état de son mari. Si, contre toutes les prévisions, il guérissait, ne le haïrait-elle pas, et si, sans guérir, il languissait durant des années, ne regretterait-elle pas la tâche ingrate qui lui serait imposée?

Elle s'offensa de mes doutes et me répondit avec

hauteur que je ne l'avais jamais connue, jamais estimée.

— Ceci, me dit-elle, est la suite de certaines rêveries que j'ai eu le tort d'entretenir en toi pour le plaisir de discuter et de taquiner. Tu as fini par te persuader que je voulais épouser monsieur ton neveu et à présent tu crois que si j'en épouse un autre, mon cœur sera déchiré de regrets. Ma bonne Pauline, ce roman a pu t'exalter, tu aimes les romans ; mais celui-ci a trop duré, il m'ennuie. S'il te faut des faits pour te rassurer, je te permets d'admettre que j'ai toujours aimé M. de Rivonnière, et que j'ai eu le droit de le faire attendre.

Du moment qu'elle croyait annuler par une négation tranquillement audacieuse tout ce qu'elle avait dit à son père et à moi, je n'avais rien à répliquer. Les bans furent publiés. J'en informai Paul, qui ne montra aucune surprise. Il voyait souvent M. de Valbonne, qui s'était pris d'amitié pour lui et lui témoignait une entière confiance. Il était donc au courant et il approuvait Césarine. Il me raconta alors l'explication qu'elle était venue lui donner et me fit comprendre qu'il y avait eu un peu de ma faute dans le rôle ridicule qu'il avait failli jouer auprès d'elle. J'en fus mortifiée au point de m'en vouloir à moi-même, de me persuader que Césarine s'était moquée de mes terreurs, qu'elle n'avait eu pour Paul qu'une velléité de coquetterie en passant, et qu'au fond elle avait toujours aimé plus que tout, le marquisat de M. de Rivonnière.

Ainsi c'était pour elle victoire sur toute la ligne. Personne ne se méfiait plus d'elle, ni chez elle, ni chez Paul, ni dans le monde.

La faiblesse extrême du marquis s'était dissipée durant les délais obligatoires. Le mal avait changé de nature. Le poumon était guéri, on permettait au malade de parler un peu et de passer quelques heures dans un fauteuil. La maladie prenait un caractère mystérieux qui déroutait la science. Le sang se décomposait. La tête était parfaitement saine malgré une fièvre continue, mais l'hydropisie s'emparait du bas du corps, l'estomac ne fonctionnait presque plus, les nuits étaient sans sommeil. Il montrait beaucoup d'impatience et d'agitation. On ne songeait plus qu'à le deviner, à lui complaire, à satisfaire ses fantaisies. Sa famille avait perdu l'espérance et ne cherchait plus à le gouverner.

Le mariage déclaré, la sœur et le beau-frère, qui avaient compté sur l'héritage pour leurs enfants, furent très-mortifiés et dirent entre eux beaucoup de mal de Césarine. Elle s'en aperçut et les rassura en faisant stipuler au contrat de mariage qu'elle n'acceptait du marquis que son nom. Elle ne voulait être usufruitière que de son hôtel dans le cas où il lui plairait de l'occuper après sa mort. Dès lors la famille appartint corps et âme à mademoiselle Dietrich. Le monde se remplit en un instant du bruit de son mérite et de sa gloire.

La veille de la signature de ce contrat, c'était en juin 1863, il y eut un autre contrat secret entre Césarine et le marquis, en présence de M. de Valbonne, de M. Dietrich, de son frère Karl Dietrich, de M. Campbel et de moi, contrat bizarre, inouï, et qui ne pouvait être garanti que par l'honneur du marquis, son respect de la parole jurée. D'une part, le marquis, avec une générosité rare, exigeait que Césarine ne cessât pas d'habiter avec son père. Il ne voulait pas l'avoir pour témoin de ses souffrances et de son agonie. Il ne lui permettait qu'une courte visite journalière et un regard d'affection à l'heure de sa mort. D'autre part, dans le cas invraisemblable où il guérirait, il renonçait au droit de contraindre sa femme à vivre avec lui et même à la voir chez elle, si elle n'y consentait pas. Les deux clauses furent lues, approuvées et signées. On se sépara aussitôt après. Le marquis mettait sa dernière coquetterie à ne pas être vu longtemps dans l'état de dépérissement et d'infirmité où il se trouvait.

Comme il n'était pas transportable, il fut décidé que le mariage aurait lieu à son domicile; le maire de l'arrondissement, avec qui l'on était en bonnes relations, promit de se rendre en personne à l'hôtel Rivonnière; le pasteur de la paroisse fit la même promesse. Ce fut le seul déplaisir de la sœur et de la tante du marquis. On avait espéré que Césarine abjurerait le protestantisme. Le marquis s'était opposé avec toute l'énergie dont il était encore capable à ce qu'on lui en fît seulement la proposition. Il avait déclaré qu'il n'était ni protestant ni catholique, et qu'il acceptait le mariage qui répondrait le mieux aux idées religieuses de sa femme. A vrai dire, Césarine en était au même point que lui ; mais le mariage évangélique lui constituait un triomphe sur cette famille qu'elle voulait réduire par sa fermeté et dominer par son désintéressement.

On n'invita que les plus intimes amis et les plus proches parents des deux parties à la cérémonie. Le marquis voulut que Paul fût son témoin avec le vicomte de Valbonne.

Nous devions nous réunir à midi à l'hôtel Rivonnière. Césarine arriva un peu avant l'heure ; elle était belle à ravir dans une toilette aussi riche en réalité que simple en apparence ; elle s'était composé son maintien doux et charmant des grandes occasions. Elle n'avait pour bijoux qu'un rang de grosses perles fines. Son fiancé lui avait envoyé la veille un magnifique écrin qu'elle tenait à la main. Quant à lui, il ne paraissait pas encore. Pour ne pas le fatiguer, le médecin avait exigé qu'il ne sortît de sa chambre qu'au dernier moment.

Césarine alla droit à madame de Montherme, sa future belle-sœur, qui entrait en même temps qu'elle ; elle lui présenta l'écrin en lui disant :

— Prenez ceci pendant que nous sommes entre nous et cachez-le ; ce sont les diamants de votre famille que je vous restitue. Vous savez que je ne veux rien de plus que votre amitié.

Quand Paul entra avec M. de Valbonne, j'observai Césarine, et je surpris cette imperceptible contraction des narines qui, pour moi, trahissait ses émotions contenues. Elle était dans une embrasure de fenêtre, seule avec moi. Paul vint nous saluer.

— A présent, lui dit-elle en souriant, votre ennemie n'est plus. Vous n'avez pas de raison pour en vouloir à la marquise de Rivonnière. Voulez-vous que nous nous donnions la main?

Et quand Paul eut touché cette main gantée de blanc, elle ajouta :

— Je vous donne le bon exemple, je me marie, moi! J'épouse celui qui m'aime depuis longtemps. Je sais une personne à qui vous devez encore davantage...

Paul l'interrompit :

— Je vois bien, lui dit-il, que vous êtes encore mademoiselle Dietrich, car voilà que vous recommencez à vouloir faire le bonheur des gens malgré eux.

— Ce serait donc malgré vous? Je ne vous croyais pas si éloigné de prendre une bonne résolution.

— C'est encore, c'est toujours mademoiselle Dietrich qui parle ; mais l'heure de la transformation approche, la marquise de Rivonnière ne sera pas curieuse.

— Alors si elle reçoit les leçons qu'on lui donne avec autant de douceur que mademoiselle Dietrich, elle sera parfaite?

— Elle sera parfaite; personne n'en doute plus.

Il la salua et s'éloigna de nous. Ce court dialogue avait été débité d'un air de bienveillance et de bonne humeur. Paul semblait tout réconcilié; il l'était, lui, ou ne demandait qu'à l'être. Quant à elle, on eût juré qu'elle n'avait rien dans le cœur de plus ou de moins pour lui que pour ses amis de la troisième ou quatrième catégorie.

Celles des personnes présentes qui n'avaient pas vu le marquis depuis quelque temps ne le croyaient pas si gravement malade. Quelques-unes disaient tout bas qu'il avait exagéré son mal en paroles pour apitoyer mademoiselle Dietrich et la faire consentir à un mariage sans lendemain, qui aurait au moins un surlendemain. On changea d'avis, et l'enjouement qui régnait dans les conversations particulières fit place à une sorte d'effroi quand le marquis parut sur une chaise longue que ses gens roulaient avec précaution. Il eût pu se tenir quelques instants sur ses jambes, mais il lui en coûtait de montrer qu'elles étaient enflées, et il s'était fait défendre de marcher. Bien rasé, bien vêtu et bien cravaté, il cachait la partie inférieure de son corps sous une riche draperie; sa figure était belle encore et son buste avait grand air, mais sa pâleur était effrayante; ses narines amincies et ses yeux creusés changeaient l'expression de sa physionomie, qui avait pris une sorte d'austérité menaçante. Césarine eut un mouvement d'épouvante en me serrant le bras; elle l'avait vu plus intéressant dans sa tenue de malade; cette toilette de cérémonie n'allait pas à un homme cloué sur son siége, et lui donnait un air de spectre. M. Dietrich conduisit sa fille auprès de lui, il lui baisa la main, mais avec effort pour la porter à ses lèvres; ses mains, à lui, étaient lourdes et comme à demi paralysées.

Le maire prenait place et procédait aux formalités d'usage. Césarine semblait gouverner ses émotions avec un calme olympien ; mais, quand il fallut prononcer le oui fatal, elle se troubla, et fut prise de cette sorte de bégaiement auquel, dans l'émotion, elle était sujette. Le maire, qui avait fait tous les avertissements d'usage avec une sage lenteur, ne voulut point passer outre avant qu'elle ne fût remise. Il n'avait pas entendu le oui définitif; il était forcé de l'entendre. La future semblait indisposée, on pouvait lui donner quelques instants pour se ravoir.

— Ce n'est pas nécessaire, répondit-elle avec fermeté, je ne suis pas indisposée, je suis émue. Je réponds oui, trois fois oui, s'il le faut.

Que s'était-il passé en elle ?

Pendant la courte allocution du magistrat, M. de Valbonne, debout derrière le fauteuil où Césarine s'était laissée retomber, lui avait dit rapidement un mot à l'oreille, et ce mot avait agi sur elle comme la pile voltaïque. Elle s'était relevée avec une sorte de colère, elle s'était liée irrévocablement comme par un coup de désespoir ; et puis, durant le reste de la formalité, elle avait retrouvé son maintien tranquille et son air doucement attendri.

Le pasteur procéda aussitôt au mariage religieux, auquel quelques femmes du noble faubourg ne voulurent assister qu'en se tenant au fond de l'appartement et en causant entre elles à demi-voix.

Césarine fut blessée de cette résistance puérile et pria le pasteur de réclamer le silence, ce qu'il fit avec onction et mesure. On se tut, et cette fois on entendit le oui de Césarine bien spontané et bien sonore.

Que lui avait donc dit M. de Valbonne? Ces trois mots : *Paul est marié!* Il l'était en effet. Pendant que les nouveaux époux recevaient les compliments de l'assistance, mon neveu s'approcha de moi et me dit :

— Ma bonne tante, tu as encore à me pardonner. J'ai épousé Marguerite hier soir à la municipalité. Je te dirai pourquoi.

Il ne put s'expliquer davantage ; Césarine venait à nous souriante et presque radieuse.

— Encore une poignée de main, dit-elle à Paul. La marquise de Rivonnière vous approuve et vous estime. Voulez-vous être son ami, et permettrez-vous maintenant qu'elle voie votre femme?

— Avec reconnaissance, répondit Paul en lui baisant la main.

— Eh bien! me dit-il quand elle se fut tournée vers d'autres interlocuteurs, tu t'étais trompée, ma tante, et j'étais, moi, fort injuste. C'est une personne excellente et une femme de cœur.

— Parle-moi de ton mariage.

— Non, pas ici. J'irai vous voir ce soir.

— A l'hôtel Dietrich?

— Pourquoi non? Serez-vous dans votre appartement?

13.

— Oui, à neuf heures.

Les invités, avertis d'avance par le médecin, se retiraient. Le marquis semblait si fatigué que M. Dietrich et sa fille lui témoignèrent quelque inquiétude de le quitter.

— Non, leur dit-il tout bas, il faut que vous partiez à la vue de tout le monde, les convenances le veulent. Je vous rappellerai peut-être dans une heure pour mourir. — Et comme Césarine tressaillait d'effroi :

— Ne me plaignez pas, lui dit-il de manière à n'être entendu que d'elle, je vais mourir heureux et fier, mais bien convaincu que ce qui pourrait m'arriver de pire serait de vivre.

— Voici une parole plus cruelle que la mort, reprit Césarine, vous me soupçonnez toujours...

Et lui, parlant plus bas encore :

— Vous serez libre demain, Césarine, ne mentez pas aujourd'hui.

C'est ainsi qu'ils se quittèrent, et, le soir venu, il ne mourut pas; il dormit, et Dubois vint nous dire de ne pas nous déranger encore, parce qu'il n'était pas plus mal que le matin.

— Seulement, ajouta Dubois, il a voulu faire plaisir à sa sœur, il a reçu les sacrements de l'Église.

— Que me dites-vous là? s'écria Césarine, vous vous trompez, Dubois!

— Non, madame la marquise, mon maître est philosophe, il ne croit à rien; mais il y a des devoirs de position. Il n'aurait pas voulu qu'à cause de son

mariage on le crût protestant ; il a fait promettre à
M. de Valbonne de mettre dans les journaux qu'il
avait satisfait aux convenances religieuses.

— C'est bien, Dubois, vous lui direz qu'il a bien fait.

— Quel homme décousu et sans règle ! me dit-elle
dès que Dubois fut sorti. Cette capucinerie athée me
remplirait de mépris pour lui, s'il n'avait droit en ce
moment à l'absolution de ses amis encore plus qu'à
celle du prêtre. Il ne sait plus ce qu'il fait.

— Mon Dieu, tu le hais, ma pauvre enfant, il fera
bien de mourir vite !

— Pourquoi ? il peut vivre maintenant tant qu'il
lui plaira. Je ne suis plus capable de haine ni
d'amour, tout m'est indifférent. Ne crois pas que je
regrette le lien que j'ai contracté ; tu sais très-bien
qu'il n'engage ni mon cœur ni ma personne. Si,
contre toute prévision, le marquis revenait à la
santé, je ne lui appartiendrais pas plus que par le
passé.

— Aurait-il assez d'empire sur ses passions pour
te tenir parole ?

— La promesse qu'il a signée a plus de valeur que
tu ne penses, elle me serait très-favorable pour
obtenir une séparation.

— Tu avais consulté d'avance ?

— Certainement.

Nous n'échangeâmes pas un mot sur le compte de
Paul. Elle reçut des visites de famille, et j'allai passer
dans mon appartement le reste de la soirée avec
mon neveu, qui m'y attendait déjà.

— Voici, me dit-il, ce qui s'est passé, ce que je te cache depuis une quinzaine. Il est bon de résumer ici dans quels termes j'étais avec M. de Rivonnière au lendemain du duel. Il m'avait accusé en lui-même, et auprès de ses amis probablement, d'aspirer à la main de mademoiselle Dietrich. En me voyant défendre mon honneur au nom de ma maîtresse et de mon enfant, il s'était repenti de son injustice, et il m'estimait d'autant plus qu'il ne voyait plus en moi un rival. Pourtant il lui restait un peu d'inquiétude pour l'avenir, car il a pensé à l'avenir durant les quelques jours où son état s'est amélioré. Il m'a envoyé M. de Valbonne qui m'a dit :

« — Vous m'avez presque tué mon meilleur ami, vous en avez du chagrin, je le sais, vous voudriez lui rendre la vie. Vous le pouvez peut-être. La femme qu'il aime passionnément aime un autre que lui. A tort ou à raison, il s'imagine que c'est vous. Si vous étiez marié, elle vous oublierait. Ne comptez-vous pas épouser celle pour qui vous avez si loyalement et si énergiquement pris fait et cause ?

» J'ai répondu que cette fantaisie de mademoiselle Dietrich pour moi m'avait toujours paru une mauvaise plaisanterie, répétée de bonne foi peut-être par les personnes que le marquis avait eu le tort de mettre dans sa confidence.

» — Mais si ces personnes ne s'étaient pas trompées ? reprit M. de Valbonne.

» — Je n'aurais qu'un mot à répondre : je ne suis

pas épris de mademoiselle Dietrich, et je ne suis pas ambitieux.

» — Cette simple réponse, venant de vous, nous suffit, reprit le vicomte. A présent nous permettez-vous de vous exprimer quelque sollicitude à l'endroit de Marguerite?

» — A présent que les fautes sont si cruellement expiées, je permets toutes les questions. J'ai toujours eu l'intention d'épouser Marguerite le jour où je l'aurais vengée. Je compte donc l'épouser dès que j'aurai amené mademoiselle de Nermont, qui est ma tante et ma mère adoptive, à consentir à cette union. Elle y est un peu préparée, mais pas assez encore. Dans quelques jours probablement, elle me donnera son autorisation.

» — Le marquis croit savoir qu'elle ne cédera pas facilement, à cause de la famille de Marguerite.

» — Oui, à cause de sa mère, qui était une infâme créature; mais cette mère est morte, j'en ai reçu ce matin la nouvelle, et le principal motif de répugnance n'existe plus pour ma tante ni pour moi.

» — Alors, reprit le vicomte, faites ce que votre conscience vous dictera. Vous voici en présence d'un homme que vous avez mis entre la mort et la vie, que le chagrin et l'inquiétude rongent encore plus que sa blessure, et qui aurait chance de vivre, s'il était assuré de deux choses qui ne dépendent que de vous : la réparation donnée et le bonheur assuré à la femme qui lui a laissé un profond remords; la liberté, la raison rendues à l'esprit troublé de la femme qu'il aime toujours malgré le mal qu'elle lui a fait. Ne répondez pas, réfléchissez. »

J'ai réfléchi en effet. Je me suis dit que je ne devais consulter personne, pas même toi, pour faire mon devoir. J'ai écrit le lendemain à M. de Valbonne que mon premier ban était affiché à la mairie de mon arrondissement. Il est accouru à mon bureau, m'a embrassé et m'a supplié de laisser ignorer le fait à Césarine. Pour cela, il fallait vous en faire un secret, ma bonne tante, car mademoiselle Dietrich est curieuse et vous prend par surprise. Maintenant, pardonnez-moi, approuvez-moi et dites que vous m'estimez, car ce n'est pas un coup de tête que j'ai fait : c'est un sacrifice au repos et à la dignité des autres, à commencer par mon enfant. Vous savez que je ne me suis pas laissé gouverner par la passion, et que je n'ai point de passion pour Marguerite. C'est aussi un sacrifice fait à un homme que j'ai eu raison de tuer, mais que je n'en suis pas moins malheureux d'avoir tué, car il n'en reviendra pas, j'en suis certain, et sa femme sera bientôt veuve. Enfin c'est aussi un peu un sacrifice à la dignité de mademoiselle Dietrich. Sa prétendue inclination pour moi, dont j'ai toujours ri, était pourtant un fait acquis dans l'intimité de M. de Rivonnière, grâce à l'imprudence qu'il avait eue de confier sa jalousie à d'autres que M. de Valbonne. Si je n'étais pas marié, on ne manquerait pas de dire que la belle marquise attend son veuvage pour m'épouser. Le faux se répand vite, et le vrai surnage lentement. J'ai été très-cruel envers cette pauvre personne, à qui j'aurais dû pardonner un instant de coquetterie suivi de puérils efforts pour dissiper mes préoccupations. Tout cela est à jamais effacé par notre double mariage. J'ai reconnu que votre élève avait des qualités réelles qui font contrepoids à ses défauts ; j'imagine qu'elle a renoncé pour toujours *à me faire du bien.* Elle en trouvera tant d'autres qui s'y prêteront de bonne grâce ! D'ailleurs je ne suis plus intéressant. Mon patron vient de m'associer à une affaire qui ne valait rien et que j'ai rendue bonne. Mes ressources sont donc en parfait équilibre avec les besoins de ma petite famille. Marguerite est heureuse, la Féron est repentante et pardonnée, Petit-Pierre a recouvré l'appétit; il a deux dents de plus. Embrasse-moi, marraine, dis que tu es contente de moi, puisque je suis content de moi-même.

Je l'embrassai, je l'approuvai, je lui cachai le secret chagrin que me causait son mariage avec une fille si peu faite pour lui, quelque dévouée qu'elle pût être. Je lui cachai également le plaisir que j'éprouvais de le voir délivré du malheur de plaire à Césarine. Il ne voulait plus croire à ce danger dans le passé. Je l'en croyais préservé dans l'avenir : nous nous trompions tous deux.

Dès le lendemain, un mieux très-marqué se manifesta chez le marquis, et sa sœur ne manqua pas d'attribuer ce miracle à la vertu du confesseur. Césarine et son père le virent un instant, comme il était convenu. Il refusa de les laisser prolonger cette courte entrevue, après quoi il prit à part M. de Valbonne et lui exposa la situation de son esprit.

— Je crois sentir que je vivrai, lui dit-il; mais ma guérison sera longue, et je ne veux pas être un objet d'effroi et de dégoût pour ma femme. Je voudrais ne la revoir que quand j'aurai recouvré tout à fait la santé. Pour cela il faudrait obtenir qu'elle passât l'été à la campagne.

— Êtes-vous encore jaloux?

— Non, c'est fini. Césarine est trop fière pour songer à un homme marié, et cet homme est trop honnête pour me trahir. Je suis certain qu'elle m'aimerait si je n'étais pas un fantôme dont la vue l'épouvante quelque soin qu'elle prenne pour me le cacher. Elle voudra ne pas quitter Paris, si j'y reste; elle serait blâmée. Il faut donc que je m'en aille, moi, que je disparaisse pour un an au moins; il faut qu'on me fasse voyager. Dites à mon médecin que je le veux. Il vous objectera que je suis encore trop faible. Répondez-lui que je suis résolu à risquer le tout pour le tout.

Le médecin jugea que l'idée de son client était bonne; la vue de sa femme le jetait dans une agitation fatale, et l'absence, le changement d'air et d'idées fixes pouvaient seuls le sauver; mais le déplacement semblait impossible. Si on l'opérait tout de suite, il ne répondait de rien.

M. de Valbonne était énergique et regardait l'irrésolution comme la cause unique de tous les insuccès de la vie. Il insista; le départ fut résolu. On l'annonça bientôt à Césarine, qui offrit d'accompagner son mari, il refusa et le pauvre Rivonnière, emballé avec son lit dans un wagon, partit pour Aix-les-Bains aux premiers jours de juillet. De là, il devait, en cas de mieux, aller plus loin ; voyager jusqu'à la guérison ou à la mort, telle était sa pensée. M. de Valbonne l'accompagnait avec un médecin particulier.

Césarine passa encore quelques jours à Paris. Son père était impatient de retourner à Mireval ; elle le fit attendre. Avant de quitter le monde pour six mois, il lui importait de dire à chacun quelques mots justes sur sa situation, qui semblait étrange et faisait beaucoup parler. Au fond, elle éprouvait, au milieu de ses secrètes amertumes, un petit plaisir d'enfant à se voir posée en marquise et à montrer à l'aristocratie de naissance qu'elle l'honorait au lieu de la déparer. Elle s'était composé un rôle de veuve résignée et vaillante qu'elle jouait fort bien. Elle n'avait, disait-elle, que très-peu d'espoir de conserver son mari ; elle avait fait tout ce qu'elle pouvait faire pour lui sauver la vie. Ce n'était point un caprice de générosité, un moment de compassion. Elle l'avait toujours considéré et traité comme son meilleur ami. Elle s'était toujours dit que, si elle se décidait au mariage, ce serait en faveur de lui seul. Il n'y avait rien d'étonnant à ce qu'elle eût accepté son nom ; mais elle n'avait accepté que cela, elle tenait à le faire savoir. Elle répéta ce thème sous toutes les formes à trois cents personnes au moins dans l'espace d'une semaine, et quand elle se trouva suffisamment bien posée, elle me dit :

— En voilà assez, je n'en puis plus. Toute l'Europe sait maintenant pourquoi je suis marquise de Rivonnière. Il n'y a que moi qui ne le sache plus.

Je la comprenais à demi-mot, mais je feignais de ne plus la comprendre. Je savais bien pourquoi elle avait consenti à ce mariage. Elle ne comptait pas sur celui de Paul, elle voulait le rassurer, le ramener par la confiance et l'amitié. Elle avait calculé que six mois au plus suffiraient à lui rendre sa liberté et à lui faire conquérir l'amour. Elle avait tout préparé pour éloigner Paul de Marguerite en feignant de vouloir l'unir à elle. Paul avait haï la femme qui s'offrait; il s'éprendrait de celle qui se refusait jusqu'à lui en vanter une autre. Elle avait réussi à détruire sa méfiance, mais non à empêcher son mariage, et elle n'avait plus d'autre partie à jouer que de paraître charmée du prix auquel elle avait obtenu ce résultat.

Mais que ce prix était cruel, et comme elle le maudissait sous son air royalement ferme! J'admirai sa force, car moi seule pus surprendre ses moments de désespoir et ses larmes cachées. Son père ne se douta de rien. Il ne pouvait rien empêcher, rien racheter; il était désormais inutile de rien lui dire. Le reste de la famille se réjouissait de la haute position acquise par Césarine, et Helmina donnait vingt ordres inutiles par jour pour avoir la joie de dire:

— Prévenez madame la marquise.

Ses jeunes cousines Dietrich partageaient un peu cette vanité. L'aînée était mariée, la cadette fiancée; la petite Irma disait:

— Mes sœurs épousent des bourgeois. Elles sont furieuses! Moi, je veux un noble ou je ne me marierai pas.

Bertrand ne disait absolument rien. Il savait trop son monde; mais quand Césarine, après avoir annoncé qu'elle avait faim, repoussait son assiette sans y toucher, ou quand, après avoir commandé gaiement une promenade, elle donnait d'un air abattu l'ordre de dételer, il me regardait, et ses yeux froids me disaient :

— Vous auriez dû faire sa volonté; elle mourra pour avoir fait celle des autres.

IV

Nous quittâmes enfin Paris le 15 juillet, sans que Césarine eût revu Paul ni Marguerite. Mireval était, par le comfort élégant du château, la beauté des eaux et des ombrages, un lieu de délices, à quelques heures de Paris. M. Dietrich faisait de grands frais pour améliorer l'agriculture : il y dépensait beaucoup plus d'argent qu'il n'en recueillait, et il faisait de bonne volonté ces sacrifices pour l'amour de la science et le progrès des habitants. Il était réellement le bienfaiteur du pays, et cependant, sans le charme et l'habileté de sa fille il n'eût point été aimé. Son excessive modestie, son désintéressement absolu de toute ambition personnelle imprimaient à son langage et à ses manières une dignité froide qui pouvait passer aux yeux prévenus pour la raideur de l'orgueil. On l'avait haï d'abord autant par crainte que par jalousie, et puis sa droiture scrupuleuse l'avait fait respecter; son dévouement aux intérêts communs le faisait maintenant estimer; mais il manquait d'expansion et n'était point sympathique à la foule. Il ne désirait pas l'être ; ne cherchant aucune récompense, il trouvait la sienne dans le succès de ses efforts pour combattre l'ignorance et le préjugé. C'était vraiment un digne homme, d'un mérite solide et réel. Son manque de popularité en était la meilleure preuve.

Césarine s'affectait pourtant de voir qu'on lui préférait des notabilités médiocres ou intéressées. Elle l'avait beaucoup poussé à la députation, dont il ne se souciait pas, disant que certaines luttes valent tous les efforts d'une volonté sérieuse, mais que celles de l'amour-propre sont vaines et mesquines.

Cependant une question locale d'un grand intérêt pour le bien-être des agriculteurs du département s'étant présentée à cette époque, il se laissa vaincre par le devoir de combattre le mal, et, au risque d'échouer, il se laissa porter. Césarine se chargea d'avoir la volonté ardente qui lui manquait en cette circonstance. Elle avait peut-être besoin d'un combat pour se distraire de ses secrets ennuis. Son mariage lui donnait droit à une initiative plus prononcée, et M. Dietrich, qui depuis longtemps n'avait résisté à sa toute-puissance que dans la crainte du *qu'en dira-t-on*, abandonna dès lors à la marquise de Rivonnière le gouvernement de la maison et des relations, qu'il avait cherché à rendre moins apparent dans les mains de mademoiselle Césarine. Les nombreux clients qui peuplaient les terres du marquis, et qui avaient beaucoup à se louer de l'indulgente gestion de son intendant, avaient eu peur en apprenant le mariage et l'absence indéfinie de leur patron. Ils avaient craint de tomber sous la coupe de M. Dietrich et d'avoir à rendre compte de beaucoup d'abus. Quand ils surent et quand ils virent que Césarine ne prétendait à rien, qu'elle n'allait pas même visiter les fermes et le château de son mari, il y eut un grand élan de reconnaissance et de joie. Dès ce moment, elle put disposer de leur vote comme de celui de ses propres tenanciers.

Mireval avait été jusque-là une solitude. M. Dietrich s'était réservé ce coin de terre pour se recueillir et se reposer des bruits du monde. Césarine, respectant son désir, avait paru apprécier pour elle-même les utiles et salutaires loisirs de cette saison de retraite annuelle. Cette fois elle déclarait qu'il fallait en faire le sacrifice et ouvrir les portes toutes grandes à la foule des électeurs de tout rang et de toute opinion. M. Dietrich se résigna en soupirant, la jeune marquise organisa donc un système de réceptions incessantes. On ne donnait pas de fêtes, disait-on, à cause de l'absence et du triste état du marquis ; et puis on en donnait qui semblaient improvisées lorsque le courrier apportait de bonnes nouvelles de lui, sauf à dire d'un air triste le lendemain que le mieux ne s'était pas soutenu.

J'aimais beaucoup Mireval, je m'y reposais du temps perdu à Paris. Je ne l'aimai plus lorsque je le vis envahi comme un petit Versailles ouvert à la curiosité. Dans toute agglomération humaine, la médiocrité domine. Ces dîners journaliers de cinquante couverts, ces réjouissances dans le parc, cet endimanchement perpétuel, me furent odieux. Je ne pouvais refuser d'aider mademoiselle Helmina dans ses fonctions de majordome; son activité ne suffisait plus à tout. Le marquisat de sa nièce lui avait porté au cerveau, elle ne trouvait plus rien d'assez magnifique ou d'assez ingénieux pour soutenir le lustre d'une position si haute. Je n'avais plus d'intimité avec Césarine. Depuis le mariage de Paul et le sien, ses lèvres étaient scellées, sa figure était devenue impénétrable. Elle ne se portait pas bien, c'était pour moi le seul indice d'une grande déception supportée avec courage. Je dois dire que, durant cette période d'efforts pour oublier sa blessure ou pour la cacher, elle fut vraiment la femme forte qu'elle se piquait d'être, et que, tout en l'admirant, je sentis se réveiller ma tendresse pour elle, la douleur que me causait sa souffrance, le dévouement qui me portait à l'alléger en lui sacrifiant mes goûts et ma liberté.

J'avais à peine le temps d'écrire à Paul. Il m'écrivait peu lui-même. Il avait un surcroît de travail pour se mettre au courant de ses nouvelles attributions. Sa femme était heureuse, son enfant se portait bien. Il n'avait, disait-il, rien de mieux à souhaiter. M. de Valbonne écrivait à M. Dietrich une fois par semaine pour le tenir au courant des alternances de mieux et de pire par lesquelles passait M. de Rivonnière. Il supportait mieux les déplacements que le repos, il parcourait la Suisse à petites journées. Césarine paraissait prendre beaucoup d'intérêt à ces lettres, mais M. Dietrich seul y répondait. La marquise cachait avec peine l'insurmontable aversion que lui inspirait désormais M. de Valbonne.

Au bout de deux mois de lutte, Césarine l'emporta, et son père fut élu à une triomphante majorité. Elle avait déployé une activité dévorante et une habileté délicate dont on parlait avec admiration. On vécut encore quelques jours de ce triomphe, qui n'enivrait pas M. Dietrich et qui commençait à désillusionner la marquise, car beaucoup de ceux qu'elle avait conquis avec tant de peine montraient de reste qu'ils ne valaient pas cette peine-là et n'avaient guère plus de cœur que des chiffres. Elle se sentit alors très-fatiguée et très-souffrante. M. Dietrich, qui ne l'avait jamais vue malade depuis son enfance, s'effraya beaucoup et la reconduisit à Paris pour consulter.

Nous nous retrouvâmes donc à l'hôtel Dietrich tout à fait calmes et à peu près seuls; tout le Paris élégant était à la campagne ou à la mer. Nous touchions à la mi-septembre, et il faisait encore très-chaud. Le marquis allait décidément mieux. Césarine voyait s'éloigner indéfiniment la recouvrance de sa liberté; elle y était assez résignée, et son père espérait qu'elle aurait un jour quelque bonheur en ménage. L'engagement qu'avait pris son gendre de ne jamais la réclamer pour sa femme lui paraissait une délicatesse dont la marquise le tiendrait quitte en le revoyant guéri, soumis et toujours épris.

La consultation des médecins dissipa nos craintes. Césarine n'avait que l'épuisement passager qui résulte d'une grande fatigue. On lui conseilla de passer le reste de la belle saison, tantôt sur sa chaise longue, dans l'ombre fraîche de ses vastes appartements, tantôt en voiture un peu avant le coucher du soleil, de prendre du fer, du quinquina, et de se coucher de bonne heure. Elle se soumit d'un air d'indifférence, se fit apporter beaucoup de livres et se plongea dans la lecture, comme une personne détachée de toutes les choses extérieures ; puis elle prit des notes, entassa de petits cahiers, et un beau matin elle me dit :

— Durant ces jours de loisir et de réflexion, tu ne sais pas ce que j'ai fait? J'ai fait un livre ! Ce n'est pas un roman, ne te réjouis pas ; c'est un résumé lourd et ennuyeux de quelques théories philosophiques à l'ordre du jour. Cela ne vaut rien, mais cela m'a occupée et intéressée. Lire beaucoup, écrire un peu, voilà un débouché pour mon activité d'esprit ; mais, pour que cela me fasse vraiment du bien, il faut que je sache si cela vaut la peine d'être dit et celle d'être lu ; j'ai écrit à ton neveu pour le prier de me donner son avis, et je lui ai envoyé mon manuscrit, puisque sa spécialité est de juger ces sortes de choses. Je ne tiens pas à être imprimée, je tiens seulement à savoir si je peux continuer sans perdre mon temps.

— Et il t'a répondu ?...

— Rien, sinon qu'il avait pris connaissance de mon travail et qu'il n'avait guère le temps de m'en faire la critique dans une lettre, mais qu'en un quart d'heure de conversation il se résumerait beaucoup mieux, et qu'il se tenait à mes ordres pour le jour et l'heure que je lui fixerais.

— Et tu as fixé...

— Aujourd'hui, tout à l'heure ; je l'attends.

Comme de coutume, Césarine m'avertissait à la dernière minute. Toute réflexion eût été superflue, deux heures sonnaient. Paul était très-exact; on l'annonça.

J'observai en vain la marquise, aucune émotion ne se trahit ; elle ne lui reprocha point de n'avoir pas tenu sa promesse de venir la voir; elle ne s'excusa point de n'avoir pas tenu celle qu'elle avait faite de revoir Marguerite. Elle ne lui parla que littérature et philosophie, comme si elle reprenait un entretien interrompu par un voyage. Quant à lui, calme comme un juge qui ne permet pas à l'homme d'exister en dehors de sa fonction, il lui rendit ainsi compte de son livre :

— Vous avez fait, sans paraître vous en douter, un ouvrage remarquable, mais non sans défauts ; au contraire ; les défauts abondent. Cependant, comme il y a une qualité essentielle, l'indépendance du point de vue et une appréciation plus qu'ingénieuse, une appréciation très-profonde de la question que vous traitez, je vous engage sérieusement à faire disparaître les détails un peu puérils et à mettre en lumière le fond de votre pensée. L'examen des effets est de la main d'un écolier et prend infiniment trop de place. Le jugement que vous portez sur les causes est d'un maître, et vous l'avez glissé là avec trop de modestie et de défiance de vous-même. Refaites votre ouvrage, sacrifiez-en les trois quarts ; mais du dernier quart composez un livre entier. Je vous réponds qu'il méritera d'être publié, et qu'il ne sera pas inutile. Quant à la forme, elle est correcte et claire, pourtant un peu lâchée. J'y voudrais l'énergie froide, si vous voulez, mais puissante, d'une conviction qui vous est chère.

— Aucune conviction ne m'est chère, reprit Césarine, puisque j'ai fait ce travail avec indépendance.

— L'indépendance, reprit-il, est une passion qui mérite de prendre place parmi les passions les plus nobles. C'est même la passion dominante des esprits élevés de notre époque. C'est, sous une forme nouvelle, la passion de la liberté de conscience qui a soulevé les grandes luttes de vos pères protestants, madame la marquise.

— Vous avez raison, dit-elle, vous m'ouvrez la fenêtre, et le jour pénètre en moi. Je vous remercie, je suivrai votre conseil ; je referai mon livre, j'ai compris, vous verrez.

Il allait se retirer, elle le retint.

— Vous avez peut-être à causer avec votre tante, lui dit-elle. Restez, j'ai affaire dans la maison. Si je ne vous retrouve pas ici, adieu, et merci encore.

Elle lui tendit la main avec une grâce chaste et affectueuse en ajoutant :

— Je ne vous ai pas demandé des nouvelles de chez vous, j'en ai ; Pauline vous dira que je lui en demande souvent.

Je trouvai inutile de dire à Paul qu'elle ne m'en demandait jamais. Mon rôle n'était plus de le prémunir contre les dangers que j'avais cru devoir lui signaler l'année précédente. Je devais au contraire lui laisser croire qu'ils étaient imaginaires et accepter pour moi le ridicule de cette méprise. Je pensai devoir seulement lui demander s'il ne craignait pas d'éveiller la jalousie du marquis en venant voir sa femme.

— Je suis si éloigné de vouloir lui en inspirer, répondit-il, que je n'ai même pas songé à lui; mais, si vous craignez quelque chose, je puis fort bien ne pas revenir et vous prendre pour intermédiaire des communications qui s'établissent entre madame de Rivonnière et moi à propos de son livre.

— Ton devoir serait peut-être d'en écrire à M. de Valbonne pour le consulter.

— Je trouverais cela bien puéril! Me poser en homme redoutable quand je suis marié me semblerait fort ridicule en même temps que fort injurieux pour cette pauvre marquise, que vous jugez un peu sévèrement. Supposez que vous ne vous soyez pas trompée, ma tante, et qu'elle ait eu réellement, dans un jour de rêverie extravagante, la pensée de s'appeler madame Gilbert; elle est à coup sûr fort enchantée maintenant d'avoir une position plus conforme à ses goûts et à ses habitudes. Faudrait-il éterniser le souvenir d'une fantaisie d'enfant, et, si l'on fouillait dans le passé de toutes les femmes, n'y trouverait-on pas des milliers de peccadilles aussi déraisonnables qu'innocentes? De grâce, ma tante, laissez-moi oublier tout cela et rendre justice à la femme intelligente et bonne qui rachète, par le travail sérieux et la grâce sans apprêt, les légèretés ou les rêveries de la jeune fille.

Devais-je insister? devais-je avertir M. Dietrich, alors absent pour six semaines? devais-je inquiéter Marguerite pour l'engager à se tenir sur ses gardes? Évidemment je ne pouvais et ne devais rien faire de tout cela. J'avais depuis longtemps perdu l'espérance de diriger Césarine; je n'étais plus sa gouvernante. Elle s'appartenait, et je ne m'étais pas engagée avec son mari à veiller sur elle. Il n'y avait pas d'apparence qu'il fût jamais en état de tirer vengeance d'un rival, et Paul avait désormais assez d'ascendant sur lui pour détruire ses soupçons. D'ailleurs Paul voyait peut-être plus clair que moi; Césarine, éprise de graves recherches et peut-être ambitieuse de renommée, ne songeait peut-être plus à lui.

Il la revit plusieurs fois, et peu à peu ils se virent souvent. M. Dietrich les retrouva sur un pied de relations courtoises et amicales si discrètes et si tranquilles, qu'il n'en conçut aucune inquiétude et ne jugea pas convenable d'en instruire M. de Valbonne dans ses lettres. L'automne arrivait, il se proposait de faire voyager un peu sa fille; mais elle était parfaitement guérie et trouvait à Paris la solitude dont elle avait besoin pour travailler. Elle paraissait si calme et si heureuse qu'il consentit à attendre à Paris auprès d'elle l'ouverture de la session parlementaire. Césarine n'aimait plus le monde, et il était de bon goût qu'elle vécût dans la retraite. Son cortége de prétendants l'avait naturellement abandonnée. Elle rechercha parmi ses anciens amis les personnes graves occupées de science ou de politique. Aucun beau jeune homme, aucune femme à la mode ne reparut à l'hôtel Dietrich. Paul, avec sa mise modeste et son attitude sérieuse, ne déparait pas cet aréopage de gens mûrs convoqué autour des élucubrations littéraires et philosophiques de la belle marquise. Il prenait plaisir aux discussions intéressantes que Césarine avait l'art de soulever et d'entretenir. Il y faisait très-bonne figure quand on le forçait à y prendre part. Il avait déjà dans ce monde-là des relations qui devinrent plus intimes. On y faisait grand cas de lui; on en fit davantage en le voyant plus souvent et moins contenu par sa discrétion naturelle. Césarine réussissait à le faire briller malgré lui et sans qu'il s'aperçût de l'aide qu'elle lui donnait.

A la fin de l'hiver, leur amitié établie sans crise et sans émotion, elle l'engagea à lui amener Marguerite. Il refusa et lui dit pourquoi. Marguerite était trop impressionnable, trop peu défendue par l'expérience et le raisonnement, pour sortir de la sphère où elle était heureuse et sage.

Au printemps, Paul, dont la position s'améliorait chaque jour, avait pu louer, à une demi-heure de Paris, une petite maison de campagne où sa femme et son enfant vivaient avec madame Féron, sans qu'elles fussent forcées de beaucoup travailler. Il allait chaque soir les retrouver, et chaque matin, avant de partir, il arrosait lui-même un carré de plantes qu'il avait la jouissance de voir croître et fleurir. Il n'avait jamais eu d'autre ambition que de posséder un hectare de bonne terre, et il comptait acheter l'année suivante celle qui lui était louée. Il pouvait désormais quitter son bureau à cinq heures; il dînait à Paris et venait souvent nous voir après. Dès que les pendules marquaient neuf heures, quelque intéressante que fût la conversation, il disparaissait pour aller prendre le dernier train et rejoindre sa famille. Quelquefois il acceptait de dîner avec nous et quelques-unes des notabilités dont s'entourait la marquise.

Un jour que nous l'attendions, je reçus un billet de lui.

« Je suis effrayé, ma tante, disait-il; Marguerite me fait dire que Pierre est très-malade; j'y cours. Excusez-moi auprès de madame de Rivonnière. »

— Prends ma voiture et cours chez mon médecin, me dit Césarine, emmène-le chez ton neveu. Je t'accompagnerais si j'étais libre; je te donne Bertrand, qui ira chez les pharmaciens et vous portera ce qu'il faut.

Je me hâtai. Je trouvai le pauvre enfant très-mal, Paul au désespoir, Marguerite à peu près folle. Le médecin de l'endroit qu'on avait appelé s'entendit avec celui que j'amenais. L'enfant, mal vacciné, avait la petite vérole. Ils prescrivirent les remèdes d'usage et se retirèrent sans donner grand espoir, la maladie avait une intensité effrayante. Nous restions consternés autour du lit du pauvre petit, quand Césarine entra vers dix heures du soir, encore vêtue comme elle l'était dans son salon, belle et apportant l'espoir dans son sourire. Elle s'installa près de nous, puis elle exigea que Marguerite et Paul nous laissassent toutes deux veiller le malade. La chambre était trop petite pour qu'il fût prudent d'encombrer l'atmosphère. Elle se déshabilla, passa une robe de chambre qu'elle avait apportée dans un foulard, s'établit auprès du lit, et resta là toute la nuit, tout le lendemain, toutes les nuits et les jours qui suivirent, jusqu'à ce que l'enfant fût hors de danger. Elle fut vraiment admirable, et Paul dut, comme les autres, accepter aveuglément son autorité. Elle avait coutume de soigner les malades à Mireval, et elle y portait un rare courage moral et physique. Les paysans la croyaient magicienne, car elle opérait le miracle de ranimer la volonté et de rendre l'espérance. Ce miracle, elle le fit sur nous tous autour du pauvre enfant. Elle était entrée dans cette petite maison abîmée de douleur et d'effroi, comme un rayon de soleil au milieu de la nuit. Elle nous avait rendu la présence d'esprit, le sens de l'à-propos, la confiance de conjurer le mal, toutes conditions essentielles pour le succès des meilleures médications; elle nous quitta, nous laissant dans la joie et bénissant son intervention providentielle.

Je dus rester quelques jours encore pour soigner Marguerite, que le chagrin et l'inquiétude avaient rendue malade aussi. Césarine revint pour elle, ranima son esprit troublé, lui témoigna un intérêt dont elle fut très-fière, rassura et égaya Paul, qui, à peine remis d'une terreur, retombait dans une autre, se fit aimer de madame Féron, avec qui elle causait des choses les plus vulgaires dans un langage si simple que la femme supérieure s'effaçait absolument pour se mettre au niveau des plus humbles. Cette séduction charmante me prit moi-même, car, dans nos entretiens, elle ne donnait plus de démenti confidentiel à sa conduite extérieure. Je me persuadai qu'elle était absolument guérie de son orgueil et de sa passion. Je ne craignis plus d'enflammer Paul en partageant l'admiration qu'il avait pour elle. Sa reconnaissance et son affection devenaient choses sacrées; une prévision du danger m'eût semblé une injure pour tous deux.

Et pourtant la marquise avait réussi là où avait échoué Césarine. Elle avait amélioré le sort de Paul, car, sans qu'il pût s'en douter, elle avait pesé, par l'intermédiaire de son père, sur les résolutions de M. Latour. Celui-ci, ayant éprouvé quelques pertes, voulait restreindre ses opérations. En lui prêtant une somme importante, M. Dietrich l'avait amené à faire tout le contraire et à charger Paul d'une affaire assez considérable. Elle avait ainsi donné du pain à l'enfant et du repos à la mère, elle avait été le médecin de l'une et de l'autre; elle s'était emparée de la confiance, de l'affection, voire des secrets de la famille. Tout ce que Paul avait juré de soustraire à sa sollicitude, elle le tenait, et, loin de s'en plaindre, il était heureux qu'elle l'eût conquis.

Une seule personne, celle qui jusque-là avait été la plus confiante, Marguerite, sans autre lumière que son instinct, devina ou plutôt sentit la fatalité qui l'enveloppait; elle le sentit d'autant plus douloureusement qu'elle adorait la belle marquise et ne l'accusait de rien. Sa jalousie éclatait d'une manière tout opposée à celle que nous avions redoutée. Un jour, je la trouvai en larmes, et, bien que j'eusse quelque ennui à écouter ses plaintes, je fus forcée de les entendre.

— Voyez-vous, me dit-elle, vous me croyez heureuse; eh bien! je le suis moins qu'avant ce mariage tant désiré. Je m'instruis un peu. Paul a un peu plus de temps pour s'occuper de moi, et il croit me faire grand bien en m'apprenant à raisonner. Cela me tue au contraire, car voilà que je comprends un *tas de choses* dont je ne me doutais pas, et toutes ces choses sont tristes, toutes me blessent ou me condamnent. Il ne peut pas me parler de ce qui est bien ou mal sans que je me rappelle le mal que j'ai fait et la répugnance qu'il doit avoir pour mon passé. Il me dit bien que je dois l'oublier, puisque tout est réparé; mais qu'est-ce qui a réparé? C'est lui, au risque de sa vie, en prenant la vie d'un autre et en me refaisant un honneur avec du sang. Il est bon, il s'est mis à plaindre celui qu'il détestait, et la pitié qu'il a pour son ennemi le rend triste quand il entend dire qu'il mourra. S'il m'aimait assez pour s'en consoler! Mais voilà ce qui ne se peut pas. Ce n'est pas le tout d'être jolie femme et d'aimer à la folie; il faut encore avoir de l'esprit et de l'instruction pour ne pas ennuyer un homme qui en a tant ! Moi, quand je demandais le mariage, je ne savais pas ça. Je croyais qu'il devait se plaire avec moi et son enfant, et je lui disais toujours :

« — Où seras-tu plus aimé et plus content qu'avec nous ? »

Il n'a jamais été contre, car il me répondait :

« — Tu vois bien que je ne me trouve pas mieux ailleurs, puisque je ne vous quitte jamais que je n'y sois forcé. » Aujourd'hui pourtant il pourrait dîner avec nous tous les jours, et c'est bien rare qu'il revienne ici avant neuf heures et demie du soir. Il ne voit plus Pierre s'endormir. Il le regarde bien dans son petit lit, et le matin il le porte dans le jardin et le dévore de caresses ; mais je le regarde à travers le rideau de ma fenêtre, et je lui vois des airs tristes tout d'un coup. Je me figure même qu'il a des larmes dans les yeux. Si j'essaye de le questionner, il me répond toujours avec sa même douceur et me gronde avec sa même bonté ; cependant il a l'air sévère malgré lui, et je vois qu'il a de la peine à se retenir de me dire que je suis une ingrate. Alors je lui demande pardon et ne lui dis plus rien : j'ai trop peur de le tourmenter ; mais il me reste un pavé sur le cœur. Je chante, je ris, je travaille, je remue pour me distraire. Ça va bien tant que l'enfant est éveillé et que je m'occupe de lui ; quand il ferme ses yeux bleus, le ciel se cache. Madame Féron s'en va dormir aussi tout de suite. Paul m'a défendu de lui faire des confidences; elle aime à causer, et mon silence l'ennuie. Je reste seule, j'attends que mon mari soit rentré; je prends mon ouvrage et je me dis :

« — Deux heures, ça n'est pas bien long... »

Cela me paraît deux ans. Je ne sais pas pourquoi ces deux heures-là, qu'il pourrait nous donner et qu'il ne nous donne presque plus, me rendent folle, injuste, méchante. Je rêve des malheurs, des désespoirs; si je ne craignais pas d'éveiller mon petit, je crierais, tant je souffre. Je regarde à la fenêtre comme si je pouvais voir par-dessus la campagne ce que Paul fait à Paris... Et pourtant, je le sais, il ne fait pas de mal; il ne peut faire que du bien, lui! Je sais qu'il va souvent chez vous, c'est bien naturel : vous êtes pour lui comme sa mère. Quand il rentre, je lui demande toujours s'il vous a vue. Il répond oui, il ne ment jamais... S'il a vu la belle marquise, s'il y avait du grand monde chez elle, s'il est content d'être revenu auprès de moi; il sourit en disant toujours oui. Il me fait raconter tout ce que le chéri a fait et dit dans la journée, à quels jeux il s'est amusé, ce qu'il a bu et mangé; enfin il paraît heureux de parler de lui, et je n'ose pas parler de moi. Je me cache d'avoir souffert. Quelquefois je suis bien pâle et bien défaite, il ne s'en aperçoit pas, ou, s'il y prend garde, il ne devine pas pourquoi. Je voudrais lui tout dire pourtant, lui confesser que je m'ennuie de vivre, que par moments je regrette qu'il m'ait empêchée de mourir. J'ai peur de lui faire de la peine, d'augmenter celle qu'il a, car il en a beaucoup, je le vois bien, et peut-être est-il plus à plaindre que moi...

Ce jour-là, Marguerite ne me laissa entrevoir aucune jalousie contre la marquise; mais une autre fois ce fut à Césarine elle-même qu'elle se révéla.

Quelques semaines s'étaient écoulées depuis la maladie de l'enfant. Césarine venait le voir tous les dimanches et passait ainsi avec Paul et moi une partie de cette journée, que Paul consacrait toujours à sa famille. Dans la semaine, il avait repris l'habitude de dîner à l'hôtel Dietrich le mardi et le samedi, et d'y venir passer une heure le soir presque tous les jours. C'était là le gros chagrin de Marguerite, je le trouvais injuste. Je n'en avais point parlé à Paul, espérant qu'elle prendrait le sage parti de ne pas vouloir l'enchaîner si étroitement; il était bien assez esclave de son devoir. Un peu de loisir mondain n'était-il pas permis à cet homme d'intelligence condamné à la société d'une femme si élémentaire?

Pourtant je commençais à m'inquiéter de son air souffreteux et de l'abattement où il m'arrivait souvent de la surprendre. La marquise s'en apercevait fort bien, et si elle ne la questionnait pas, c'est qu'elle savait mieux qu'elle-même la cause de son chagrin. Marguerite avait besoin d'être questionnée; comme tous les enfants, elle ne savait que devenir quand on ne s'occupait pas d'elle. Parler d'elle-même, se plaindre, se répandre, se vanter en s'accusant, se faire juger, se repentir, promettre et recommencer, telle était sa vie, et depuis que la Féron n'était plus sa confidente, depuis que Paul, marié avec elle, lui inspirait une sorte de crainte, elle amassait des tempêtes dans son cœur.

Comme nous étions toutes les trois dans son petit jardin, Paul se trouvant occupé dehors, elle rompit la digue que lui imposait notre absence de curiosité.

— Paul s'est donc bien amusé hier soir chez vous, nous dit-elle d'un ton assez aigre, qu'il a manqué le train et n'est rentré qu'à onze heures, à pied, par les sentiers?

— En vérité, lui dit Césarine, est-ce que vous avez été inquiète?

— Bien sûr que je l'ai été. Un homme seul comme ça sur des chemins où on ne rencontre que des gens qui rôdent on ne sait pourquoi! Vous devriez bien me le renvoyer plus tôt. Quand il n'arrive pas à l'heure, je compte les minutes; c'est ça qui me fait du mal!

— Chère enfant, reprit Césarine avec une douceur admirable, nous nous arrangerons pour que cela n'arrive plus. Nous gronderons Bertrand quand les pendules retarderont.

— Vous pouvez bien les avancer d'une heure, car il prend tant d'amusement chez vous qu'il m'en oublie.

— On ne s'amuse pas chez nous, Marguerite; on est très-sérieux au contraire.

— Justement; c'est sa manière de s'amuser, à lui; mais vous ne me ferez pas croire que vous ne receviez pas quantité de belles dames?

— C'est ce qui vous trompe. Il ne vient plus de belles dames chez moi.

— Il y a vous toujours, et vous en valez cent.

— Fort aimable; mais vous ne pouvez pas être jalouse de moi ?

Marguerite regarda la marquise en face avec une sorte de terreur, puis elle se courba sous le regard limpide et profond qu'elle interrogeait. Elle se mit aux genoux de Césarine, prit ses mains et les baisa.

— Ma belle marquise, lui dit-elle, vous savez que vous êtes mon bon dieu sur la terre. Vous m'avez fait marier, car c'est à vous que je dois ça, j'en suis sûre. Je vous dois la vie de mon enfant et aussi sa beauté, car sans vous il aurait été défiguré. Quand je pense quels soins vous avez pris de lui sans être dégoûtée de ce mal abominable, sans crainte de le prendre, sans me permettre d'y toucher, sans vous soucier de vous-même à force de vous soucier des autres ! Oui, bien sûr, vous êtes l'ange gardien, et je ne pourrai jamais vous dire comme je vous aime ; mais tout ça ne m'empêche pas d'être jalouse de vous. Est-ce que ça peut être autrement ? Vous avez tout pour vous, et je n'ai rien. Vous êtes restée belle comme à seize ans, et moi, plus jeune que vous, me voilà déjà fanée ; je sens que je me courbe comme une vieille, tandis que vous vous redressez comme un peuplier au printemps. Vous avez, pour vous rendre toujours plus jolie, des toilettes qui ne me serviraient de rien, à moi ! Quand même je les aurais, je ne saurais pas les porter. Quand je mets un pauvre bout de ruban dans mes cheveux pour paraître mieux coiffée, Paul me l'ôte en me disant :

« — Ça ne te va pas, tu es plus belle avec tes cheveux. »

Mais ils tombent, mes cheveux. Voyez! j'en ai déjà perdu plus de la moitié, et, quand je n'en aurai presque plus, si je m'achète un faux chignon, Paul se moquera de moi. Il me dira :

« — Reste donc comme tu es! Ça n'est pas tes cheveux que j'aime, c'est ton cœur. »

C'est bien joli, cela, et c'est vrai, c'est trop vrai. Il aime mon cœur, et il ne fait plus cas de ma figure ; il y est trop habitué. L'amitié ne compte pas les cheveux blancs quand ils se mettent à pousser. Il m'aimera vieille, il m'aimera laide, je le sais, j'en suis fière ; mais c'est toujours de l'amitié, et je m'en contenterais, si j'étais bien sûre qu'il n'est pas capable de connaître l'amour. Il le dit. Il jure qu'il ne sait pas ce que c'est que de s'attacher à une femme parce qu'elle a de beaux yeux ou de belles robes...

— Je crois, dit Césarine en souriant d'une façon singulière, qu'il vous dit la vérité.

— Oui, ma marquise ; mais quand, avec les belles robes et les beaux yeux, et toute la personne magnifique et aimable, il y a le grand esprit, le grand savoir, la grande bonté, tout ce qu'un homme doit admirer... Tenez! il n'est pas possible qu'il ne vous aime pas d'amour, voilà ce que je me dis tous les soirs quand il est chez vous et que je l'attends.

— Ce que vous vous dites là est très-mal, répondit Césarine sans montrer aucune autre émotion qu'un peu de mécontentement. Voyons, ma pauvre Marguerite, êtes-vous sans conscience et sans respect des choses les plus saintes? Croyez-vous que, si votre mari avait la folie d'être épris de moi, je ne m'en apercevrais pas ?

— Peut-être, ma marquise ! Ne me grondez pas. Qui peut savoir ? Paul est si drôle, si différent des autres! Je sais bien, moi, que tout le monde n'est pas comme lui. Il y en a qui ne savent rien cacher : des gens qui ne le valent pas, mais qui sont plus ouverts, plus passionnés, dont on connaît vite le bon et le mauvais côté. On n'est pas longtemps trompé par eux : ils vont où le vent les pousse ; mais Paul avec sa raison, son courage, sa patience, on ne peut rien savoir de lui!

— Il me semble, reprit Césarine avec une ironie dont Marguerite ne sentit pas toute la portée, que vous faites ici une étrange allusion au passé. Il semblerait que, tout en mettant votre mari beaucoup au-dessus du mien, vous ayez au fond du cœur quelque regret d'une passion moins pure, mais plus vive que l'amitié.

Marguerite rougit jusqu'aux yeux, mais sans renoncer à s'épancher sur un sujet trop délicat pour elle. Je voyais en présence les deux natures les plus opposées : l'une résumant en elle tout l'empire qu'une femme est capable d'exercer sur les autres et sur elle-même; l'autre absolument dépourvue de défense, capable de raisonner et de réfléchir jusqu'à un certain point, mais forcée, par la nature de ses impressions, de tout subir et de tout révéler.

— Vous avez raison de vous moquer de moi, reprit-elle; ce n'est pas joli de se souvenir d'un vilain passé, quand on a le présent meilleur qu'on ne mérite; mais à vous, est-ce que je ne peux pas parler de tout? Voyez donc si je n'ai pas sujet d'être jalouse de vous! Pour qui est-ce que j'ai été trompée et quittée? Vous pensez bien que je le sais à présent. Quoique Paul ne m'en ait jamais voulu parler, il a bien fallu que quelque parole lui échappât. Votre marquis vous aimait depuis longtemps; c'est par dépit qu'il m'a recherchée, c'est pour retourner à vous qu'il m'a plantée là. Ce qui m'est arrivé une fois peut m'arriver encore. C'est peut-être mon sort que vous me fassiez tout le mal et tout le bien de ma vie.

— Vous déraisonnez tout à fait, Marguerite, lui-dis-je. Vous oubliez que la marquise de Rivonnière ne s'appartient plus; vous lui manquez de respect, vous outragez votre mari! J'admire la patience avec laquelle mon amie vous écoute et vous répond, je me demande ce que Paul penserait de vous, s'il pouvait vous entendre.

— Ah! s'écria-t-elle épouvantée, si vous le lui répétez, je suis perdue.

— Je ne veux pas vous perdre, je ne veux pas surtout le rendre malheureux en le forçant à regretter son mariage.

Marguerite pleurait amèrement. La marquise la consola et l'apaisa avec une douceur maternelle, en me disant que j'avais tort de la gronder, qu'il fallait persuader et non brusquer les enfants malades. Marguerite sanglota à ses pieds, la couvrit de caresses, lui demanda pardon, jura cent fois de ne plus être folle, et, entendant revenir Paul, s'enfuit au fond du jardin pour qu'il ne vît pas ses larmes.

Mais il les vit, s'en affecta et m'écrivit le lendemain la lettre suivante :

« Ma pauvre Marguerite est malade, malade d'esprit surtout. Je l'ai confessée, je sais qu'elle a dit des choses insensées à madame de Rivonnière. Je sais aussi que madame de Rivonnière est trop saintement sage pour voir en elle autre chose qu'une pauvre enfant à plaindre, à soigner, à guérir. Je sais qu'elle y serait toute résignée, qu'elle en aurait la patience, et que sa pitié serait inépuisable ; mais ici, qu'elle me le pardonne, ma fierté ou plutôt ma discrétion d'autrefois reparaît. Je ne dois imposer qu'à moi-même le soin de guérir ma malade. Je crois que ce sera très-facile. Il suffit que je m'abstienne pendant quelque temps de rester à Paris le soir. Je vais m'arranger pour vous présenter quelquefois mes respects vers cinq heures, puisqu'on vous trouve à cette heure-là, et je me priverai des bonnes causeries de l'après-dînée. Priez madame de Rivonnière d'être moins parfaite, c'est-à-dire d'être un peu sévère et de feindre de bouder ma compagne pendant une semaine ou deux. Il ne faut pas que l'enfant s'habitue à offenser impunément ce qu'au fond du cœur elle chérit et respecte. Ne vous tourmentez pas, ma tante, je sais aussi soigner les enfants et je ne me fais pas un malheur des puériles contrariétés de la vie. Mes respects très-profonds à notre amie, mes tendresses à vous.

» Paul. »

— Il aura beau faire pour le cacher, me dit Césarine, à qui je communiquai cette lettre. Il est bien malheureux, ton Paul! Il cède, et ce sera pire. Il prend la patience pour la force. Cette pauvre femme ne changera pas; elle ne croira jamais aux autres parce qu'elle a perdu le droit de croire à elle-même. Aucune femme, si puissante qu'elle soit, ne se relèvera jamais entièrement d'une chute, et, quand elle est faible, elle ne se relève pas du tout. Il y a au fond de ce malheureux cœur une amertume que rien ne peut en arracher. La faiblesse dont elle rougit, elle souhaite ardemment de la constater chez celles qui n'ont point à rougir. Si elle pouvait la surprendre chez moi, en même temps que furieuse et désespérée, elle serait triomphante d'une joie lâche et mauvaise. Je te le disais bien que Paul ne pouvait pas épouser cette fille, et tu le sentais bien aussi! Elle lui fera cruellement expier sa grandeur d'âme.

— Ne crains-tu pas qu'il ne t'en arrive autant? Ne t'es-tu pas mariée sans amour, par un mouvement de générosité?

— Je me suis mariée avec un mort, ce n'est pas la même chose, et j'ai pris mes précautions pour que ce mort ne revive pas avec moi. Je n'ai point fait acte de sensiblerie. J'ai cru frapper un grand coup, et je l'aurais frappé, si Paul n'eût brisé mon ouvrage en épousant sa maîtresse !...

Je n'osais demander l'explication de ces paroles mystérieuses, tant je craignais de voir Césarine repousser le piédestal sur lequel elle était remontée ; mais elle était lasse de se taire, l'expansion de la pauvre Marguerite avait rompu le charme ; la sérénité de la déesse était troublée par cet incident vulgaire. Césarine, tout comme Marguerite, avait besoin de parler, elle parla malgré moi.

— Tu ne veux pas comprendre ? reprit-elle irritée de mon silence.

— Non, lui dis-je ; j'aime mieux croire.

— Cruelle, comme il y a longtemps que tu ris du châtiment que tu crois m'être infligé par la destinée ! Tu me crois vaincue et brisée, n'est-ce pas ? Eh bien ! tu te trompes, je ne le suis pas, je ne le serai jamais. J'ai voulu être aimée de Paul Gilbert ; je le suis !

— Tu mens ! m'écriai-je ; son amitié pour toi est aussi sainte que tous les autres sentiments de sa vie.

— Et qui donc voudrait qu'il en fût autrement ? répondit-elle en se dressant dans sa plus écrasante fierté T'es-tu jamais imaginé que je voulais le rendre adultère et descendre à l'être moi-même ?

— Non, certes ; mais tu crois peut-être troubler sa raison, torturer son cœur et ses sens...

— Je ne m'abaisse pas à savoir s'il a des sens et si mon image les trouble. Je vis dans une sphère d'idées et de sentiments où ces malsaines préoccupations ne pénètrent pas. Je suis une nature élevée, je vis au-dessus de la réalité ; tu devrais le savoir, et je trouve qu'en l'oubliant tu te rabaisses plus que tu ne m'offenses. J'ai voulu être la plus noble et la plus pure affection de Paul en même temps que la plus vive. Crois-tu que j'aie échoué ?

— Si tu n'as pas échoué, tu as accompli une œuvre de malheur et de destruction. Se mettre à la place de la femme légitime dans le cœur et la pensée de l'époux, retirer soi-même, à celui qu'on a choisi, la place qu'il doit occuper dans le cœur et dans la pensée de sa femme, c'est commettre, dans la haute et funeste région que tu prétends occuper, un double adultère qui n'a pas besoin du délire des sens pour être criminel. C'est se jouer froidement des liens de la famille, c'est renverser les notions les plus vraies et se créer un code de libres attractions en dehors de tous les devoirs. C'est un échafaudage de sophismes, de mensonges à sa propre conscience, et tout cela prémédité, raisonné, travaillé, me semble odieux ; voilà mon jugement, et si tu ne peux le supporter sans colère, quittons-nous. Tu t'es trop dévoilée, je ne t'estime plus ; je m'efforcerai de ne plus t'aimer...

— Comme tu deviens irritable et intolérante ! répondit-elle froidement ; voyons, calme-toi, tu me dis mes vérités avec fureur, tu me forces à te dire les tiennes de sang-froid. Il se peut que je sois romanesque, mais je prétends l'être avec dignité, avec succès, et faire triompher dans ma vie ces prétendus sophismes dont je saurai faire des vérités ; toi, pasvrette, tu ne comprends rien ni à l'amour, ni au devoir, ni à la famille. N'ayant jamais été aimée, tu as cru que toute la vertu consistait à n'aimer point; tu t'en es tirée avec dignité, je le reconnais; tu n'as donné à personne le droit de te trouver ridicule; c'est tout ce que tu pouvais faire. Quant à la science du cœur humain, tu ne pouvais pas l'acquérir, n'ayant pas l'occasion de l'étudier sur toi-même. Tu as pris tes notions dans les idées sociales, c'est-à-dire dans le code du convenu. Tu ne peux pas voir par-dessus ces vaines barrières, tu n'es pas assez grande! Il te semble que ce qui est *arrangé* est sacré, que je dois à l'homme à qui j'ai juré fidélité mon âme tout entière, de même que Paul, selon toi, doit tout son cœur, toute sa pensée à Marguerite. Eh bien! cela est faux, paradoxal, illusoire, impossible. C'est la convention hypocrite du monde qui dit ces choses-là et ne les pense pas. On ne me trompe pas, moi! J'ai très-bien compris qu'en m'engageant à M. de Rivonnière, dont je ne veux pas être la femme, j'avais fait vœu de chasteté, parce que je ne dois pas le forcer à donner son nom aux enfants d'un autre. Il l'a compris aussi, puisqu'en s'engageant sur l'honneur à me respecter, il a fait acte de confiance absolue dans ma loyauté. Paul n'a pas non plus trompé Marguerite, bien que la convention fût toute autre. Il lui a toujours refusé l'impossible enthousiasme que la pauvre sotte voudrait lui inspirer. Il lui a donné sa protection, qu'il lui devait, et ses sens, dont je ne suis pas jalouse. Elle est sa ménagère, sa *femelle*, et ne peut être que cela. Elle n'est ni sa femme parce qu'elle n'est pas son égale devant Dieu, ni son amante parce qu'elle avilit l'amour dans ses appréciations misérables. Il ne *peut pas* l'aimer. Ce que l'homme de bien ne *peut pas* faire, c'est le mal, et ce qui avilit l'âme, ce qui rétrécit le cœur et l'esprit, c'est l'amour mal placé. Tu veux qu'il aime cette femme! Ta conscience te crie que tu mens, car elle te choque et te froisse toi-même; tu le lui fais sentir plus durement que moi. Tu veux que j'aime ce demi-sauvage déguisé en paladin que j'ai épousé pour montrer à Paul que je n'avais pas de sens? Si j'aimais ce Rivonnière, qui, malgré ses belles manières et sa bonne éducation, est, à un autre échelon social, le pendant de l'*élémentaire* Marguerite, je serais vraiment avilie; mais je n'ai pas le goût des choses basses : j'aime mon mari comme Paul aime sa femme. Ce sont deux personnes d'une autre variété de l'espèce humaine que la variété à laquelle nous appartenons. Des convenances extérieures nous ont forcés à nous les associer dans une certaine limite, lui pour avoir des enfants, moi pour n'en point avoir. Ce que nous leur devons, c'est le contraire de l'amour; Paul doit la paternité, moi la virginité. Pourquoi souffrirait-il de mon état de neutre, quand il m'est indifférent qu'il soit procréateur avec une autre ? Notre lien, c'est l'intelligence; notre fraternité, c'est la pensée; notre amour c'est l'idéal. Nous nous aimons, et tu n'y peux rien, va! Dis-lui maintenant tout ce que ta maladroite prudence te suggérera contre moi : il n'y croira plus, il ne te comprendra même pas ; essaye, je veux bien, quitte-moi, va vivre avec lui en lui disant que tu as horreur de ma perversité. Il te recevra à bras ouverts, mais tu liras à toute heure cette réflexion dans ses yeux attristés : ma pauvre tante est folle, cela me met sur les bras deux malades à soigner !

M'ayant ainsi terrassée, elle s'en alla tranquillement écrire à Paul qu'elle l'approuvait infiniment de ménager les souffrances de sa compagne, qu'elle respectait son désir de ne pas la revoir de quelque temps, mais qu'elle ne pouvait se résoudre à paraître fâchée, vu qu'elle pardonnait tout à la mère de l'adorable petit Pierre. — Puis trois pages de *post-scriptum* pour demander l'opinion de Paul sur quelques ouvrages à consulter. — La correspondance était entamée. Ses réponses remplirent tous les loisirs de Paul, car elle sut l'obliger à lui écrire tous les soirs où il s'était condamné à ne plus aller chez elle.

Un matin, Marguerite tomba chez nous à l'improviste. Paul l'avait amenée à Paris pour acheter quelques objets nécessaires à leur enfant, et elle s'était échappée pour voir *sa marquise;* elle la suppliait de ne pas la trahir.

— Je sais bien que je désobéis, ajouta-t-elle ; mais je ne peux pas vivre comme cela sans vous demander pardon. Je sais que vous ne m'en voulez pas, mais je m'en veux, moi, je me déteste d'avoir été si insolente et si mauvaise avec vous. Je ne le serai plus, vous êtes si grande et Paul est si bon ! Quand il a vu comme je me tourmentais de vos lettres, il me les a montrées.

Je n'y ai rien compris, sinon que vous l'approuviez de rester avec moi, et que vous m'aimiez bien toujours. A présent écoutez. Je ne peux pas accepter le sacrifice qu'il me fait de travailler dans une petite chambre sans air aux heures où il pourrait vous dire tout ce qu'il vous écrit, dans vos beaux salons, avec vous pour lui répondre et faire sortir son grand esprit, qui étouffe avec moi. Non, non, je ne veux pas le rendre malheureux et prisonnier; je le lui ai dit, il ne veut pas le croire, c'est à vous de le ramener chez vous. Écrivez-lui que vous avez besoin de lui, il n'a rien à vous refuser.

— Ce ne serait pas vrai, répondit Césarine. Je n'ai pas besoin de le voir pour achever mon travail. C'est pour l'acquit de ma conscience que je le consulte : quand j'aurai fini, je lui soumettrai le tout ; mais cela peut se communiquer par écrit.

— Non, non, ce n'est pas la même chose! Il a besoin de parler avec vous, il s'ennuie à la maison. Qu'est-ce que je peux lui dire pour l'amuser? Rien, je suis trop simple.

Marguerite avait l'habitude de s'humilier afin qu'on lui fît des compliments pour la relever à ses propres yeux. Elle était fort avide de ce genre de consolations. Césarine ne le lui épargna pas, mais avec une si profonde ironie au fond du cœur que la pauvre femme la trouva trop indulgente pour elle, et lui répondit :

— Vous dites tout cela par pitié! vous ne le pensez pas, vous êtes bonne jusqu'à mentir. Je vois bien que je vous lasse et vous ennuie, je ne reviendrai plus;

mais vous pouvez me faire du bien de loin. Rappelez Paul à vos dîners et à vos soirées, voilà tout ce que je vous demande.

— Alors vous n'êtes plus jalouse, c'est fini ?

— Non, ce n'est pas fini, je suis jalouse toujours. Plus je vous regarde, plus je vois qu'il est impossible de ne pas vous aimer plus que tout ; mais, quelque idiote que je sois, j'ai plus de cœur et plus de force que vous ne pensez, plus que Paul lui-même ne le croit. Vous le verrez avec le temps. Je suis capable d'aimer jusqu'à me faire un devoir, une vertu et peut-être un bonheur de ma jalousie.

— C'est très-profond ce qu'elle dit là, observa Césarine dès qu'elle se retrouva seule avec moi. Elle exprime à sa manière un sentiment qui la ferait très-grande, si elle était capable de l'avoir. Aimer Paul jusqu'à me bénir de lui inspirer l'amour qu'il ne peut avoir pour elle, ce serait un sacrifice sublime de sa personnalité farouche ; mais elle aime à se vanter, la pauvre créature, et si par moments elle est capable de concevoir une noble ambition, il ne dépend pas d'elle de la réaliser. Ce ne sont point là travaux de villageoise, et ce n'est pas en battant la lessive qu'on apprend à tordre son cœur comme un linge pour l'épurer et le blanchir.

— Qui sait, grande Césarine ? Il y a une chose que savent quelquefois ces natures primitives, et que vos travaux métaphysiques et autres ne vous apprendront jamais...

— Et cette chose, c'est...

— C'est l'abnégation.

— Qu'est-donc que ma vie alors? Je croyais n'avoir pas fait autre chose que de sacrifier tous mes premiers mouvements...

— A quoi? A la volonté de réussir en vue de toi même. La volonté d'échouer pour qu'un autre triomphe, tu ne l'auras jamais. Cela est bien plus au-dessus de toi que de Marguerite.

— Tu vas faire d'elle une martyre, une sainte? Nouveau point de vue !

— Ce qu'elle vient de faire en te priant de lui garder son mari tous les soirs, aux heures où elle s'inquiète et s'ennuie, est déjà assez généreux. Tu ne daignes pas y prendre garde, moi j'en suis frappée.

— Il n'y a pas de quoi ; Paul s'ennuie avec elle, elle l'a dit; elle a peur qu'il ne s'ennuie trop et ne cherche quelque distraction moins noble que ma conversation.

— Tu cherches à la rabaisser; tu es peut-être plus jalouse d'elle qu'elle ne l'est de toi.

— Jalouse, moi, de cette créature ?

— Tu la hais, puisque tu l'injuries.

— Je ne peux pas la haïr, je la dédaigne.

— Et toute cette bonté que tu dépenses pour la charmer et la soumettre, c'est l'hypocrisie de ton instinct dominateur.

— La pitié s'allie fort bien avec le dédain, elle ne peut même s'allier qu'avec lui. La souffrance noble inspire le respect. La pitié est l'aumône qu'on fait aux coupables ou aux faibles.

Césarine s'attendait à voir revenir Paul le soir même. Il ne revint pas, et, quelque sincère que fût le repentir de Marguerite, il ne reparut à l'hôtel Dietrich que rarement et pour échanger quelques paroles à propos du livre dont les premières épreuves étaient tirées. Il approuvait les changements que l'auteur y avait faits, mais il ne me cachait pas que ces améliorations ne réalisaient point ce qu'il avait attendu d'une refonte totale de l'ouvrage. Césarine n'avait pas atteint, selon lui, le complet développement de sa lucidité. Il n'osait pas l'engager à recommencer encore, et, comme je lui reprochais de manquer à sa probité littéraire accoutumée, il me répondit :

— Je ne crois pas y manquer, je ne vois pas pourquoi la marquise de Rivonnière serait obligée de faire un chef-d'œuvre ; c'est ma faute de m'être imaginé qu'elle en était capable. Ce qu'elle m'a demandé, je l'ai fait ; j'ai dit mon opinion, j'ai signalé les endroits mauvais, les endroits excellents, les endroits faibles. J'ai discuté avec elle, je lui ai indiqué les sources d'instruction et les sujets de réflexion. Ce qu'elle désirait, disait-elle, c'était de faire un travail très-lisible et un peu profitable ; elle est arrivée à ce but. Je suis convaincu encore qu'avec plus de maturité elle arriverait à un résultat vraiment sérieux ; mais son entourage ne lui en demande pas tant ; elle se fait illusion sur le mérite de son œuvre, comme il arrive à tous ceux qui écrivent, ou bien elle est douée d'une extrême modestie et se contente d'un médiocre effet.

Je n'ai pas le droit d'être plus sévère et plus exigeant qu'elle ne l'est pour elle-même. Si on lit peu son livre, si on n'en parle que dans son cercle, ce ne sera point un obstacle à un livre meilleur par la suite.

J'aimais toujours Césarine malgré nos querelles, qui devenaient de plus en plus vives, et je l'aimais peut-être d'autant plus que je la voyais se fourvoyer. Il devenait évident pour moi que Paul n'avait pas pour elle l'amitié enthousiaste, absorbante, dominant tout en lui, qu'elle se flattait de lui inspirer. Il était capable d'une sérieuse affection, d'une reconnaissance volontairement acquittée par le dévouement; mais la passion n'éclatait pas du tout, et il ne semblait nullement éprouver le besoin que Césarine et Marguerite lui attribuaient de s'enflammer pour un idéal.

Déçue bientôt de ce côté-là, que deviendrait la terrible volonté de Césarine, si elle ne pouvait se rattacher à la gloire des lettres? Je n'étais pas dupe de son insouciante modestie. Je voyais fort bien qu'elle aspirait aux grands triomphes et qu'elle associait ces deux buts : le monde soumis et Paul vaincu par l'éclat de son génie. J'aurais souhaité qu'à défaut de l'une de ces victoires elle remportât l'autre. Je tâchai de l'avertir, et avec le consentement de Paul je lui fis connaître son opinion. Elle fut un peu troublée d'abord, puis elle se remit et me dit :

— Je comprends; mon livre imprimé, il croit que j'oublierai le conseil utile et le correcteur dévoué. Il veut prolonger nos rapports d'intimité : il a raison;

je ne l'oublierais pas, mais j'aurais moins de motifs pour le voir souvent. Dis-lui que j'ai reconnu la supériorité de son jugement; qu'il arrête le tirage ; je recommencerai tout. Dis-lui aussi que cela ne me coûte pas, s'il me croit capable de faire quelque chose de bon.

Tant de sagesse et de douceur, dont il ne m'était plus permis de lui dire la cause véritable, désarma Paul, et fit faire à Césarine un grand pas dans son estime ; mais plus ce sentiment entrait en lui, plus il paraissait s'y installer pur et tranquille. Césarine ne s'attendait pas à l'obstination qu'il mit à rester chez lui le soir ; on eût dit qu'il s'y plaisait. J'allais le voir le dimanche.

— Marguerite va moralement beaucoup mieux, me disait-il. J'ai réussi à lui persuader qu'il m'était plus agréable de lui faire plaisir que de me procurer des distractions en dehors d'elle. Au fond, c'est la vérité ; certes sa conversation n'est pas brillante toujours et ne vaut pas celle de la marquise et de ses commensaux ; mais je suis plus content de la voir satisfaite que je ne souffre de mes sacrifices personnels. Mon devoir est de la rendre heureuse, et un homme de cœur ne doit pas savoir s'il y a quelque chose de plus intéressant que le devoir.

Marguerite se disait heureuse. N'étant plus forcée de travailler pour vivre, elle lisait tout ce qu'elle pouvait comprendre et se formait véritablement un peu ; mais elle était malade, et sa beauté s'altérait. Le médecin de Césarine, qui la voyait quelquefois, me dit en confidence qu'il la croyait atteinte d'une maladie chronique du foie ou de l'estomac. Elle savait si mal rendre compte de ce qu'elle éprouvait, qu'à moins d'un examen sérieux auquel elle ne voulait pas se prêter, il ne pouvait préciser sa maladie. J'avertis Paul, qui exigea l'examen. La tuméfaction du foie fut constatée, l'état général était médiocre ; des soins quotidiens étaient nécessaires, et on ne pouvait se procurer à la campagne tout ce qui était prescrit. La petite famille alla s'établir rue de Vaugirard dans un appartement plus comfortable que celui de la rue d'Assas et tout près des ombrages du Luxembourg. Paul vint nous dire qu'il était désormais à nos ordres à toute heure. Il avait un commis pour tenir son bureau et n'était plus esclave à la chaîne. Il avait fait gagner de l'argent; ses relations le rendaient précieux à M. Latour. Il arrivait beaucoup plus vite qu'il ne l'avait espéré à l'aisance et à la liberté. On se vit donc davantage, c'est-à-dire plus souvent, mais sans que Paul prolongeât ses visites au delà d'une heure. Il était véritablement inquiet de sa femme, et quand il ne la soignait pas chez elle, il la soignait encore en la promenant, en cherchant à la distraire ; elle désirait vivement revoir sa marquise pour lui montrer, disait-elle, qu'elle était redevenue bien raisonnable. Césarine engagea Paul à la lui amener dîner, avec le petit Pierre, promettant de les laisser partir à l'heure du coucher de l'enfant. Elle y mit tant d'insistance qu'il céda.

Ce fut une grande émotion et une grande joie pour Marguerite. Elle mit sa belle robe des dimanches, sa robe de soie noire, qui lui allait fort bien ; elle se coiffa de ses cheveux avec assez de goût. Elle fit la toilette de petit Pierre avec un soin extrême. Paul les mit dans un fiacre et les amena à six heures à l'hôtel Dietrich. Césarine avançait son dîner pour que l'enfant ne s'endormît pas avant le dessert. Elle n'avait invité personne à cause de l'heure *indue*, c'était un vrai dîner de famille. M. Dietrich vint serrer les mains de Paul, saluer sa femme et embrasser son fils, puis il alla s'habiller pour dîner en ville.

Césarine s'était résignée à *communier*, comme elle disait, *avec la fille déchue;* mais elle n'en souffrait pas moins de l'espèce d'égalité à laquelle elle se décidait à l'admettre. Il y avait plus d'un mois qu'elle ne l'avait vue ; elle fut frappée du changement qui s'était fait en elle. Marguerite avait beaucoup maigri, ses traits amincis avaient pris une distinction extrême. Elle avait fait de grands efforts depuis ce peu de temps pour s'observer, et ne plus paraître vulgaire ; elle ne l'était presque plus. Elle parlait moins et plus à propos. Paul la traitait non avec plus d'égards, il n'en avait jamais manqué avec elle, mais avec une douceur plus suave et une sollicitude plus inquiète. Ces changements ne passèrent pas inaperçus. Césarine reçut un grand coup dans la poitrine, et en même temps qu'un sourire de bienveillance s'incrustait sur ses lèvres, un feu sombre s'amassait dans ses yeux, la jalousie mordait ce cœur de pierre ; je tremblai pour Marguerite.

Il me sembla aussi que Marguerite s'en apercevait,

et qu'elle ne pouvait se défendre d'en être contente. Le dîner fut triste, bien que le petit Pierre, qui se comportait fort sagement et qui commençait à babiller, réussît par moments à nous dérider. Paul eût été volontiers enjoué, mais il voyait Césarine si étrangement distraite qu'il en cherchait la cause, et se sentait inquiet lui-même sans savoir pourquoi. Quand nous sortîmes de table, il me demanda tout bas si la marquise avait quelque sujet de tristesse. Il craignait que le jugement porté sur son livre, ne lui eût, par réflexion, causé quelque découragement. Césarine entendait tout avec ses yeux : si bas qu'on pût parler, elle comprenait de quoi il était question.

— Vous me trouvez triste, dit-elle sans me laisser le temps de répondre ; j'en demande pardon à Marguerite, que j'aurais voulu mieux recevoir, mais je suis très-troublée : j'ai reçu tantôt de mauvaises nouvelles du marquis de Rivonnière.

Comme elle ne me l'avait pas dit, je crus qu'elle improvisait ce prétexte. La dernière lettre de M. de Valbonne à M. Dietrich n'était pas de nature à donner des inquiétudes immédiates. J'en fis l'observation. Elle y répondit en nous lisant ce qui suit :

« Mon pauvre ami m'inquiète chaque jour davantage. Sa vie n'est plus menacée, mais ses souffrances ne paraissent pas devoir se calmer de si tôt. Il me charge de vous présenter ses respects, ainsi qu'à madame de Rivonnière.

» Vicomte DE VALBONNE. »

Cette lettre parut bizarre à Paul.

— Quelles sont donc, dit-il, ces souffrances qui ne menacent plus sa vie et qui persistent de manière à inquiéter ? Est-ce que M. de Valbonne n'écrit jamais plus clairement ?

— Jamais, répondit Césarine. C'est un esprit troublé, dont l'expression affecte la concision et n'arrive qu'au vague ; mais ne parlons plus de cela, ajouta-t-elle avec un air de commisération pour Marguerite : nous oublions qu'il y a ici une personne à qui le souvenir et le nom de mon mari sont particulièrement désagréables.

Paul trouva cette délicatesse peu délicate, et avec la promptitude et la netteté d'appréciation dont il était doué, il répondit très-vite et sans embarras :

— Marguerite entend parler de M. de Rivonnière sans en être froissée. Elle ne le connaît pas, elle ne l'a jamais connu.

— Je croyais qu'elle avait eu à se plaindre de lui, reprit Césarine en la regardant pour lui faire perdre contenance, et certes elle sait que je ne plaide pas auprès d'elle la cause de mon mari en cette circonstance.

— Vous avez tort, ma marquise, répondit Marguerite avec une douceur navrée ; il faut toujours défendre son mari.

— Surtout lorsqu'il est absent, reprit Paul avec fermeté. Quant à nous, les offenses punies n'existent plus. Nous ne parlons jamais d'un homme que j'ai eu le cruel devoir de tuer. Celui qui vit aujourd'hui est absous, et la femme vengée n'a plus jamais lieu de rougir.

Il parlait avec une énergie tranquille, dont Césarine ne pouvait s'offenser, mais qui faisait entrer la rage et le désespoir dans son âme. Marguerite, les yeux humides, regardait Paul avec le ravissement de la reconnaissance. Je vis que Césarine allait dire quelque chose de cruel.

— L'enfant s'endort, m'écriai-je. Il ne faut pas vous attarder plus longtemps. Votre fiacre est en bas. Prends M. Pierre, mon cher Paul, il est trop lourd pour moi...

En ce moment, Bertrand vint annoncer que le fiacre demandé était arrivé, et il ajouta avec sa parole distincte et son inaltérable sérénité :

— M. le marquis de Rivonnière vient d'arriver aussi.

— Où? s'écria Césarine comme frappée de la foudre.

— Chez madame la marquise, répondit Bertrand avec le même calme ; il monte l'escalier.

— Nous vous laissons, dit Paul en prenant le bras de Marguerite sous le sien et son enfant sur l'autre bras.

— Non, restez, il le faut! reprit Césarine éperdue.

— Pourquoi? dit Paul étonné.

— Il le faut, vous dis-je, je vous en prie.

— Soit, répondit-il en reculant vers le sofa, où il coucha l'enfant endormi, et fit asseoir Marguerite auprès de lui.

Césarine craignait-elle la jalousie de son mari et

tenait-elle à lui faire voir qu'elle recevait Paul en compagnie de sa femme, ou bien, plus préoccupée de son dépit que de tout le reste, se trouvait-elle vengée par une nouvelle rencontre de Marguerite avec son séducteur sous les yeux de Paul? Peut-être était-elle trop troublée pour savoir ce qu'elle voulait et ce qu'elle faisait ; mais, prompte à se dominer, elle sortit pour aller à la rencontre du marquis. Nous l'entendîmes qui lui disait de l'escalier à voix haute:

— Quelle bonne surprise! Comment, guéri? quand on nous écrivait que vous étiez plus mal...

— Valbonne est fou, répondit le marquis d'une voix forte et pleine, je me porte bien ; je suis guéri, vous voyez. Je marche, je parle, je monte l'escalier tout seul...

... Et entrant dans l'antichambre qui précédait le petit salon, il ajouta :

— Vous avez du monde?

— Non, répondit Césarine, entrant la première; des amis à vous et à moi qui partaient, mais qui veulent d'abord vous serrer les mains.

— Des amis? répéta le marquis en se trouvant en face de Paul, qui venait à lui. Des amis? je ne reconnais pas...

— Vous ne reconnaissez pas M. Paul Gilbert et sa femme?

— Ah! pardon! il fait si sombre chez vous! mon cher ami!...

Il serra les mains de Paul.

— Madame, je vous présente mon respect.

Il salua profondément Marguerite.

— Ah ! mademoiselle de Nermont ! Heureux de vous revoir.

Il me baisa les mains.

— Vous me paraissez tous en bonne santé.

— Mais vous ? lui dit Paul.

— Moi, parfaitement, merci ; je supporte très-bien les voyages.

— Mais comment arrivez-vous sans vous faire annoncer ? lui dit Césarine.

— J'ai eu l'honneur de vous écrire.

— Je n'ai rien reçu.

— Quand je vous dis que Valbonne est fou !

— Mon cher ami, je n'y comprends rien. Pourquoi se permet-il de supprimer vos lettres ?

— Ce serait toute une histoire à vous raconter, histoire de médecins déraisonnant autour d'un malade en pleine révolte qui ne se souciait plus de courir après une santé recouvrée autant que possible.

— Vous arrivez d'Italie ? lui demanda Paul.

— Oui, mon cher, un pays bien surfait, comme tout ce qu'on vante à l'étranger. Moi je n'aime que la France, et en France je n'aime que Paris. Donnez-moi donc des nouvelles de votre jeune ami, M. Latour ?

— Il va fort bien.

— M. Dietrich est sorti, à ce qu'on m'a dit ; mais il doit rentrer de bonne heure. Madame la marquise me permettra-t-elle de l'attendre ici ?

— Oui certainement, mon ami. Avez-vous dîné ?

— J'ai dîné, merci.

Paul échangea encore quelques paroles insignifiantes et polies avec le marquis et Césarine avant de se retirer. L'arrivée foudroyante de M. de Rivonnière avait amené un calme plat dans la situation. Il était doux, content, presque bonhomme. Il n'était ému ni étonné de rien, c'est-à-dire qu'il était redevenu du monde comme s'il ne l'eût jamais quitté. Il revenait de la mort comme il fût revenu de Pontoise. Il se retrouvait chez sa femme, devant son rival et son meurtrier, en face de la femme dont il avait payé la possession de son sang, tout cela à la fois, sans paraître se souvenir d'autre chose que des lois du savoir-vivre et des habitudes d'aisance que comporte toute rencontre, si étrange qu'elle puisse être. L'impassibilité du parfait gentilhomme couvrait tout.

Mal avec sa conscience, Césarine avait été un moment terrifiée; mais, forte de quelque chose de plus fort que l'usage du monde, forte de sa volonté de femme intrépide, elle avait vite recouvré sa présence d'esprit. Toutefois elle éprouvait encore quelque inquiétude de se trouver seule avec son mari, et elle me pria de rester, m'adressant ce mot à la dérobée pendant qu'on allumait les candélabres.

— Enfin, dit le marquis quand Bertrand fut sorti, je vous vois donc, madame la marquise, plus belle que jamais et avec votre splendide rayon de bonté dans les yeux. Vrai, on dirait que vous êtes contente de me revoir?

La figure de Césarine n'exprimait pas précisément

cette joie. Je me demandai s'il raillait ou s'il se faisait illusion.

— Je ne réponds pas à une pareille question, lui dit-elle en souriant du mieux qu'elle put ; c'est à mon tour de vous regarder. Vrai, vous êtes bien portant, on le jurerait ! Qu'est-ce que signifient donc les craintes de votre ami, qui parlait de vous comme d'un incurable ?

— Valbonne est très-exalté. C'est un ami incomparable, mais il a la faiblesse de voir en noir, d'autant plus qu'il croit aux médecins. Vous me direz que j'ai sujet d'y croire aussi, étant revenu de si loin. Je ne crois qu'en Nélaton, qui m'a ôté une balle de la poitrine. La cause enlevée, ces messieurs ont prétendu me délivrer des effets, comme s'il y avait des effets sans cause ; au lieu de me laisser guérir tout seul, ils m'ont traité comme font la plupart d'entre eux, de la manière la plus contraire à mon tempérament. Quand, il y a un an bientôt, j'ai secoué leur autorité pour faire à ma tête, je me suis senti mieux tout de suite. Je suis parti ; trois jours après, je me sentais guéri. Il m'est resté de fortes migraines, voilà tout ; mais j'en ai eu deux ou trois ans de suite avant d'avoir l'honneur de vous connaître, et je m'en suis débarrassé en ne m'en occupant plus. Valbonne, en m'emmenant cette fois-ci, m'avait affublé d'un jeune médecin intelligent, mais têtu en diable, qui, mécontent de me voir guérir si vite, rien que par la vertu de ma bonne constitution, a voulu absolument me délivrer de ces migraines et les a rendues beaucoup plus violentes. Il m'a fallu l'envoyer promener, me quereller un peu avec mon pauvre Valbonne, et les planter là pour ne pas devenir victime de leur dévouement à ma personne.

— Les planter là! dit Césarine; vous n'êtes donc pas revenu avec eux?

— Je suis revenu tout seul avec mon pauvre Dubois, qui est mon meilleur médecin, lui! Il sait bien qu'il ne faut pas s'acharner à contrarier les gens, et quand je souffre, il patiente avec moi. C'est tout ce qu'il y a de mieux à faire.

— Et les autres, où sont-ils?

— Valbonne et le médecin? Je n'en sais rien; je les ai quittés à Marseille, d'où ils voulaient me faire embarquer pour la Corse, sous prétexte que j'y trouverais un climat d'été à ma convenance. J'en avais accepté le projet, mais je ne m'en souciais plus. J'ai confié à Dubois ma résolution de venir me reposer à Paris, et nous sommes partis tous deux, laissant les autres aux douceurs du premier sommeil. Ils ont dû courir après nous, mais nous avions douze heures et je pense qu'ils seront ici demain.

— Tout ce que vous me contez là est fort étrange, reprit Césarine; je ne vous savais pas si écolier que cela, et je ne comprends pas un médecin et un ami tyranniques à ce point de forcer un malade à prendre la fuite. Ne dois-je pas plutôt penser que vous avez eu la bonne idée de me surprendre, et que vous n'avez pas voulu laisser à vos compagnons de voyage le temps de m'avertir?

— Il y a peut-être aussi de cela, ma chère marquise.

— Pourquoi me surprendre ? à quelle intention ?

— Pour voir si le premier effet de votre surprise serait la joie ou le déplaisir.

— Voilà un très-mauvais sentiment, mon ami. C'est une méfiance de cœur qui me prouve que vous n'êtes pas aussi bien guéri que vous le dites.

— Il est permis de se méfier du peu qu'on vaut.

Pendant que Césarine causait ainsi avec son mari, j'observais ce dernier, et, d'abord émerveillée de l'aspect de force et de santé qu'il semblait avoir, je commençais à m'inquiéter d'un changement très-singulier dans sa physionomie. Ses yeux n'étaient plus les mêmes ; ils avaient un brillant extraordinaire, et cet éclat augmentait à mesure que, provoqué aux explications, il se renfermait dans une courtoisie plus contenue. Était-il dévoré d'une secrète jalousie ? avait-il un reste ou un retour de fièvre ? ou bien encore cet œil étincelant, qui semblait s'isoler de la paupière supérieure, était-il la marque ineffaçable que lui avait laissée la contraction nerveuse des grandes souffrances physiques ?

En ce moment, Bertrand entra pour dire au marquis que Dubois était à ses ordres.

— Je comprends, répondit M. de Rivonnière : il veut m'emmener. Il craint que je ne sois fatigué. Dites-lui que je suis très-bien et que j'attends M. Dietrich.

Puis il reprit son paisible entretien avec sa femme,

la questionnant sur toutes les personnes de son entourage et ne paraissant pas avoir perdu la mémoire du moindre détail qui pût l'intéresser. Son œil étrange m'étonnait toujours; il me sembla entendre la voix de Dubois dans la pièce voisine. Je me levai comme sans intention, et je me hâtai d'aller le questionner.

— Il faut que madame la marquise renvoie M. le marquis, répondit-il à voix basse; c'est bientôt l'heure de son accès.

— Son accès de quoi ?

Dubois porta d'un air triste la main à son front.

— Quoi donc ? des migraines ?

— Des migraines terribles.

— Qui l'abattent ou qui l'exaspèrent?

— D'abord l'un, et puis l'autre.

— Est-ce qu'il y a du délire ?

— Hélas oui ! Ces dames ne le savent donc pas?

— Nous ne savons rien.

— Alors M. de Valbonne a voulu le cacher; mais à présent il faut bien qu'on le sache ici. C'est un secret à garder pour le monde seulement.

— Est-ce qu'il a la fièvre dans ces accès de souffrance et d'exaltation ?

— Non, c'est ce qui fait que j'espère toujours.

— C'est peut-être ce qui doit nous inquiéter le plus. Tranchons le mot, Dubois; votre maître est fou ?

— Eh bien! oui, sans doute, mais il l'a déjà été deux fois, et il a toujours guéri. Est-ce que mademoiselle croit qu'il était dans son bon sens quand il a séduit et abandonné la pauvre fille?...

— C'est la femme de mon neveu à présent.

— Ah! j'oubliais; pardon, je n'ai que du bien dire d'elle, un ange d'honnêteté et de désintéressement. M. le marquis n'eût pas commis cette faute-là dans son état naturel, et plus tard, quand il prenait des déguisements pour surveiller les démarches de mademoiselle Dietrich, je voyais bien, moi, qu'il n'avait pas sa tête. Il souffrait la nuit, comme il souffre à présent, et il n'avait pas ses journées lucides comme il les a.

— Est-ce qu'il est fou furieux la nuit?

— Furieux, non, mais fantasque et violent. Avec moi, il n'y a pas de danger. Il me résiste, il se fâche, et puis il cède. Il ne me maltraite jamais. Tout autre l'exaspère. Il avait pris son médecin en aversion et M. de Valbonne en grippe. Je lui ai conseillé de quitter Marseille, où son état ne pouvait pas rester caché, et je lui ai donné pour raison qu'on le soignait mal. On le soignait très-bien au contraire; mais, quand un malade est irrité, il faut changer son milieu et le distraire avec d'autres visages. J'ai donné rendez-vous pour ce soir à son ancien médecin : je veux qu'il le voie dans sa crise; mais c'est vers neuf heures que cela commence, et il faut décider madame la marquise à le renvoyer. Je ne crois pas qu'il lui résiste; il l'aime tant!

— Il l'aime toujours?

— Plus que jamais.

— Et il n'est plus jaloux d'elle ?

— Ah! voilà ce que je ne sais pas; mais je crains qu'il ne me cache la vraie cause de son mal.

— De qui donc serait-il jaloux ?

— Toujours de *la même personne*.

Un coup de sonnette sec et violent nous interrompit. Je rentrai au plus vite au salon en même temps que Bertrand; Dubois se tenait sur le seuil avec anxiété.

— M. le marquis veut se retirer, nous dit Césarine avec précipitation.

C'était comme un ordre irrité qu'elle donnait à son mari de s'en aller.

Le marquis éclata de rire; ce rire convulsif était effrayant.

— Allons donc! dit-il, je n'ai pas le droit d'attendre mon beau-père chez ma femme? Je l'attendrai, mordieu, ne vous en déplaise! Qu'on me laisse seul avec elle; je n'ai pas fini de l'interroger!

— Bertrand, s'écria Césarine, reconduira M. le marquis à sa voiture.

Elle s'adressait d'un ton de détresse au champion dévoué à sa défense dans les grandes occasions. Il s'avançait impassible, prêt à emporter le marquis dans ses bras nerveux, lorsque Dubois s'élança et le retint. Il prit le bras de son maître en lui disant :

— Monsieur le marquis m'a donné sa parole de rentrer à neuf heures, et il est neuf heures et demie.

Le marquis sembla s'éveiller d'un rêve, il regarda

son serviteur en cheveux blancs avec une sorte de crainte enfantine :

— Tu viens m'ennuyer, toi? lui dit-il d'un air hébété; tu me payeras ça!

— Oui, à la maison, je veux bien; mais venez.

— Vieille bête! je cède pour aujourd'hui; mais demain...

Dubois l'emmena sans qu'il fît résistance. Bertrand les suivit, toujours disposé à prêter main-forte au besoin. Nous restâmes muettes à les suivre tous trois des yeux; puis, ayant vu le marquis monter dans sa voiture, Bertrand revint pour nous dire :

— Il est parti.

— Bertrand, lui dit Césarine, s'il arrive à M. de Rivonnière de se présenter encore chez moi en état d'ivresse, dites-lui que je n'y suis pas et empêchez-le d'entrer.

— M. le marquis n'est pas ivre, répondit Bertrand de son ton magistral, et, d'un geste expressif et respectueux, m'engageant à tout expliquer, il se retira.

— Qu'est-ce qu'il veut dire? s'écria Césarine.

— Tu crois, lui dis-je, que ton mari s'enivre?

— Oui certes! il est ivre ce soir, ses yeux étaient égarés. Pourquoi nous as-tu laissés ensemble? Je t'avais priée de rester. A peine étions-nous seuls, qu'il s'est jeté à mes genoux en me faisant les protestations d'amour les plus ridicules, et quand je lui ai rappelé les engagements pris avec moi, il ne se souvenait plus de rien. Il devenait méchant, idiot, presque grossier... Ah! je le hais, cet homme qui prétend que je lui appartiens et à qui je n'appartiendrai jamais !

— Ne le hais pas, plains-le ; il n'est pas ivre, il est aliéné !

Elle tomba sur un fauteuil sans pouvoir dire un mot, puis elle me fit quelques questions rapides. Je lui racontai tout ce que m'avait dit Dubois ; elle m'écoutait, l'œil fixe, presque hagard.

— Voilà, dit-elle enfin, une horrible éventualité qui ne s'était pas présentée à mon esprit, — être la femme d'un fou ! avoir la plus répugnante des luttes à soutenir contre un homme qui n'a plus ni souvenir de ses promesses ni conscience de mon droit ! Combattre non plus une volonté, mais un instinct exaspéré, se sentir liée, saine et vivante, à une brute privée de raison ! Cela est impossible ; une telle chaîne est rompue par le seul fait de la folie. Il faut faire constater cela. Il faut que tout le monde le sache, il faut qu'on enferme cet homme et qu'on me préserve de ses fureurs ! Je ne peux pas vivre avec cette épouvante d'être à la merci d'un possédé ; je n'ai fait aucune action criminelle pour qu'on m'inflige ce supplice de tous les instants. Ah ! ce Valbonne qui me hait, comme il m'a trompée ! Il le savait, lui, qu'il me faisait épouser un fou ! Je dévoilerai sa conduite, je le ferai rougir devant le monde entier.

M. Dietrich rentrait, elle l'informa en peu de mots, et continua d'exhaler sa colère et son chagrin en menaces et en plaintes, adjurant son père de la protéger et d'agir au plus vite pour faire rompre son mariage. Elle voulait le faire déclarer nul, la séparation ne lui suffisait pas. M. Dietrich, accablé d'abord, se releva bientôt lorsqu'il vit sa fille hors d'elle-même. S'il la chérissait avec tendresse, il n'en était pas moins, avant tout, homme de bien, admirablement lucide dans les grandes crises.

— Vous parlez mal, ma fille, lui dit-il, et vous ne pensez pas ce que vous dites. De ce que Jacques a des nuits agitées et des heures d'égarement, il ne résulte pas qu'il soit fou, puisqu'un pauvre vieux homme comme Dubois suffit à le contenir et vient à bout de cacher son état. Nous aurons demain plus de détails; mais pour aujourd'hui ce que nous savons ne suffit pas pour provoquer la cruelle mesure d'une séparation légale. Songez qu'il nous faudrait porter un coup mortel à la dignité de celui dont vous avez accepté le nom. Il faudrait accuser lui et les siens de supercherie, et qui vous dit qu'un tribunal se prononcerait contre lui? En tout cas, l'opinion vous condamnerait, car personne n'est dispensé de remplir un devoir, quelque pénible qu'il soit. Le vôtre est d'attendre patiemment que la situation de votre mari s'éclaircisse, et de faire tout ce qui, sans compromettre votre fierté ni votre indépendance, pourra le calmer et le guérir. Si, après avoir épuisé les moyens de douceur et de persuasion, nous sommes forcés de constater que le mal s'aggrave et ne laisse aucun espoir, il sera temps de songer à prendre des mesures plus énergiques; sinon, vous serez cruellement et justement blâmée de lui avoir refusé vos soins et vos consolations.

Césarine, atterrée, ne répondit rien, et passa la nuit dans un désespoir dont la violence m'effraya. Je n'osai la quitter avant le jour ; je craignais qu'elle ne se portât à quelque acte de désespoir. Cette fois elle ne posait pas pour attendrir les autres, elle se retenait au contraire, et n'eut point d'attaque de nerfs ; mais son chagrin était profond, les larmes l'étouffaient, elle jugeait son avenir perdu, sa vie sacrifiée à quelque chose de plus sombre que le veuvage, l'obligation incessante d'employer son intelligence supérieure à contenir les emportements farouches ou à subir les puériles préoccupations d'un idiot méchant à ses heures, toujours jaloux et osant se dire épris d'elle.

Le châtiment était cruel en effet, mais c'est en vain qu'elle me le présentait comme une injustice du sort. Elle avait épousé ce moribond, moitié par ostentation de générosité, moitié pour se relever aux yeux de Paul, un peu aussi pour être marquise et indépendante par-dessus le marché.

Le lendemain, M. Dietrich alla dès le matin voir son gendre. Il le trouva endormi et put causer longuement avec Dubois et le médecin qui avait passé la nuit à observer son malade. Le résumé de cet examen fut que le marquis n'était ni fou ni lucide absolument. Il avait les organes du cerveau tour à tour surexcités et affaiblis par la surexcitation. Quelques heures de sa journée, entre le repos du matin, qui était complet, et le retour de l'accès du soir, pouvaient offrir une parfaite sanité d'esprit, et nulle consultation médicale dressée avec loyauté n'eût pu faire prononcer qu'il était incapable de gérer ses affaires ou de manquer d'égards à qui que ce soit. Il avait causé avec lui après l'accès et l'avait trouvé bien portant de corps et d'esprit. Il ne jugeait point qu'il eût jamais eu le cerveau faible. Il le croyait en proie à une maladie nerveuse, résultat de sa blessure ou de la grande passion sans espoir qu'il avait eue et qu'il avait encore pour sa femme.

Là se présentait une alternative sans issue. En cédant à son amour, Césarine le guérirait-elle? S'il en était ainsi, n'était-il pas à craindre que les enfants résultant de cette union ne fussent prédisposés à quelque trouble essentiel dans l'organisation? Le médecin ne pouvait et ne voulait pas se prononcer. M. Dietrich sentait que sa fille se tuerait plutôt que d'appartenir à un homme qui lui faisait peur, et dont elle eût rougi de subir la domination. Il se retira sans rien conclure. Il n'y avait qu'à patienter et attendre, essayer un rapprochement purement moral, en observer les effets, séparer les deux époux, si le résultat des entrevues était fâcheux pour le marquis ; alors on tenterait de le faire voyager encore. On ne pouvait s'arrêter qu'à des atermoiements ; mais en tout cas, jusqu'à nouvel ordre, M. Dietrich voulait que l'état du marquis fût tenu secret, et Dubois affirmait que la chose était possible vu les dispositions locales de son hôtel et la discrétion de ses gens, qui lui étaient tous aveuglément dévoués.

Deux heures plus tard, M. de Valbonne, arrivé dans la nuit, venait s'entretenir du même sujet avec M. Dietrich. M. de Valbonne était absolu et cassant.

Il n'aimait pas Césarine, pour l'avoir peut-être aimée sans espoir avant son mariage. Il la jugeait coupable de ne pas vouloir se réunir à son ami, et quand M. Dietrich lui rappela le pacte d'honneur par lequel, en cas de guérison, Jacques s'était engagé à ne pas réclamer ses droits, il jura que Jacques était trop loyal pour songer à les réclamer : c'était lui faire injure que de le craindre.

— Pourtant, dit M. Dietrich, il a fait hier soir une scène inquiétante, et dans ses moments de crise il ne se rappelle plus rien.

— Oui, reprit Valbonne, il est alors sous l'empire de la folie, j'en conviens, et si sa femme n'eût été la cause volontaire ou inconsciente de cette exaltation en le gardant sous sa dépendance durant cinq ans, elle aurait le droit d'être impitoyable envers lui ; mais elle l'a voulu pour ami et pour serviteur. Elle l'a rendu trop esclave et trop malheureux, je dirai même qu'elle l'a trop avili pour ne pas lui devoir tous les sacrifices, à l'heure qu'il est.

— Je ne vous permets pas de blâmer ma fille, monsieur le vicomte. Je sais qu'en épousant votre ami contre son inclination, elle n'a eu en vue que de le relever de l'espèce d'abaissement où tombe dans l'opinion un homme trop soumis et trop dévoué.

— Oui, mais les devoirs changent avec les circonstances : Jacques était condamné. La réparation donnée par mademoiselle Dietrich était suffisante alors et facile, permettez-moi de vous le dire ; elle y gagnait un beau nom...

— Sachez, monsieur, qu'elle n'était pas lasse de porter le mien, et rappelez-vous qu'elle n'a pas voulu accepter la fortune de son mari.

— Elle l'aura quand même, elle en jouira du moins, car elle y a droit, elle est sa femme ; rien ne peut l'empêcher de l'être, et la loi l'y contraint.

— Vous parlez de moi, dit Césarine, qui entrait chez son père et qui entendit les derniers mots. Je suis bien aise de savoir votre opinion, monsieur de Valbonne, et de vous dire, en guise de salut de bienvenue, que ce ne sera jamais la mienne.

M. de Valbonne s'expliqua, et, la rassurant de son mieux sur la loyauté du marquis, il exprima librement son opinion personnelle sur la situation délicate où l'on se trouvait. Si Césarine m'a bien rapporté ses paroles, il y mit peu de délicatesse et la blessa cruellement en lui faisant entendre qu'elle devait abjurer toute autre affection secrète, si pure qu'elle pût être, pour rendre l'espoir, le repos et la raison à l'homme dont elle s'était jouée trop longtemps et trop cruellement.

Il s'ensuivit une discussion très-amère et très-vive que M. Dietrich voulut en vain apaiser; Césarine rappela au vicomte qu'il avait prétendu à lui plaire, et qu'elle l'avait refusé. Depuis ce jour, il l'avait haïe, disait-elle, et son dévoûment pour Jacques de Rivonnière couvrait un atroce sentiment de vengeance. La querelle s'envenimait lorsque Bertrand entra pour demander si l'on avait vu le marquis. Il l'avait introduit dans le grand salon, où le marquis lui avait dit avec beaucoup de calme vouloir attendre madame la marquise. Bertrand avait cherché madame chez elle, et, ne l'y trouvant pas, il était retourné au salon d'honneur pour dire à M. de Rivonnière qu'il allait la chercher dans le corps de logis habité par M. Dietrich ; mais le marquis n'était plus là, et les autres domestiques assuraient l'avoir vu aller au jardin. Dans le jardin, Bertrand ne l'avait pas trouvé davantage, non plus que dans les appartements de la marquise. Il était pourtant certain que M. de Rivonnière n'avait pas quitté l'hôtel.

M. Dietrich et M. de Valbonne se mirent à sa recherche ; Césarine rentra dans son appartement, où le marquis s'était glissé inaperçu et l'attendait ; elle eut un mouvement d'effroi et voulut sonner. Il l'en empêcha en se plaçant entre elle et la sonnette.

— Écoutez-moi, lui dit-il, c'est pour la dernière fois ! Je connais trop votre maison pour y errer à l'aventure. Je voulais parler à votre père, j'ai pénétré tout à l'heure dans son cabinet, j'ai entendu votre voix et celle de Valbonne. J'ai écouté. Un homme condamné a le droit de connaître les motifs de sa sentence. J'ai appris une chose que j'ignorais, c'est que je suis fou, et une chose dont je voulais encore douter, c'est que votre indifférence pour moi s'était changée en terreur et en aversion. Je suis bien malheureux, Césarine ; mais je vous absous, moi, d'avoir fait sciemment mon malheur. Vous n'avez jamais connu l'amour et ne le connaîtrez jamais, c'est pourquoi vous ne vous êtes pas doutée de la violence du mien. Vous n'avez jamais cru qu'on en pût devenir fou ; vous avez toujours raillé mes plaintes et mes transports. C'est assez souffrir, vous ne me ferez plus de mal. Puissiez-vous oublier celui que vous m'avez fait et n'en jamais apprécier l'étendue, car vous auriez trop de remords ! Je vous les épargne, ces reproches, car, aliéné ou non, je me sens calme en ce moment comme si j'étais mort. Adieu. Si j'étais vindicatif, je serais content de penser que votre passion du moment est de réduire un autre homme que vous ne réduirez pas. Il vous préférera toujours sa femme. Je l'ai vu tantôt, je sais ce qu'il pense et ce qu'il vaut. Vous souffrirez dans votre orgueil, car il est plus fort de sa vertu que vous de votre ambition ; mais je ne suis pas inquiet de votre avenir ; vous chercherez d'autres victimes, et vous en trouverez. D'ailleurs ceux qui n'aiment pas résistent à toutes les déceptions. Soyez donc heureuse à votre manière ; moi, je vais oublier la funeste passion qui a troublé ma raison et avili mon existence.

J'étais entrée chez Césarine dès les premiers mots du marquis. Il se dirigea vers moi, prit ma main qu'il porta à ses lèvres sans me rien dire, et sortit sans se retourner.

Inquiète, je voulais le suivre.

— Laissons-le partir, dit Césarine en faisant signe à Bertrand, qui se tenait dans l'antichambre et qui suivit le marquis. Il se rend justice à lui-même. Ses reproches sont injustes et cruels, mais je n'y veux pas répondre. A la moindre excuse, à la moindre consolation que je lui donnerais, il me reparlerait de ses droits et de ses espérances. Laissons-le rompre tout seul ce lien odieux.

Bertrand revint nous dire que M. de Rivonnière était remonté dans sa voiture et avait donné l'ordre de retourner chez lui.

— Dubois l'a-t-il accompagné ici ?

— Non, madame la marquise. Dubois veille M. le marquis toutes les nuits, il dort le jour ; mais M. de Valbonne, qui n'avait pas encore quitté l'hôtel, est monté en voiture avec M. de Rivonnière.

— N'importe, Bertrand, allez savoir ce qui se passe à l'hôtel Rivonnière ; vous viendrez me le dire.

Bertrand obéit en annonçant mon neveu.

— Venez, s'écria Césarine en courant à lui ; donnez-moi conseil, jugez-moi, aidez-moi, j'ai la tête perdue, soyez mon ami et mon guide !

— Je sais tout, répondit Paul. Je viens de voir M. Dietrich. Il ne songe qu'à vous préserver. Vous ne songez pas non plus à autre chose. Le conseil que vous donnerait ma conscience, vous ne le suivriez pas.

— Je le suivrai ! répondit Césarine avec exaltation.

— Eh bien ! demandez votre voiture et courez chez votre mari, car je l'ai vu sortir d'ici d'un air si abattu que je crains tout. Il m'a serré la main en passant, et son regard semblait m'adresser un éternel adieu.

— J'y cours, dit Césarine en tirant la sonnette.

— Mais ce n'est pas tout d'aller lui donner quelques vagues consolations, reprit Paul. Il faut rester près de lui, il faut le veiller dans son délire, il faut le distraire et le rassurer à ses heures de calme. S'il veut quitter Paris, il faut le suivre ; il faut être sa femme, en un mot, dans le sens chrétien et humain le plus logique et le plus dévoué.

— Ah !... voilà... ce que vous conseillez? s'écria Césarine en portant convulsivement un verre d'eau froide à ses lèvres desséchées et frémissantes, c'est vous qui me dites d'être la femme de M. de Rivonnière?

— Et pourquoi, reprit-il, ne serait-ce pas moi? Je suis le plus nouveau et le plus désintéressé de vos amis; vous me consultez, je ne me serais pas permis, sans cela, de vous dire ce que je pense.

— Ce que vous pensez est odieux : une femme ne doit pas se respecter, elle doit se donner sans amour comme une esclave vendue?

— Non, jamais; mais si elle est noblement femme, si elle a du cœur, si elle plaint le malheur qu'elle a volontairement causé, elle fait entrer l'amour dans la pitié. Qu'est-ce donc que l'amour, sinon la charité à sa plus haute puissance?

— Ah oui! vous pensez cela, vous! vous voulez que j'aime mon mari par charité comme vous aimez votre femme...

— Je n'ai pas dit *par charité*; j'ai dit *avec charité*. J'ai invoqué ce qu'il y a de plus pur et de plus grand, ce qui sanctifie l'amour et fait du mariage une chose sacrée.

— C'est bien, dit Césarine tout à coup froide et calme, vous avez prononcé, j'obéis...

Elle sortit sans me permettre de la suivre.

— Oui, c'est bien, Paul, dis-je à mon neveu en l'embrassant : toi seul as eu le courage de lui tracer son devoir!

Mais il repoussa doucement mes caresses, et, tombant sur un fauteuil, il éclata d'un rire nerveux entrecoupé de sanglots étouffés.

— Qu'est-ce donc? m'écriai-je, qu'as-tu? es-tu malade? es-tu fou?

— Non, non! répondit-il avec un violent effort sur lui-même pour se calmer, ce n'est rien. Je souffre, mais ce n'est rien.

— Mais enfin... cette souffrance... Malheureux enfant, tu l'aimes donc?

— Non, ma tante, je ne l'aime pas dans le sens que vous attachez à ce mot-là; elle n'est pas mon idéal, le but de ma vie. Si elle le croit, détrompez-la, elle n'est même pas mon amie, ma sœur, mon enfant, comme Marguerite; elle n'est rien pour moi qu'une émouvante beauté dont mes sens sont follement et grossièrement épris. Si elle veut le savoir, dites-le-lui pour la désillusionner; mais, non, ne lui dites rien, car elle se croirait vengée de ma résistance, et elle est femme à se réjouir de mon tourment. Cela n'est pourtant pas si grave qu'elle le croirait. Les femmes s'exagèrent toujours les supplices qu'elles se plaisent à nous infliger. Je ne suis pas M. de Rivonnière, moi! Je ne deviendrai pas fou, je ne mourrai pas de chagrin, je ne souffrirai même pas longtemps. Je suis un homme, et jamais une convoitise de l'esprit ni de la chair, comme disent les catholiques, n'a envahi ma raison, ma conscience et ma volonté. Le conseil que je viens de donner m'a coûté, je l'avoue. Il m'a passé devant les yeux des lueurs étranges, mon sang a bourdonné dans mes oreilles, j'ai cru que j'allais tomber foudroyé; puis j'ai résisté, je me suis raillé moi-même, et cela s'est dissipé comme toutes les vaines fumées qu'un cerveau de vingt-cinq ans peut fort bien exhaler sans danger d'éclater. Ne me dites rien, ma tante, je ne suis pas un héros, encore moins un martyr; je suis homme, et rien de ce qui est humain ne m'est étranger, comme porte la consigne du sage : aussi la prudence, le point d'honneur, le respect de moi-même, me sont-ils aussi familiers que les émotions de la jeunesse. Je donne la préférence à ce qui est bien sur ce qui ne serait qu'agréable. Le devoir avant le plaisir, toujours ! et, grâce à ce système, tout devoir me devient doux... A présent parlons de Marguerite, ma bonne tante; cela me touche, me pénètre et m'intéresse beaucoup plus. Elle n'est pas bien et m'inquiète chaque jour davantage. On dirait qu'elle me cache encore quelque chose qui la fait souffrir, et que je cherche en vain à deviner. Venez la voir un de ces jours, je vous laisserai ensemble et vous tâcherez de la confesser. Je m'en retourne auprès d'elle. Puis-je boire ce verre d'eau qui est là ? Cela achèvera de me remettre.

Il prit le verre, puis, se souvenant que Césarine agitée y avait trempé ses lèvres, il le reposa et en prit un autre sur le plateau en disant avec un sourire demi-amer, demi-enjoué :

— Je n'ai pas besoin de savoir sa pensée, je la sais de reste.

— Tu crois la connaître ?

— Je l'ai connue, puis je m'y suis trompé. Après

l'avoir trop accusée, je l'ai trop justifiée ; mais tout à l'heure, quand elle m'a dit :

« — C'est vous qui me conseillez d'être la femme d'un autre ? »

J'ai compris son illusion, son travail, son but. Déjà je les avais pressentis hier dans son attitude vis-à-vis de Marguerite, dans son sourire amer, dans ses paroles blessantes ; elle n'est pas si forte qu'elle le croit, elle ne l'est du moins pas plus que moi. Et pourtant je ne suis pas un héros, je vous le répète, ma tante ; je suis l'homme de mon temps, que la femme ne gouvernera plus, à moins de devenir loyale et d'aimer pour tout de bon ! Encore un peu de progrès, et les coquettes, comme tous les tyrans, n'auront plus pour adorateurs que des hommes corrompus ou efféminés !

Il me laissa rassurée sur son compte, mais inquiète de Césarine. Je n'osais la rejoindre ; je demandai à voir M. Dietrich, il était sorti avec elle.

Bertrand vint au bout d'une heure me dire, de la part de la marquise, que M. de Rivonnière était calme et qu'elle me priait de venir passer la soirée chez lui à huit heures. Je fus exacte. Je trouvai le marquis mélancolique, attendri, reconnaissant. Césarine me dit devant lui dès que j'entrai :

— Nous ne t'avons pas invitée à dîner parce qu'ici rien n'est en ordre. Le marquis nous a fait très mal dîner ; ce n'est pas sa faute. Demain je m'occuperai de son ménage avec Dubois, et ce sera mieux. En revanche, nous avons fait une charmante promenade au bois, par un temps délicieux ; tout Paris y était.

Elle était si tranquille, si dégagée, que j'eus peine à cacher ma surprise.

— Prends ton ouvrage, si tu veux, ajouta-t-elle, tu n'aimes pas à rester sans rien faire. Mon père était en train de nous raconter la séance de la chambre.

M. Dietrich continua de parler politique au marquis, voulant peut-être s'assurer de la lucidité de son esprit, mais procédant avec lui comme s'il n'en eût jamais douté. Je vis que c'était une cure consciencieusement entreprise. Le marquis écoutait avec une sorte d'effort, mais répondait à propos. De temps en temps il paraissait éprouver quelque anxiété en regardant la pendule. Le malheureux, depuis qu'il se savait réputé fou, semblait avoir conscience de son mal et en redouter l'approche.

Il s'observa sans doute beaucoup, car il triompha de l'heure fatale, et arriva jusqu'à près de dix heures sans perdre sa présence d'esprit et sans paraître souffrir. Alors il tomba dans une sorte d'abattement méditatif, répondit de moins en moins aux paroles qu'on lui adressait, et finit par ne plus répondre du tout.

— Je vois que vous souffrez beaucoup, lui dit Césarine ; vous allez vous coucher, nous resterons au salon jusqu'à ce que vous dormiez. Nous jouerons aux échecs, mon père et moi. Si vous ne dormez pas, vous viendrez nous trouver.

Il répondit par un vague sourire, sans qu'on sût s'il avait bien compris. Dubois l'emmena. M. Dietrich se glissa dans une pièce voisine de la chambre à coucher de son gendre ; il voulait écouter et observer les phénomènes de l'accès. Dubois laissa les portes ouvertes sous la tenture rabattue.

Césarine, restée au salon avec moi, allait et venait sans bruit. Bientôt elle m'appela pour écouter aussi. Le marquis souffrait beaucoup et se plaignait à Dubois comme un enfant. Le brave homme le réconfortait, lui répétant sans se lasser :

— Ça passera, monsieur, ça va passer.

La souffrance augmenta, le malade demanda ses pistolets, et ce fut une exaspération d'une heure environ, durant laquelle il accabla Dubois d'injures et de reproches de ce qu'il voulait lui conserver la vie ; mais il n'avait pas l'énergie nécessaire pour faire acte de rébellion, la souffrance paralysait sa volonté. Tout à coup elle cessa comme par enchantement, il se mit à déraisonner. Il parlait assez bas ; nous ne pûmes rien suivre et rien comprendre, sinon qu'il passait d'un sujet à un autre et que ses préoccupations étaient puériles. Nous entendions mieux les réponses de Dubois, qui le contredisait obstinément ; à ce moment-là, il ne craignait plus de l'irriter :

— Vous savez bien, lui disait-il, qu'il n'y a pas un mot de vrai dans ce que vous me dites. Vous êtes à Paris et non à Genève ; l'horloger n'a pas dérangé votre montre pour vous jouer un mauvais tour. Votre montre va bien, aucun horloger n'y a touché.

Nous entendîmes le marquis lui dire :

— Ah ! voilà ! tu me crois fou ! c'est ton idée !

— Non, monsieur, répondit le patient vieillard. Je vous ai connu tout petit, je vous ai, pour ainsi dire, élevé : vous n'êtes pas fou, vous ne l'avez jamais été ; mais vous étiez fort railleur, et vous l'êtes encore ; vous me faisiez un tas de contes pour vous moquer de moi, et c'est une habitude que vous avez gardée. Moi, je me suis habitué à vous écouter et à ne rien croire de ce que vous me dites.

Le marquis parla encore bas ; puis, distinctement et raisonnablement :

— Mon ami, dit-il, je sens que ma tête va tout à fait bien, et que je vais dormir ; mais il faut que tu me rappelles ce que j'ai fait hier, je ne m'en souviens plus du tout.

— Et moi, je ne veux pas vous le dire, parce que vous ne dormiriez pas. Quand on veut bien dormir, il faut ne se souvenir de rien et ne penser à rien. Allons, couchez-vous ; demain matin, vous vous souviendrez.

— C'est comme tu voudras ; pourtant j'ai quelque chose qui me tourmente : est-ce que j'ai été méchant tantôt ?

— Vous ! jamais !

— Je ne t'ai pas brutalisé pendant que je souffrais ?

— Cela ne vous est jamais arrivé que je sache.

— Tu mens, Dubois ! Je t'ai peut-être frappé ?

— Quelle idée avez-vous là, et pourquoi me dites-vous cela aujourd'hui ?

— Parce qu'il me semble que je me souviens un peu, à moins que ce ne soit encore un rêve ; rêve ou non, embrasse-moi, mon pauvre Dubois, et va te coucher ; je suis très-bien.

Un quart d'heure après, nous entendîmes sa respiration égale et forte; il dormait profondément. Dubois vint nous trouver.

— M. le marquis est sauvé, nous dit-il. Il n'a pas encore conscience du bien que vous lui avez fait; mais il l'éprouve, son accès a été plus court et plus doux de moitié que les autres jours; continuez, et vous verrez qu'il ira de mieux en mieux; c'est le chagrin qui l'a brisé, le bonheur le guérira, je n'en doute plus.

M. Dietrich lui demanda si c'était la première fois que le marquis avait une vague conscience de ses emportements.

— Oui, monsieur, c'est la première fois, vous voyez que son bon cœur se réveille, et comme il m'a embrassé, le pauvre enfant! C'est comme quand il était petit.

Il était quatre heures du matin, Dubois avait fait préparer pour nous l'appartement qu'occupait madame de Montherme lorsqu'elle venait soigner son frère; elle ignorait son retour, et passait l'été à Rouen, où son mari avait des intérêts à surveiller.

Nous prîmes donc du repos, et nous pûmes assister en quelque sorte au réveil du marquis en nous tenant dans la pièce d'où nous l'avions écouté durant la nuit. Il éveilla Dubois à neuf heures, et se jetant à son cou :

— Mon ami, lui dit-il, je me souviens d'hier, j'ai été bien cruellement éprouvé! J'ai appris que j'étais fou, et que ma femme avait peur de moi; mais ensuite elle est venue au moment où de sang-froid j'étais résolu à me faire sauter la cervelle. Elle a été bonne comme un ange, son père excellent; ils n'ont pas voulu discuter avec moi. Ils m'ont traité comme un enfant, mais comme un enfant qu'on aime. Ils m'ont pris, bon gré, mal gré, dans leur voiture, et ils m'ont promené à travers toutes les élégances de Paris, pour bien montrer que j'étais guéri, pour faire croire que je n'étais pas aliéné, et que ma femme prétendait vivre avec moi. Cela m'a fait du mal et du bien; je vois qu'elle se préoccupe de ma dignité, et qu'elle veut sauver le ridicule de ma situation. Je lui en sais gré ; elle agit noblement, en femme qui veut faire respecter le nom qu'elle porte. Elle me fait encore un plus grand bien, elle détruit ma jalousie, car, en feignant d'être à moi, elle rompt avec les espérances qu'elle a pu encourager. Il n'y a qu'un lâche qui accepterait ce partage même en apparence, et l'homme que je soupçonnais de l'aimer malgré lui est homme de cœur et très-orgueilleux; tout cela est bon et bien de la part de ma femme et de son père, et aussi de cette excellente Nermont, qui a toujours donné les meilleurs conseils.

— Monsieur ne sait pas qu'ils ont passé la nuit ici, et qu'ils y sont encore?

— Que me dis-tu là? Malheur à moi ! ils m'ont vu dans mon accès !

— Non, monsieur, mais ils auraient pu vous voir. Vous n'avez pas eu d'accès.

— Tu mens, Dubois; j'en ai toutes les nuits ! Valbonne l'a avoué; j'ai bien entendu, je me souviens bien ! Ma femme a voulu s'assurer de la vérité, elle sait à présent que je ne suis plus un homme, et qu'elle ne pourra jamais m'aimer !

Césarine entra en l'entendant sangloter. Elle le trouva en robe de chambre, assis devant sa toilette et pleurant avec amertume. Elle l'embrassa et lui dit :

— Votre folie, c'est de vous croire fou ; vous n'en avez pas d'autre. Nous avons été trompés, vous avez votre raison. Qu'elle se trouble un peu à certaines heures de la nuit, c'est de quoi je ne m'inquiète plus à présent. Je me charge de vous guérir en restant près de vous pour vous consoler, vous distraire et vous prouver que je n'ai pas de meilleur et de plus cher ami que vous.

— Restez donc ! répondit-il en se jetant à ses genoux. Restez sans crainte et guérissez-moi ! Je veux guérir ; il faut que l'homme dont vous vous êtes déclarée la femme en vous montrant en public avec lui ne soit pas un insensé ou un idiot. Je vous serai soumis comme un enfant, et ma reconnaissance sera plus forte que ma passion, car je n'oublierai plus mes serments, et ce que j'ai juré, je le tiendrai ; soignez donc votre ami, votre frère, jusqu'à ce qu'il soit digne d'être votre protecteur.

C'était là que Césarine avait voulu l'amener, c'était en somme ce qu'elle pouvait faire de mieux, et elle l'avait fait avec vaillance. Elle s'installa chez son mari et me pria d'y rester avec elle. M. Dietrich retourna chez lui, et vint tous les jours dîner avec nous. Bertrand passa les nuits à surveiller toutes choses, toujours prêt à contenir le malade s'il arrivait à la fureur, bien que Dubois ne fût ni inquiet ni fatigué de sa tâche. En très-peu de jours, les accès, toujours plus faibles, disparurent presque entièrement, et tout fit présager une guérison complète et prochaine. On fit des visites, on en rendit ; un bruit vague de démence avait couru. Toutes les apparences et bientôt la réalité le démentirent.

Je voyais Marguerite assez souvent, et je n'étais pas aussi rassurée sur son compte que sur celui du marquis. Elle allait toujours plus mal ; minée par une fièvre lente, elle n'avait presque plus la force de se lever. Paul voyait avec effroi l'impuissance absolue des remèdes. Après une consultation de médecins qui par sa réserve aggrava nos inquiétudes, Marguerite vit malgré nous qu'elle était presque condamnée.

— Écoutez, me dit-elle un jour que nous étions seules ensemble, je meurs ; je le sais et je le sens. Il est temps que je parle pendant que je peux encore parler. Je meurs parce que je dois, parce que je veux mourir ; j'ai commis une très-mauvaise action. Je vous la confie comme à Dieu. Réparez-la, si vous le jugez à propos. J'ai surpris une lettre qui était pour Paul ; je l'ai ouverte ; je l'ai lue, je la lui ai cachée, il ne la connaît pas ! Seulement laissez-moi vous dire qu'en faisant cette bassesse j'avais déjà pris la résolution de me laisser mourir, parce que j'avais tout deviné ; à présent lisez.

Elle me remit un papier froissé, humide de sa fièvre et de ses larmes, qu'elle portait sur elle comme un poison volontairement savouré. C'était l'écriture de Césarine, et elle datait d'une quinzaine.

« Paul, vous l'avez voulu. Je suis chez *lui*. Je le sauverai ; il est déjà sauvé. Je suis perdue, moi, car dès qu'il sera guéri, je n'aurai plus de motifs pour le quitter et pour réclamer ma liberté. Il faudra que je sois sa femme, entendez-vous? Son amour est invincible; c'est sa vie, et, s'il perd encore une fois l'espérance, il se tuera. Vous l'avez voulu, je serai sa femme! Mais sachez qu'auparavant je veux être à vous. Vous m'aimez, je le sais, nous devons nous quitter pour jamais, nos devoirs nous le prescrivent, et nous ne serons point lâches; mais nous nous dirons adieu, et nous aurons vécu un jour, un jour qui résumera pour nous toute une vie. Je vous ferai connaître ce jour de suprême adieu, je trouverai un prétexte pour m'absenter, un prétexte qui vous servira aussi. Ne me répondez pas et soyez calme en apparence. »

Je relus trois fois ce billet. Je croyais être hallucinée, je voulais douter qu'il fût de la main de Césarine. Le doute était impossible. La passion l'avait terrassée, elle abjurait sa fierté, sa pudeur; elle descendait des nuées sublimes où elle avait voulu planer au-dessus de toutes les faiblesses humaines; elle se jugeait d'avance avilie par l'amour de son mari; elle voulait se rendre coupable auparavant. Étrange et déplorable folie dont je rougis pour elle au point de ne pouvoir cacher à Marguerite l'indignation que j'éprouvais!

La pauvre femme ne me comprit pas.

— N'est-ce pas que c'est bien mal? me dit-elle en entendant mes exclamations. Oui, c'est bien mal à moi d'avoir intercepté une lettre comme celle-là! Que voulez-vous? je n'ai pas eu le courage qu'il fallait. Je me suis dit :

» — Puisque je vais mourir ! »

Il l'aime, elle le lui dit. Il me trompe par vertu, par bonté, mais il l'aime, c'est bien sûr. S'il ne le lui a pas dit, elle l'a bien vu, et moi aussi d'ailleurs je le voyais bien... Pauvre Paul, comme il a été malheureux à cause de moi! comme il s'est défendu, comme il a été grand et généreux! J'ai eu tort de lui cacher son bonheur. Il n'en eût pas profité tant que j'aurais vécu ; c'est pour cela qu'il faut que je me dépêche de partir. Je reste trop longtemps ; chaque jour que je vis, il me semble que je le lui vole. Ah ! j'ai été lâche, j'aurais dû lui dire :

« — Laisse-moi encore quelques semaines pour bien regarder mon pauvre enfant ; je voudrais ne pas l'oublier quand je serai morte! Va donc à ce rendez-vous, ce ne sera pas le dernier : vous vous aimez tant que vous ne saurez pas si vous êtes coupables de vous aimer ; seulement ne me dis rien. Laisse-moi croire que tu n'iras peut-être pas. Pardonne-moi d'avoir été ton fardeau, ton geôlier, ton supplice ; mais sache que je t'aimais encore plus qu'elle ne t'aime, car je meurs pour que tu aies son amour, et elle n'eût pas fait cela pour toi... »

Elle parla encore longtemps ainsi avec exaltation et une sorte d'éloquence; je ne l'interrompais point, car Paul était entré sans bruit. Il se tenait derrière son rideau et l'écoutait avec attention. Il voulait tout savoir. De son côté, elle m'avouait tout.

— Vous me justifierez quand je n'y serai plus, disait-elle ; faites-lui connaître que, si je ne suis pas morte plus tôt, ce n'est pas ma faute. J'ai fait mon possible pour en finir bien vite : tous les remèdes qu'on me présente, je les mets dans ma bouche, mais je ne les avale que quand on m'y force en me regardant bien. La nuit, quand on dort un instant, je me lève, je prends froid. Si on me dit de prendre de l'opium, j'en prends trop. Je cherche tout ce qui peut me faire mal. Je fais semblant de ne pouvoir dormir que sur la poitrine, et je *m'étouffe le cœur* jusqu'à ce que je perde connaissance. Je voudrais savoir autre chose pour me faire mourir !

— Assez, Marguerite! lui dit Paul en se montrant. J'en sais assez pour te sauver, et je te sauverai; tu le voudras, et nous serons heureux, tu verras ! Nous oublierons tout ce que nous avons souffert. Montre-moi cette lettre dont tu parles, et ne crains rien.

Il lui prit doucement la lettre, la lut sans émotion, la jeta par terre et la roula sous son pied.

— C'est une lettre infâme ! s'écria-t-il; c'est une insulte à mon honneur! Comment, j'aurais tendu la main à son mari après le duel, j'aurais accepté ses excuses, pardonné à son repentir, conseillé le mariage, et après le mariage le rapprochement, tout cela pour le tromper, pour posséder sa femme avant lui et m'avilir à ses yeux plus qu'il n'était avili aux miens par sa conduite envers toi! Tiens, cette femme est plus folle que lui, et sa démence n'a rien de noble. C'est l'égarement d'une conscience malade, d'un esprit faux, d'un méchant cœur. Je devrais la haïr, car son but n'est pas même la passion aveugle : elle a espéré me punir des conseils sévères que je lui ai donnés en mettant dans ma vie ce qu'elle jugeait devoir être un regret poignant, éternel. Eh bien! sais-tu ce que j'eusse fait vis-à-vis d'une pareille femme, si ni Jacques de Rivonnière, ni ma tante, ni toi, n'eussiez jamais existé? J'aurais été à son rendez-vous, et je lui aurais dit en la quittant :

— Merci, madame, c'est demain le tour de quelque autre; je vous quitte sans regret !

Mais supposer que j'aurais avec elle une heure d'ivresse au prix de mon honneur et de ta vie, ah! Marguerite, ma pauvre chère enfant, tu ne me connais donc pas encore? Allons, tu me connaîtras ! En attendant, jure-moi que tu veux guérir, que tu veux vivre ! Regarde-moi. Ne vois-tu pas dans mes yeux que tu es, avec mon Pierre, ce que j'ai de plus cher au monde?

Il alla chercher l'enfant et le mit dans les bras de sa mère.

— Vois donc le trésor que tu m'as donné ; dis-moi si je peux ne pas aimer la mère de cet enfant-là ? Dis-moi si je pourrais vivre sans elle? Mettons tout au pire; suppose que j'aie eu un caprice pour cette folle que tu as toujours beaucoup plus admirée que je ne l'admirais, serait-ce un grand sacrifice à te faire que de rejeter ce caprice comme une chose malsaine et funeste? Faudrait-il un énorme courage pour lui préférer mon bonheur domestique et l'admirable dévouement d'un cœur qui veut *s'étouffer*, comme tu dis, par amour pour moi? Non, non, ne l'étouffe pas, ce cœur généreux qui m'appartient! Suppose tout ce que tu voudras, Marguerite : admets que je sois un sot, une dupe vaniteuse, un libertin corrompu, un traître, je ne croyais pas mériter ces suppositions; mais au moins ne suppose pas qu'en te voyant désirer la mort j'accepte le honteux bonheur que tu veux me laisser goûter... Allons, allons, lui dit-il encore en voyant renaître le sourire sur ses lèvres décolorées, relève-toi de la maladie et de la mort, ma pauvre femme, ma seule, ma vraie femme! Ris avec moi de celles qui, prétendant n'être à personne, tomberont peut-être dans l'abjection d'être à tous. Ces êtres forcés sont des fantômes. La grandeur à laquelle ils prétendent n'est que poussière : ils s'écroulent devant le regard d'un homme sensé. Que la belle marquise devienne ce qu'elle pourra, je ne me soucierai plus de redresser son jugement; j'abdique même le rôle d'ami désintéressé qu'elle m'avait imposé ; je ne lui répondrai pas, je ne la reverrai pas, je t'en donne ici ma parole, aussi sérieuse, aussi loyale que si, pour la seconde fois, je contractais avec toi le lien du mariage, et ce que je te jure aussi, c'est que je suis heureux et fier de prendre cet engagement-là.

Huit jours plus tard, Marguerite, docile à la médication et rassurée pour toujours, était hors de danger. On faisait des projets de voyage auxquels je m'associais; car mon cœur n'était plus avec Césarine : il était avec Paul et Marguerite. Je ne fis aucun reproche à Césarine de sa conduite et ne lui annonçai pas ma résolution de la quitter. Il eût fallu en venir à des explications trop vives, et après l'avoir tant aimée, je ne m'en sentais pas le courage. Elle continuait à soigner admirablement bien son mari. Il était ivre de reconnaissance et d'espoir. M. Dietrich était fier de sa fille ; tout le monde l'admirait. On la proposait pour modèle à toutes les jeunes femmes. Elle réparait les allures éventées de sa jeunesse et l'excès de son indépendance par une soumission au devoir et par une bonté sérieuse qui en prenaient d'autant plus d'éclat ; elle préparait tout pour aller passer l'automne à la campagne avec son mari.

L'avant-veille du jour fixé pour le départ, elle écrivit à Paul :

« Soyez à sept heures du matin à votre bureau, j'irai vous prendre. »

Paul me montra ce billet en haussant les épaules, me pria de n'en point parler à Marguerite, et le brûla comme il avait brûlé le premier. Je vis bien qu'il avait un peu de frisson nerveux. Ce fut tout. Il ne sortit pas de chez lui le lendemain.

Craignant que Césarine, déçue et furieuse, ne sût pas se contenir, je m'étais chargée de l'observer, voulant lui rendre ce dernier service de l'empêcher de se trahir. Elle sortit à sept heures et fut dehors jusqu'à neuf ; elle revint, sortit encore et revint à midi ; elle voulait retourner encore chez Latour après avoir déjeuné avec son père. Je l'en empêchai en lui disant, comme par hasard, que j'allais voir mon neveu, qui m'attendait chez lui.

— Est-ce qu'il est gravement malade ? s'écriat-elle hors d'elle-même.

— Il ne l'est pas du tout, répondis-je.

— J'avais à lui parler de mon livre, je lui ai écrit deux fois. Pourquoi n'a-t-il pas répondu ? Je veux le savoir, j'irai chez lui avec toi.

— Non, lui dis-je, voyant qu'il n'y avait plus rien à ménager. Il a reçu tes deux billets et n'a pas voulu y répondre. Ils sont brûlés.

— Et il te les a montrés ?

— Oui.

— Ainsi qu'à Marguerite?

— Non !

— Voilà tout ce que tu as à me dire ?

— C'est tout.

— Il a voulu nous brouiller alors, il m'a condamnée à rougir devant toi ! Il croit que je supporterai ton blâme !

— Tu ne dois pas le supporter, je vais vivre avec ma famille.

— C'est bien, répliqua-t-elle d'un ton sec ; et elle alla s'enfermer dans sa chambre, d'où elle ne sortit que le soir.

Je fis mes derniers préparatifs et mes adieux à M. Dietrich sans lui laisser rien pressentir encore. Je prétextais une absence de quelques mois en vue du rétablissement de ma nièce. Nous étions à l'hôtel Dietrich, où Césarine avait dit à son mari vouloir passer la journée pour préparer son départ du lendemain ; elle en laissa tout le soin à sa tante Helmina, et, après avoir été toute l'après-midi enfermée sous prétexte de fatigue, elle vint dîner avec nous ; elle avait tant pleuré que cela était visible et que son père s'en inquiéta ; elle mit la tout sur le compte du chagrin qu'elle avait de quitter la maison paternelle et nous accabla de tendres caresses.

Le lendemain, elle partait seule avec son mari, et j'allai m'établir rue de Vaugirard. Comme je quittais l'hôtel, je fus surprise de voir Bertrand qui me saluait d'un air cérémonieux.

— Comment, lui dis-je, vous n'avez pas suivi la marquise ?

— Non, mademoiselle, répondit-il, j'ai pris congé d'elle ce matin.

— Est-ce possible ? Et pourquoi donc ?

— Parce qu'elle m'a fait porter avant-hier une lettre que je n'approuve pas.

— Vous en saviez donc le contenu ?

— A moins de l'ouvrir, ce que mademoiselle ne suppose certainement pas, je ne pouvais pas le connaître ; mais, à la manière dont M. Paul l'a reçue en me disant d'un ton sec qu'il n'y avait pas de réponse, et à l'obstination que madame la marquise a mise hier à vouloir le trouver dans son bureau, à son chagrin, à sa colère, j'ai vu que, pour la première fois de sa vie, elle faisait une chose qui n'était pas digne, et que sa confiance en moi commençait à me dégrader. Je lui ai demandé à me retirer ; elle a refusé, ne pouvant pas supposer qu'un homme aussi dévoué que moi pût lui résister. J'ai tenu bon, ce qui l'a beaucoup offensée ; elle m'a traité d'ingrat, j'ai été forcé de lui dire que ma discrétion lui prouverait ma reconnaissance. Elle m'a parlé plus doucement, mais j'étais blessé, et j'ai refusé toute augmentation de gages, toute gratification.

J'approuvai Bertrand et montai en voiture, le cœur un peu gros de voir Césarine si humiliée ; le tendre accueil de mes enfants d'adoption effaça ma tristesse. Nous passâmes l'été à Vichy et en Auvergne, d'où nous ramenâmes Marguerite guérie, heureuse et splendide de beauté, le petit Pierre plus robuste et plus gai que jamais. Je pus constater par mes yeux à toute heure, que Paul était heureux désormais et qu'il ne pensait pas plus à Césarine qu'à un roman lu avec émotion, un jour de fièvre, et froidement jugé le lendemain.

Quant à la belle marquise, elle reparut avec éclat dans le monde l'hiver suivant. Son luxe, ses réceptions, sa beauté, son esprit, firent fureur. C'était la plus charmante des femmes en même temps qu'une femme de mérite, cœur et intelligence de premier ordre. Nous seuls, dans notre petit coin tranquille, nous savions le côté vulnérable de cette armure de diamant ; mais nous n'en disions rien et nous parlions fort peu d'elle entre nous. Marguerite, malgré le jugement sévère porté sur cette idole par son mari, était toujours prête à la défendre et à l'admirer ; elle ne pouvait pas oublier qu'elle devait la vie de son fils à sa belle marquise. Paul lui laissa cette religion d'une âme tendre et généreuse. Pour mon compte, cette absence de haine dans la jalousie me fit aimer Marguerite, et reconnaître qu'elle ne s'était pas vantée en disant que, si elle était la plus simple et la plus ignorante de nous tous, elle était la plus aimante et la plus dévouée.

Je me suis plu à raconter cette histoire de famille à mes moments perdus. Quel sera l'avenir de Césarine ? Son père et son mari, que je vois quelquefois, après de vains efforts pour me ramener chez eux, paraissent les plus heureux du monde ; elle seule me tient rigueur et n'a pas fait la moindre démarche personnelle pour se rapprocher de moi. Peut-être se ravisera-t-elle ; je ne le désire pas. Les sept années que j'ai passées auprès d'elle ont été sinon les plus pénibles, du moins les plus agitées de ma vie.

Depuis deux ans, Paul ne l'a revue qu'une seule fois, le mois dernier, et voici comment il me raconta cette entrevue fortuite :

— Hier, comme j'étais à Fontainebleau pour une affaire, j'ai voulu profiter de l'occasion pour faire à pied un bout de promenade jusqu'aux roches d'Avon. En revenant par le chemin boisé qui longe la route de Moret, tout absorbé dans une douce rêverie, je n'entendis pas le galop de deux chevaux qui couraient derrière moi sur le sable. L'un deux fondit sur moi littéralement, et m'eût renversé, si, par un mouvement rapide, je ne me fusse accroché et comme suspendu à son mors. La généreuse bête, qui était magnifique, par parenthèse — j'ai eu assez de sang-froid pour le remarquer — n'avait nulle envie de me piétiner ; elle s'arrêtait d'elle-même, quand un vigoureux coup de cravache de l'amazone intrépide qui la montait la fit se dresser et me porter ses genoux contre la poitrine. Je ne fus pas atteint, grâce à un saut de côté que je sus faire à temps sans lâcher la bride.

« — Laissez-moi donc passer, monsieur Gilbert ! me dit une voix bien connue avec un accent de légèreté dédaigneuse.

» — Passez, madame la marquise, répondis-je froidement, sans perdre mon temps à lui adresser un salut qu'elle ne m'eût pas rendu.

» Elle passa comme un éclair, suivie de son groom, laissant un peu en arrière le cavalier qui l'accompagnait, et qui n'était autre que le vicomte de Valbonne.

» Il s'arrêta, et, me tendant la main :

» — Comment, diable, c'est vous ? s'écria-t-il : j'accourais pour vous empêcher d'être renversé, car je voyais un promeneur distrait qui ne se rangeait pas devant l'écuyère la plus distraite qui existe. Savez-vous qu'un peu plus elle vous passait sur le corps?

» — Je ne me laisse pas passer sur le corps, répondis-je. Ce n'est pas mon goût.

» — Hélas! reprit-il, ce n'est pas le mien non plus! A revoir, cher ami, je ne puis laisser la marquise rentrer seule dans la ville. »

Et il partit ventre à terre pour la rejoindre. — J'en savais assez.

— Quoi, mon enfant? que sais-tu?

— Je sais que le pauvre vicomte, tout rude qu'il est de manières et de langage, est devenu, en qualité de cible, mon remplaçant aux yeux de l'impérieuse Césarine, qu'il a été moins heureux que moi, et qu'elle lui a passé sur le corps! J'ai vu cela d'un trait à son regard, à son accent, à ses trois mots d'une amertume profonde. On lui fait expier son hostilité par un servage qui pourra bien durer autant que celui du marquis, c'est-à-dire toute la vie. Rivonnière est heureux, lui; il se croit adoré, et il passe pour l'être. Valbonne est à plaindre. Il trahit son ami, il est humilié, il finira peut-être mal, car c'est un homme sombre et mystique.

Sais-tu, ma tante, ajouta Paul, que cette femme-là a failli me faire bien du mal, à moi aussi? Je peux te le dire à présent. J'étais plus épris d'elle que je ne te l'ai jamais avoué. Je ne me suis pas trahi devant elle; mais elle le voyait malgré moi, c'est ce qui t'explique l'audace de ses aveux, et les rend, je ne dis pas moins coupables, mais moins impudents. Où en serais-je si je n'avais pas eu un peu de force morale? Ne m'a-t-elle pas mis au bord d'un abîme? Si j'ai failli perdre ma pauvre femme, n'est-ce pas parce que, ébloui et troublé, je manquais de clairvoyance et m'endormais sur la gravité de sa blessure? On n'est jamais assez fort, crois-moi, et ne me reproche plus d'être un homme dur à moi-même. Si Marguerite n'eût été sublime dans sa folie, j'étais perdu. Je la laissais mourir sans voir ce qui la tuait. Elle avait sujet d'être jalouse. J'avais beau être impénétrable et invincible, son cœur, puissant par l'instinct, sentait le vertige du mien.

Tout cela est passé, mais non oublié. La belle marquise eût été fort aise hier de me voir rouler honteusement dans la poussière, sous le sabot de son destrier. Et moi, je me souviens pour me dire à toute heure : Ne laisse jamais entamer ta conscience de l'épaisseur d'un cheveu.

Aujourd'hui, 5 août 1866, Paul est l'heureux père d'une petite fille aussi belle que son frère. M. Dietrich a voulu être son parrain. Césarine n'a pas donné signe de vie, et nous lui en savons gré.

Je dois terminer un récit, que je n'ai pas fait en vue de moi-même, par quelques mots sur moi-même. Je n'ai pas si longtemps vécu de préoccupations pour les autres sans en retirer quelque enseignement. J'ai eu aussi mes torts, et je m'en confesse. Le principal a été de douter trop longtemps du progrès dont Marguerite était susceptible. Peut-être ai-je eu des préventions qui, à mon insu, prenaient leur source dans un reste de préjugés de naissance ou d'éducation. Grâce à l'admirable caractère de Paul, Marguerite est devenue un être si charmant et si sociable que je n'ai plus à faire d'effort pour l'appeler ma nièce et la traiter comme ma fille. Le soin de leurs enfants est ma plus chère occupation. J'ai remplacé madame Féron, que nous avons mise à même de vivre dans une aisance relative. Quant à nous, nous nous trouvons très à l'aise pour le peu de besoins que nous avons. Nous mettons en commun nos modestes ressources. Je fais chez moi un petit cours de littérature à quelques jeunes personnes. Les affaires de Paul vont très-bien. Peut-être sera-t-il un jour plus riche qu'il ne comptait le devenir. C'est la résultante obligée de son esprit d'ordre, de son intelligence et de son activité ; mais nous ne désirons pas la richesse, et, loin de le pousser à l'acquérir, nous lui imposons des heures de loisir que nous nous efforçons de lui rendre douces.

Nohant, 15 juillet 1870.

FIN

ÉMILE COLIN — IMPRIMERIE DE LAGNY

Original en couleur
NF Z 43-120-8

www.ingramcontent.com/pod-product-compliance
Lightning Source LLC
Chambersburg PA
CBHW060407170426
43199CB00013B/2038